国家社会科学基金（教育学）重大项目（VDA200004）阶段性研究成果
北京外国语大学"双一流"建设标志性项目（BW202018）阶段性研究成果

"一带一路"国家文化教育大系　　　　　　总主编　王定华

乌克兰
文化教育研究

Українська
культура та освіта

张弘　陈春侠　著

外语教学与研究出版社
FOREIGN LANGUAGE TEACHING AND RESEARCH PRESS
北京 BEIJING

图书在版编目（CIP）数据

乌克兰文化教育研究 / 张弘，陈春侠著. —— 北京 ：外语教学与研究出版社，2021.5（2023.2 重印）

（"一带一路"国家文化教育大系 / 王定华总主编）
ISBN 978-7-5213-2926-1

I. ①乌… Ⅱ. ①张… ②陈… Ⅲ. ①教育研究－乌克兰 Ⅳ. ①G551.13

中国版本图书馆 CIP 数据核字 (2021) 第 175633 号

出 版 人　王　芳
项目负责　孙凤兰　巢小倩
责任编辑　张小玉
责任校对　孙凤兰
装帧设计　李　高
出版发行　外语教学与研究出版社
社　　址　北京市西三环北路 19 号（100089）
网　　址　http://www.fltrp.com
印　　刷　北京盛通印刷股份有限公司
开　　本　787×1092　1/16
印　　张　19.5
版　　次　2021 年 9 月第 1 版 2023 年 2 月第 2 次印刷
书　　号　ISBN 978-7-5213-2926-1
定　　价　138.00 元

购书咨询：（010）88819926　电子邮箱：club@fltrp.com
外研书店：https://waiyants.tmall.com
凡印刷、装订质量问题，请联系我社印制部
联系电话：（010）61207896　电子邮箱：zhijian@fltrp.com
凡侵权、盗版书籍线索，请联系我社法律事务部
举报电话：（010）88817519　电子邮箱：banquan@fltrp.com
物料号：329260001

记载人类文明
沟通世界文化
www.fltrp.com

"一带一路"国家文化教育大系编写委员会

顾　　问：顾明远　　马克垚　　胡文仲

总主编：王定华

委　　员（按姓氏音序排列）：

常福良	戴桂菊	郭小凌	金利民	柯　静	李洪峰
刘宝存	刘　捷	刘生全	刘欣路	钱乘旦	秦惠民
苏莹莹	陶家俊	王　芳	谢维和	徐　辉	徐建中
杨慧林	张民选	赵　刚			

"一带一路"国家文化教育大系编审委员会

主　　任：王　芳

副主任：徐建中　　刘　捷

秘书长：孙凤兰

委　　员（按姓氏音序排列）：

蔡　喆	柴方圆	巢小倩	陈秋实	刘相东	刘真福
马庆洲	彭立帆	石筠弢	孙　慧	万作芳	杨鲁新
姚希瑞	苑大勇	张小玉	赵　雪		

世界文化遗产——利沃夫老城区

哈尔科夫舍甫琴科公园

乌克兰库尼贡达湖

乌克兰传统美食红菜汤和萨洛

乌克兰民族服饰

幼儿园小朋友制作复活节彩蛋

小学生参加乌克兰民族文化节活动

乌克兰中学生参加户外实践活动

哈尔科夫国立大学毕业生合影

哈尔科夫国立大学庆祝建校215周年

冬季的哈尔科夫国立大学校园

大学生进行学习讨论

大学生上舞蹈课

孔子学院学员学中国画

乌克兰学生在中国交流学习

乌克兰民众学习中国书法

本书第一作者（右二）参加"一带一路"中乌战略伙伴关系论坛

哈尔科夫国立大学给第二作者（左一）颁发优秀教师证书

出版说明

2013 年 9 月 7 日，国家主席习近平提出共建"丝绸之路经济带"重大倡议。2013 年 10 月 3 日，习近平主席提出共建"21 世纪海上丝绸之路"重大倡议。两者合称"一带一路"倡议。以 2013 年金秋为起点，"一带一路"倡议作为构建人类命运共同体的伟大设想，在开拓和平、繁荣、开放、绿色、创新、文明之路的非凡征程中，孕育生机和活力，汇聚信心和期待，在世界范围内广受欢迎和响应。

文化交流、文明互鉴是构建人类命运共同体的人文基础。文化发展，教育先行。作为"共和国外交官的摇篮"、文化教育的主动践行者、"一带一路"倡议的踊跃响应者和构建人类命运共同体的积极参与者，北京外国语大学在党委书记王定华教授的带领下，放眼世界，找准坐标，勇于担当，主动作为，深耕文化教育相关领域，研究、策划并组织编写了"一带一路"国家文化教育大系（以下简称大系）。国内相关高校和研究机构的众多专家学者献计献策，踊跃参加，形成了一个范围广泛、交流互动、共同进步的"一带一路"国家文化教育学术研究共同体。大系旨在填补国内相关研究领域的学术空白，实现"一带一路"国家教育研究全覆盖，为中国教育"走出去"和相关国家先进教育理念"请进来"提供科学理论和实践指导，具有重要的学术价值。同时，大系服务国家重大战略，通过分期分批出版，形成规模和品牌，向中国共产党建党一百周年和"一带一路"倡议提出十周年献礼，具有深远的意义。

作为国家社会科学基金（教育学）重大项目"新时代提升中国参与全球教育治理的能力及策略研究"、北京外国语大学"双一流"建设标志性项目"'一带一路'国家文化教育研究"的课题研究成果和北京外国语大学党委的"奋进之举"，大系秉承学术性与可读性兼顾的原则，对"一带一路"国家文化教育理论与实践问题展开深入研究，从国情概览、文化传统、教育历史、学前教育、基础教育、高等教育、职业教育、成人教育、教师教育、教育政策、教育行政、教育交流等方面，全景擘画"一带一路"国家的教育风貌，帮助读者了解"一带一路"国家教育的历史与现状、经验与特点，为我国教育的发展和对外交流合作提供有益的借鉴、思考与启迪。

肆虐全球的新冠肺炎疫情严重影响了各国人民的生产生活，带来了二战以来人类面临的最严重的全球性危机，同时也再次阐述了人类命运共同体深刻内涵的世界性意义。在疫情防控常态化背景下，大系所有专家学者不畏困难，齐心协力，直面挑战，守望相助，化危为机，切实履行了响应和支持"一带一路"倡议的承诺。在此，特别感谢大系总策划、总主编王定华教授，以及所有顾问、编委和作者的心血倾注、智慧贡献和努力付出。

外语教学与研究出版社对大系的编写和出版工作给予了高度重视。自2019年项目启动以来，外研社抽调精锐力量成立大系工作组，多次组织相关部门和人员召开选题论证会，商建编委会，召开全体作者大会，制订周密、科学的出版计划，以保证项目的顺利开展和图书的优质出版。目前，大系的出版工作已取得阶段性成果，预计在2023年"一带一路"倡议提出十周年之前，将分期分批推出数量和规模可观的、具有相当科研价值和学术价值的系列专著。期望大系的编写和出版能为"一带一路"建设、中外教育交流及我国文化教育发展发挥基础性、服务性、广远性的作用。

外语教学与研究出版社
2021 年 4 月

总　序

王定华

改革开放以来，中国各项事业取得了巨大成就。中国经济和世界经济高度关联，中国一以贯之地坚持对外开放的基本国策，构建全方位开放新格局，深度融入世界经济体系。2013 年 9 月和 10 月，习近平主席在出访中亚和东南亚国家期间，先后提出共建"丝绸之路经济带"和"21 世纪海上丝绸之路"的重大倡议（以下简称"一带一路"倡议），得到国际社会的高度关注。其中，"丝绸之路经济带"东边牵着亚太经济圈，西边系着发达的欧洲经济圈，是世界上最长、最具发展潜力的经济大走廊；"21 世纪海上丝绸之路"串起连通东盟、南亚、西亚、北非、欧洲等各大经济板块的市场链，发展面向南海、太平洋和印度洋的战略合作经济带，以亚欧非经济贸易一体化为发展的长期目标。

一、精准把握"一带一路"倡议的时代意蕴

"经济带"概念是对地区经济合作模式的创新。其中经济走廊涵盖中蒙

俄经济走廊、新亚欧大陆桥、中国-中亚-西亚经济走廊、孟中印缅经济走廊、中国-中南半岛经济走廊等，以经济增长极辐射周边，超越了传统发展经济学理论。"丝绸之路经济带"概念不同于历史上所出现的各类"经济区"与"经济联盟"，同后两者相比，经济带具有灵活性高、适用性广以及可操作性强的特点，各国都是平等的参与者，本着自愿参与、协同推进的原则，发扬古丝绸之路兼容并包的精神。

"一带一路"倡议是我国在新时代推进全方位对外开放的重要举措，为当今世界提供了一个充满东方智慧、实现共同发展的中国方案，也是对历史文化传统的高度尊重，凝聚了世界各国利益的最大公约数。丝绸之路是起始于古代中国，连接亚洲、非洲和欧洲的古代陆上商业贸易路线，最初的作用是运输古代中国出产的丝绸、瓷器等商品，后来成为东方与西方之间在经济、政治、文化等方面进行交流的主要通道。1877 年，德国地质、地理学家李希霍芬（F. P. W. Richthofen）在其著作《中国》一书中，把公元前 114 年至公元 127 年，中国与中亚、中国与印度间以丝绸贸易为媒介的这条西域交通道路命名为"丝绸之路"，这一名词很快为学术界和大众所接受，并正式运用。其后，德国历史学家赫尔曼（A. Herrmann）在 20 世纪初出版的《中国与叙利亚之间的古代丝绸之路》一书中，根据新发现的文物考古资料，进一步把丝绸之路延伸到地中海西岸和小亚细亚，并确定了丝绸之路的基本内涵，即它是中国古代与中亚、南亚、西亚以及欧洲、北非的陆上贸易交往通道。进入 21 世纪，海上丝绸之路也被纳入丝绸之路的涵盖范围，即从中国沿海港口过南海到印度洋并延伸至欧洲，从中国沿海港口过南海到南太平洋。随着时代的发展，"丝绸之路"成为古代中国与西方所有政治经济文化往来通道的统称。

推进"一带一路"建设既是中国扩大和深化对外开放的需要，也是加强和世界各国互利合作的需要，中国愿意承担更多责任和义务，为人类和平发展做出更大的贡献。文明交流互鉴是构建人类命运共同体的重要途径，是推动人类文明共同进步、实现世界和平发展的重要动力。共建"一带一路"要顺应世界多极化、经济全球化、文化多样化、社会信息化的潮流，秉持开放的区域合作精神，致力于推动"一带一路"各国实现经济政策协调，开展更大范围、更高水平、更深层次的区域合作，共同打造开放、包容、均衡、普惠的区域经济合作架构，维护全球自由贸易体系和开放型世界经济格局。

"一带一路"贯穿亚欧非大陆，一头是活跃的东亚经济圈，一头是发达的欧洲经济圈，中间广大腹地国家经济发展潜力巨大。根据"一带一路"走向，陆上依托国际大通道，以中心城市为支撑，以重点经贸产业园区为合作平台，共同打造新亚欧大陆桥以及中蒙俄、中国-中亚-西亚、中国-中南半岛等国际经济合作走廊；海上以重点港口为基点，共同建设通畅安全高效的运输大通道。

"一带一路"建设是有关国家开放合作的宏大经济愿景，需要各国携手努力，朝着互利互惠、共同安全的目标相向而行：努力实现区域基础设施更加完善，安全高效的陆海空通道网络基本形成，互联互通达到新水平；投资贸易便利化水平进一步提升，高标准自由贸易区网络基本形成，经济联系更加紧密，政治互信更加深入；人文交流更加广泛深入，不同文明互鉴共荣，各国人民相知相交、和平友好。

"一带一路"倡议是具有开放性和包容性的友好建议。当今世界是一个开放的世界，开放带来进步，封闭导致落后。中国认为，只有开放才能发现机遇、抓住并用好机遇、主动创造机遇，才能实现国家的奋斗目标。"一带一路"倡议就是要把世界的机遇转变为中国的机遇，把中国的机遇转变为世界的机遇。正是基于这种认知与愿景，"一带一路"倡议以开放为导向，冀望通过加强交通、能源和网络等基础设施的互联互通建设，促进经济要素有序自由流动、资源高效配置和市场深度融合，开展更大范围、更高水平、更深层次的区域合作，打造开放、包容、均衡、普惠的区域经济合作架构，以此来解决经济增长和平衡问题。"一带一路"倡议的开放包容性是区别于其他区域性经济倡议的一个突出特点。

"一带一路"倡议是超越地缘政治的务实合作的广阔平台。"和平合作、开放包容、互学互鉴、互利共赢"的丝路精神是人类共有的历史财富，"一带一路"倡议就是秉承这一精神与原则提出的新时代重要倡议，通过加强相关国家间的全方位多层面交流合作，充分发掘与发挥各国的发展潜力与比较优势，形成互利共赢的区域利益共同体、命运共同体和责任共同体。在这一机制中，各国是平等的参与者、贡献者、受益者。因此，"一带一路"倡议从一开始就具有平等性、和平性特征。平等是中国坚持的重要国际准则，也是"一带一路"建设的关键基础。只有建立在平等基础上的合作才能是持久的合作，也才会是互利的合作。"一带一路"倡议平等包容的合作特征为其推进减轻了阻力，提升了共建效率，有助于国际合作真正"落地生根"。同时，"一带一路"建设离不开和平安宁的国际环境和地区环境，和平是"一带一路"建设的本质属性，也是保障其顺利推进所不可或缺的重要因素。这些就决定了"一带一路"倡议不应该也不可能沦为大国政治较量的工具，更不会重复地缘博弈的老路。

"一带一路"倡议是政府、企业、团体共同发力的项目载体。"一带一路"建设是在双边或多边联动基础上通过具体项目加以推进的，是在进行充分政策沟通、战略对接以及市场运作后形成的发展倡议与规划。2017 年 5 月发布的《"一带一路"国际合作高峰论坛圆桌峰会联合公报》强调了建设"一带一路"的合作原则，其中就包括市场运作原则，即充分认识市场作用和企业主体地位，确保政府发挥适当作用，政府采购程序应开放、透明、非歧视。可见，"一带一路"建设的核心主体与支撑力量并不是政府，而是企业，根本方法是遵循市场规律，并通过市场化运作模式来实现参与各方的利益诉求，政府在其中发挥构建平台、创立机制、政策引导等指向性、服务性功能。

"一带一路"倡议是与现有相关机制对接互补的有益渠道。参与"一带一路"建设的国家要素禀赋各异,比较优势差异明显,互补性很强。有的国家能源资源富集但开发力度不够,有的国家劳动力充裕但就业岗位不足,有的国家市场空间广阔但产业基础薄弱,有的国家基础设施建设需求旺盛但资金紧缺。我国目前经济总量居全球第二,外汇储备居全球第一,优势产业越来越多,基础设施建设经验丰富,装备制造能力强、质量好、性价比高,具备资金、技术、人才、管理等综合优势。这就为我国与其他"一带一路"建设参与方实现产业对接与优势互补提供了现实可能与重大机遇。因而,"一带一路"倡议的核心内容就是要加强基础设施建设和促进互联互通,对接各国政策和发展战略,以便深化务实合作,促进协调联动发展,实现共同繁荣。由此可见,"一带一路"倡议不是对现有地区合作机制的替代,而是与现有机制互为助力、相互补充。实际上,"一带一路"建设已经与俄罗斯主导的欧亚经济联盟、印尼全球海洋支点发展规划、哈萨克斯坦光明之路经济发展战略、蒙古国草原之路倡议、欧盟欧洲投资计划、埃及苏伊士运河走廊开发计划等实现了对接与合作,并形成了一批标志性项目,如中哈(连云港)物流合作基地。作为新亚欧大陆桥经济走廊建设成果之一,中哈(连云港)物流合作基地初步实现了深水大港、远洋干线、中欧班列、物流场站的无缝对接。该项目与哈萨克斯坦光明之路经济发展战略高度契合。

　　"一带一路"倡议是促进人文交流的沟通桥梁。"一带一路"倡议跨越不同区域、不同文化、不同宗教信仰,但它带来的不是文明冲突,而是各文明间的交流互鉴。"一带一路"倡议在推进基础设施建设、加强产能合作与发展战略对接的同时,也将"民心相通"作为工作重心之一。民心相通是"一带一路"建设的社会根基。民心相通就是要传承和弘扬丝绸之路友好合作精神,广泛进行文化交流、学术交流、人才交流往来、媒体合作、青年和妇女交往、志愿者服务等,为深化双边和多边合作奠定坚实的民意基础。一是扩大相互间留学生规模,开展合作办学;国家间互办文化年、艺术节、电影节、电视周和图书展等活动，深化国家间人才交流合作。二是加强旅游合作，扩大旅游规模，联合打造具有丝绸之路特色的国际精品旅游线路和旅游产品。三是强化与周边国家在传染病疫情信息沟通、防治技术交流、专业人才培养等方面的合作，提高合作处理突发公共卫生事件的能力。四是加强科技合作，共建联合实验室（研究中心）、国际技术转移中心、海上合作中心，促进科技人员交流，合作开展重大科技攻关，共同提升科技创新能力。五是整合现有资源，开拓和推进参与国家在青年就业、创业培训、职业技能开发、社会保障管理服务、公共行政管理等共同关心领域的务实合作。六是充分发挥政党、议会交往的桥梁作用，加强国家之间立法机构、主要党派和政治组织的友好往来，互结友好城市。七是加强各国民间组织的交流合作，重点面向基层民众，广泛开展教育、医疗、减贫开发、生物多样性和生态环保等主题的各类公益慈善活动，改善贫困地区生产生活条件；加强文化传媒领域的国际交流合作，积极利用网络平台，运用新媒体工具，塑造和谐友好的文化生态和舆论环境；通过强化民心相通，弘扬丝绸之路精神，开展智力丝绸之路、健康丝绸之路等建设，在科学、教育、文化、卫生、民间交往等领域广泛合作，使"一带一路"建设的民意基础更为坚实，社会根基更加牢固。"一带一路"建设就是要以文明交流超越文明隔阂，以文明互鉴超越文明冲突，以文明共存超越文明优越，为相关国家人民加强交流、增进理解搭起新的桥梁，为不同文化和文明加强对话、交流互鉴织就新的纽带，推动各国相互理解、相互尊重、相互信任。

"一带一路"是促进共同发展、实现共同繁荣的友谊之路。共建"一带一路"旨在促进各国发展战略的对接和耦合，有利于发掘区域市场的潜力，推动经济要素有序自由流动、资源高效配置和市场深度融合，促进投资和消费，创造需求和就业，增进各国人民的人文交流与文明互鉴，从而让各国人民相逢相知、互信互敬，共享和谐、安宁、富裕的生活。共建"一带一路"符合国际社会的根本利益，彰显了人类社会的共同理想和美好追求，是国际合作及全球治理新模式的积极探索，将为世界和平发展增添新的正能量。中国政府倡议秉持和平合作、开放包容、互学互鉴、互利共赢的理念，全方位推进务实合作，打造政治互信、经济融合、文化包容的利益共同体、命运共同体和责任共同体。

"一带一路"倡议已经得到世界上众多国家和地区的积极响应，成为维护全球自由贸易体系和开放型世界经济的重要支撑。截至 2021 年 1 月 30 日，中国已经同 171 个国家和国际组织签署 205 份共建"一带一路"合作文件。[1] 特别是 2017 年 5 月第一届"一带一路"国际合作高峰论坛、2019 年 4 月第二届"一带一路"国际合作高峰论坛和 2019 年 5 月亚洲文明对话大会的成功举办，充分彰显了我国开放、包容的大国外交风范。在此背景下，我们一方面应致力于向世界介绍中国，推动中国文化"走出去"，讲好中国故事；另一方面也应加强对"一带一路"国家的历史、文化、语言、教育、艺术等方面的介绍和研究，让中国人民更多地了解"一带一路"国家的具体国情，特别是文化传统和教育体系。

"一带一路"倡议合作范围不断扩大，合作领域愈加广阔。它不仅给参与各方带来了实实在在的合作红利，也为世界贡献了应对挑战、创造机遇、强化信心的智慧与力量。

当今世界，新冠肺炎疫情带来诸多挑战，局部战争风险依然存在，经济增长动能不足，"逆全球化"思潮涌动，地区动荡持续，恐怖主义蔓延。和平赤字、发展赤字、治理赤字带来的严峻问题，已摆在全人类面前。这充分说明现有的全球治理体系面临结构性问题，亟须找到新的破解之策与应对方略。作为一个新兴大国，中国有能力、有意愿同时也有责任为完善全球治理体系贡献智慧与力量。面对新挑战、新问题、新情况，中国给出

---

[1] 中国一带一路网. 我国已签署共建"一带一路"合作文件 205 份 [EB/OL].（2021-01-30）[2021-02-23]. https://www.yidaiyilu.gov.cn/xwzx/gnxw/163241.htm.

的全球治理方案是：构建人类命运共同体，实现共赢共享。"一带一路"倡议正是朝着这个目标努力的具体实践。"一带一路"倡议强调各国的平等参与、包容普惠，主张携手应对世界经济面临的挑战，开创发展新机遇，谋求发展新动力，拓展发展新空间，共同朝着人类命运共同体方向迈进。正是本着这样的原则与理念，"一带一路"倡议针对各国发展的现实问题和治理体系的短板，创立了亚洲基础设施投资银行、丝路基金等新型国际机制，构建了多形式、多渠道的交流合作平台。这既能缓解当今全球治理机制代表性、有效性、及时性难以适应现实需求的困境，在一定程度上扭转公共产品供应不足的局面，提振国际社会参与全球治理的士气与信心，又能满足发展中国家尤其是新兴市场国家变革全球治理机制的现实要求，大大增强了新兴国家和发展中国家的话语权，是推进全球治理体系朝着更加公正合理方向发展的重大突破。

"一带一路"倡议涵盖了发展中国家与发达国家，实现了"南南合作"与"南北合作"的统一，有助于推动全球均衡可持续发展。"一带一路"建设以基础设施建设为着眼点，促进经济要素有序自由流动，推动中国与相关国家的宏观政策的对接与协调。对于参与"一带一路"建设的发展中国家来说，这是一次搭中国经济发展"快车""便车"，实现自身工业化、现代化的历史性机遇，有利于推动"南南合作"的广泛展开，同时也有助于增进"南北对话"，促进"南北合作"的深度发展。不仅如此，"一带一路"倡议的理念和方向同联合国《2030年可持续发展议程》也高度契合，完全能够加强对接，实现相互促进。联合国秘书长古特雷斯表示，"一带一路"倡议与《2030年可持续发展议程》都以可持续发展为目标，都试图提供机会、全球公共产品和双赢合作，都致力于深化国家和区域间的联系。

二、深入推动"一带一路"国家的教育交流

2020 年 6 月印发的《教育部等八部门关于加快和扩大新时代教育对外开放的意见》指出，教育对外开放是教育现代化的鲜明特征和重要推动力，要以习近平新时代中国特色社会主义思想为指导，坚持教育对外开放不动摇，主动加强同世界各国的互鉴、互容、互通，形成更全方位、更宽领域、更多层次、更加主动的教育对外开放局面。

教育为国家富强、民族繁荣、人民幸福之本，在共建"一带一路"中具有基础性和先导性作用。教育交流为各国民心相通架设桥梁，人才培养为各国政策沟通、设施联通、贸易畅通、资金融通提供支撑。各国间教育交流源远流长，教育合作前景广阔，大家携手发展教育，合力共建"一带一路"，是造福各国人民的伟大事业。推进"一带一路"国家教育共同繁荣，既是加强与各国教育互利合作的需要，也是推进中国教育改革发展的需要，中国愿意在力所能及的范围内承担更多责任和义务，为区域教育大发展做出更大的贡献。

（一）教育合作的原则

"一带一路"国家教育合作应遵循四个重要原则。

一是育人为本，人文先行。加强合作育人，提高区域人口素质，为共建"一带一路"提供人才支撑。坚持人文交流先行，建立区域人文交流机制，搭建民心相通桥梁。

二是政府引导，民间主体。政府加强沟通协调，整合多种资源，引导教育融合发展。发挥学校、企业及其他社会力量的主体作用，活跃教育合作局面，丰富教育交流内涵。

三是共商共建，开放合作。坚持共商、共建、共享，推进各国教育发

展规划相互衔接，实现各国教育融通发展、互动发展。

四是和谐包容，互利共赢。加强不同文明之间的对话，寻求教育发展最佳契合点和教育合作最大公约数，促进各国在教育领域互利互惠。

（二）教育合作的重点

"一带一路"各国教育特色鲜明、资源丰富、互补性强、合作空间巨大。中国将以基础性、支撑性、引领性三方面举措为建议框架，开展三方面重点合作，对接各国意愿，互鉴先进教育经验，共享优质教育资源，全面推动各国教育提速发展。

1. 开展教育互联互通合作

一是加强教育政策沟通。开展"一带一路"国家教育法律、政策协同研究，构建各国教育政策信息交流通报机制，为各国政府推进教育政策互通提供决策建议，为各国学校和社会力量开展教育合作交流提供政策咨询。积极签署双边、多边和次区域教育合作框架协议，制定各国教育合作交流国际公约，逐步疏通教育合作交流政策性瓶颈，实现学分互认、学位互授联授，协力推进教育共同体建设。

二是助力教育合作渠道畅通。推进"一带一路"国家间签证便利化，扩大教育领域合作交流，形成往来频繁、合作众多、交流活跃、关系密切的携手发展局面。鼓励有合作基础、相同研究课题和发展目标的学校缔结姊妹关系，逐步深化和拓展教育合作交流。举办校长论坛，推进学校间开展多层次、多领域的务实合作。支持高等学校依托优势学科和专业，建立"产学研用"相结合的国际合作联合实验室（研究中心）、国际技术转移中心，共同应对各国在经济发展、资源利用、生态保护等方面面临的重大挑战与机遇。打造"一带一路"国家学术交流平台，吸引各国专家学者、青年学生开展研究和学术交流。推进"一带一路"国家优质教育资源共享。

三是促进语言互通。研究构建语言互通协调机制，共同开发语言互通开放课程，逐步将国家语言课程纳入各国的学校教育课程体系。拓展政府间语言学习交换项目，联合培养、相互培养高层次语言人才。发挥外国语院校人才培养优势，推进基础教育多语种师资队伍建设和外语教育教学工作。扩大语言学习国家公派留学人员规模，倡导各国与中国院校合作在华开办本国语言专业。支持更多社会力量助力孔子学院和孔子课堂建设，加强汉语教师和汉语教学志愿者队伍建设，全力满足不同国家的汉语学习需求。

四是推进民心相通。鼓励学者开展或合作开展中国课题研究，增进各国对中国发展模式、国家政策、教育文化等各方面的理解。建设国别和区域研究基地，与对象国合作开展经济、政治、教育、文化等领域研究。逐步将理解教育课程、丝路文化遗产保护纳入各国中小学教育课程体系，加强青少年对不同国家文化的理解。加强"丝绸之路"青少年交流，注重通过志愿服务、文化体验、体育竞赛、创新创业活动和新媒体社交等途径，增进不同国家青少年对其他国家文化的理解。

五是推动学历学位认证标准联通。推动落实联合国教科文组织《亚太地区承认高等教育资历公约》，支持联合国教科文组织建立世界范围学历互认机制，实现区域内双边、多边学历学位关联互认。呼吁各国完善教育质量保障体系和认证机制，加快推进本国教育资历框架开发，助力各国学习者在不同种类和不同阶段教育之间进行转换，促进终身学习社会的建设。共商、共建区域性职业教育资历框架，逐步实现就业市场的从业标准一体化。探索建立各国教师专业发展标准，促进教师流动。

2．开展人才培养培训合作

一是实施"丝绸之路"留学推进计划。设立"丝绸之路"中国政府奖学金，为各国专项培养行业领军人才和优秀技能人才。全面提升来华留学人才培养质量，把中国打造成为深受各国学子欢迎的留学目的地。以国家公派留学为引领，推动更多中国学生到"一带一路"其他国家留学。坚持"出国留学和来华留学并重、公费留学和自费留学并重、扩大规模和提高质量并重、依法管理和完善服务并重、人才培养和发挥作用并重"，完善全链条的留学人员管理服务体系，保障平安留学、健康留学、成功留学。

二是实施"丝绸之路"合作办学推进计划。有条件的中国高等学校开展境外办学要集中优势学科，选好合作契合点，做好前期论证工作，构建科学的人才培养模式、运行管理模式、服务当地模式、公共关系模式，使学校顺利落地生根、开花结果。发挥政府引领、行业主导作用，促进高等学校、职业院校与行业企业深度产教融合。鼓励中国优质职业教育配合高铁、电信运营等行业企业"走出去"，探索开展多种形式的境外合作办学，合作设立职业院校、培训中心，合作开发教学资源和项目，开展多层次职业教育和培训，培养当地急需的各类"一带一路"建设者。整合资源，积极推进与各国在青年就业培训等共同关心领域的务实合作。倡议国家之间开展高水平合作办学。

三是实施"丝绸之路"师资培训推进计划。开展"丝绸之路"教师培训，加强先进教育经验交流，提升区域教育质量。加强"丝绸之路"教师交流，推动各国校长交流访问、教师及管理人员交流研修，推进优质教育模式在各国的互学互鉴。大力推进各国优质教学仪器设备、教材课件和整体教学解决方案的输出，跟进教师培训工作，促进各国教育资源和教学水平均衡发展。

四是实施"丝绸之路"人才联合培养推进计划。推进国家间的研修访学活动。鼓励各国高等院校在语言、交通运输、建筑、医学、能源、环境工程、水利工程、生物科学、海洋科学、生态保护、文化遗产保护等国家发展急需的专业领域联合培养学生，推动联盟内或校际教育资源共享。

3．共建丝路合作机制

一是加强"丝绸之路"人文交流高层磋商。开展国家间的双边、多边人文交流高层磋商，商定"一带一路"教育合作交流总体布局，协调推动各国建立教育双边和多边合作机制、教育质量保障协作机制和跨境教育市场监管协作机制，统筹推进"一带一路"教育共同行动。

二是充分发挥国际合作平台作用。发挥上海合作组织、东亚峰会、亚太经合组织、亚欧会议、亚洲相互协作与信任措施会议、中阿合作论坛、东南亚教育部长组织、中非合作论坛、中巴经济走廊、孟中印缅经济走廊、中蒙俄经济走廊等现有双边、多边合作机制的作用，增加教育合作的新内涵。借助联合国教科文组织等国际组织力量，推动各国围绕实现世界教育发展目标形成协作机制。充分利用中国-东盟教育交流周、中日韩大学交流合作促进委员会、中阿大学校长论坛、中非高校20+20合作计划、中日大学校长论坛、中韩大学校长论坛、中俄综合性大学联盟等已有平台，开展务实的教育合作交流。支持在共同区域、有合作基础、具备相同专业背景的学校组建联盟，不断延展教育务实合作平台。

三是实施"丝绸之路"教育援助计划。发挥教育援助在"一带一路"教育共同行动中的重要作用，逐步加大教育援助力度，重点投资于人、援助于人、惠及于人。发挥教育援助在"南南合作"中的重要作用，加大对相关国家尤其是最不发达国家的支持力度。统筹利用国家、教育系统和民间资源，为相关国家培养培训教师、学者和各类技能人才。积极开展优质教学仪器设备、整体教学方案、配套师资培训一体化援助。加强中国教育培训中心和教育援外基地建设。倡议各国建立政府引导、社会参与的多元化经费筹措机制，通过国家资助、社会融资、民间捐赠等渠道，拓宽教育经费来源，做大教育援助格局，实现教育共同发展。

三、精心组织"一带一路"国家文化教育大系的编著出版

在编写"一带一路"国家文化教育大系过程中，应当全面了解国内外对"一带一路"倡议的响应情况，关注进展，总结做法；应当在新冠肺炎疫情得到控制后到对象国去走一走，看一看，实地感受其教育情况和发展变化；应当广泛收集对象国一手资料，认真阅读，消化分析，吐故纳新；应当多方检索专家学者已经开展的相关研究，虚心参阅已有的研究成果。肆虐全球的新冠肺炎疫情，给人类身体健康和生命安全带来了巨大威胁，对世界格局和世界治理体系产生了重大影响，给全球各行各业带来了巨大挑战。教育置身其间，影响十分明显。因而，对"一带一路"国家文化教育进行研究时，必须观察分析疫情对相关国家文化教育和全球教育治理的深刻影响。

"一带一路"倡议提出后，中外已形成多个"一带一路"多边大学联盟。2015 年 5 月 22 日，由西安交通大学发起的新丝绸之路大学联盟成立，迄今已吸引 38 个国家和地区的 150 余所大学加盟。该联盟是海内外大学结成的非政府、非营利性的开放性、国际化高等教育合作平台，以"共建教育合作平台，推进区域开放发展"为主题，推动"新丝绸之路经济带"国家和地区大学之间在校际交流、人才培养、科研合作、文化沟通、政策研究、医疗服务等方面的交流与合作，增进青少年之间的了解和友谊，培养具有国际视野的高素质、复合型人才，服务"新丝绸之路经济带"及欧亚地区的发展建设。

2015 年 10 月 17 日，丝绸之路（敦煌）国际文化博览会筹委会文化传承创新高端学术研讨会在敦煌举行。中国的复旦大学、北京师范大学、兰州大

学和俄罗斯乌拉尔国立经济大学、韩国釜庆大学等 46 所中外高校在甘肃敦煌成立了"一带一路"高校战略联盟，以探索跨国培养与跨境流动的人才培养新机制，培养具有国际视野的高素质人才。46 所高校当日达成《敦煌共识》，联合建设"一带一路"高校国际联盟智库。联盟将共同打造"一带一路"高等教育共同体，推动"一带一路"国家和地区大学之间在教育、科技、文化等领域的全面交流与合作，服务"一带一路"国家和地区的经济社会发展。

2016 年 9 月，中国、中亚及丝绸之路经济带沿线 7 个国家的 51 所高校共同发起成立了中国-中亚国家大学联盟，旨在打造开放性、国际化互动平台，深化"一带一路"科教合作。

此外，高等教育合作研讨会也日渐增多，既有官方推动形成的研讨会，也有民间自发举办的研讨会。比如，中外大学校长论坛、新加坡-中国-印度高等教育论坛、"一带一路"教育对话论坛，以及北京师范大学举办的"一带一路"国家教育交流与合作高端研讨会，北京外国语大学举办的"一带一路"与行业国际化人才培养高峰论坛，北京理工大学主办的"一带一路"高等教育研究国际会议，浙江大学举办的"一带一路"背景下的工程科技人才培养国际研讨会等。这些多边研讨会的召开，不仅吸引了大量"一带一路"沿线国家的教育研究者与实践者参会，推动了研究与实践合作，而且创新了教育合作模式，促进了国际化高端人才培养，为"一带一路"建设奠定了民意基础。

"一带一路"倡议提出之后，中国学术界迅速开展了关于"一带一路"的研究活动，有关"一带一路"主题的图书主要有以下五类。第一类是倡议解读类图书，一般是梳理"一带一路"倡议的提出、发展及其理论内涵与外延。第二类是经济贸易类图书，专业性较强，主要为理论研究型图书。第三类是国情文史类图书，多为介绍"一带一路"国家国情概览、历史情况、发展概况的工具书，语言平实，部分图书学术性较强。第四类是丝路历史类图书，一般回顾古代丝绸之路的形成与发展、丝绸之路上的人物和大事记等，追古溯源，以便更好地开启"一带一路"新篇章。第五类是法律税收类图书，多为法律指引、税务规范手册等。

可以看出，国内对"一带一路"国家的研究已有一定基础，但是囿于语言翻译的障碍，已经出版的"一带一路"图书，大多是政策解读、数据报告、概况介绍等，对对象国的研究广度和深度还很不够，尤其是针对"一带一路"国家文化教育的系统研究还比较少。

在"一带一路"国家中，遴选具有代表性的对象，对其文化、教育进行系统性的研究，并在此基础上编写"一带一路"国家文化教育大系，分期分批出版，对于帮助中国普通读者和研究人员了解"一带一路"国家的文化教育情况，以及对于拓展我国比较教育研究领域、丰富比较教育研究文献，乃至对于促进中外文明互通、更好地参与推进"一带一路"建设，都具有重要意义。基于对选题背景与意义、相关出版产品调研和北京外国语大学比较优势的分析，"一带一路"国家文化教育大系坚持学术性、可读性兼顾原则，分批次推出，不断积累，以形成规模和品牌。

大系在内容上，一方面呈现"一带一路"国家的文化概貌，展示"一带一路"国家教育发展的文化背景和社会依托。大系采用专题形式，力求用简洁平实的语言生动活泼地介绍"一带一路"国家的自然地理、人文景观、历史发展、风土人情、文化遗产等内容，重点呈现对象国独有的文化现象和独特风貌，集中揭示其民族文化内涵、民族精神、人文意蕴。另一方面，大系重点研究、评价、介绍"一带一路"国家教育的基本情况、发展历史、发展战略、政策法规、现存体系、治理模式与师资队伍等，这方面内容占较大篇幅，是全书的重点和主要内容。

"一带一路"倡议正在成为我国参与全球开放合作、改善全球治理体系、促进全球共同发展繁荣、推动构建人类命运共同体的中国方案。作为国家社会科学基金（教育学）重大项目"新时代提升中国参与全球教育治理的能力及策略研究"的部分研究成果和北京外国语大学"双一流"建设重大标志性成果，"一带一路"国家文化教育大系计划在 2021 年中国共产党建党 100 周年和北京外国语大学建校 80 周年之际，推出首批图书。2023 年"一带一路"倡议提出 10 周年时，推出该项目二期成果。同时积极参与党和国家相关主题纪念活动，以及国家重大图书项目的申报评选工作。

北京外国语大学以外语见长，国际交往活跃，被誉为"共和国外交官的摇篮"，先后培养了 400 多位大使、2 000 多位参赞，以及更多的外交外事外贸工作者。凡是有五星红旗飘扬的地方，都能看到北外人的身影。北外不仅承担着培养各类国际化人才的任务，更担负着向中国介绍世界、向世界介绍中国的历史使命。迄今为止，北外已获批开设 101 种外国语言，成立了 37 个区域与国别研究中心，丰富的涉外资源正在助力"一带一路"国家的研究。

大系由外研社具体组织实施。外研社隶属北外，多年来致力于"一带一路"国家的合作交流，服务讲好"中国故事"，在中华思想文化传播、打造中外出版联盟、推动中外学术互译等方面积累了丰富经验，对于协助研究、编著、出版"一带一路"国家文化教育大系具有良好的工作基础。这也是北外及外研社的使命和担当之所在。

大系编著者以北外教师为主。服务国家重大战略，北外人责无旁贷。同时，国内有研究专长和研究意愿的专家学者也踊跃参与，他们或独自撰著一书，或与北外同仁合作。大系还邀请了驻外使领馆的同志和对象国的学者参加撰写或审稿，他们运用一手资料，开展实地调研，力图提升大系的准确性。

四、结语

"一带一路"倡议植根历史，更面向未来；源于中国，更属于世界。"一带一路"作为文明互鉴的桥梁，从亚欧大陆延伸到非洲、美洲、大洋洲，与世界各国发展战略及众多国际和地区组织的发展实现对接联通，在通路、通航的基础上更好地通商，进而开展文化教育交流与沟通，加强商品、资金、技术、文化、教育流通，达成互学互鉴的文明愿景。"一带一路"倡议的目标是中国与"一带一路"国家在互联互通基础上分享优质产能，共商项目投资，共建基础设施，共享合作成果，内容包括政策沟通、设施联通、贸易畅通、资金融通、民心相通"五通"。"一带一路"倡议肩负重大使命，它要探寻经济增长之道，将中国自身的产能优势、技术与资金优势、经验与模式优势转化为市场与合作优势，实行全方位开放，共享中国改革发展红利；它要实现全球化再平衡，鼓励向西开放，带动西部开发以及中亚、蒙古等内陆国家和地区的开发，在国际社会推行全球化的包容性发展理念，主动向西推广中国优质产能和比较优势产业，惠及沿途、沿岸国家，避免西方国家所开创的全球化造成的贫富差距和地区发展不平衡情况，推动建立持久和平、普遍安全、共同繁荣的和谐世界；它要开创地区新型合作，强调共商、共建、共享原则，超越了马歇尔计划和传统的对外援助活动，给21世纪的国际合作带来了新的理念。所以，新时代中国的教育学者应当将"一带一路"国家文化教育研究作为比较教育新的增长点，全面深入开展研究，以自己的聪明才智丰富学术，为国出力，服务国家重大发展战略；在加强与"一带一路"国家的交流合作中，推动"一带一路"建设高质量发展，努力建设高质量的中国教育体系，并积极参与全球教育治理体系改革，加快构建以国内大循环为主体、国际国内双循环相互促进的新发展格局。

**2021 年春
于北京外国语大学**

（王定华，北京外国语大学党委书记、博士、教授、博士生导师，国家督学。历任河南大学教师、中国驻纽约总领事馆教育领事、教育部基础教育一司司长、教育部教师工作司司长等。）

本书前言

　　2013 年，习近平主席提出"一带一路"倡议后，中国进一步向世界扩大开放，融入全球化的步伐也进一步加快。随着中国经济参与全球化的深度和广度不断扩大，中国的教育学研究进入一个新的历史阶段，学者的研究视野也得以进一步拓宽，分析"一带一路"国家教育发展的经验和教训，以期能为中国自身的文化发展和教育现代化提供智力上的支持。

一、乌克兰文化与教育研究的意义

　　教育是不同文明相互学习、相互借鉴的重要桥梁和纽带，也是不同国家人民交流的有力支撑。加强国别文化和教育研究，能使我们对世界的多样性有更多的认知。

　　首先，研究乌克兰文化与教育具有一定的历史意义。丝绸之路不仅是贸易之路，更是文明对话之途。新时代的国际教育交流合作肩负着一定的历史使命，"一带一路"倡议中提出了民心相通，它的基础是文化，关键在教育。在这一进程中，文化、教育发挥着基础性、先导性、广远性的作用。习近平主席特别强调要加强国际理解教育，增进学生对不同国家、不同文化的认识和理解；促进中外语言互通，进一步深入推进友好学校教育深度合作与人文交流，在青少年心中打牢相互尊重、相互学习、热爱和平、维护正义、共同进步的思想根基。[1] 习近平主席在多个场合反复强调，要以文明交流超越文明隔阂、文明互鉴超越文明冲突、文明共存超越文明优越，推动各国相互理解、相互尊重、相互信任。[2] 要实现不同文明之间的和谐共存，关键还是在教育，依靠教育可以使不同国家、不同文明的族群达到文化理解和民心相通。

在新时代，国际教育交流合作肩负着更加重大的使命。"一带一路"倡议是习近平主席提出的国际经济合作倡议，核心是以基础设施建设为主线，加强全方位互联互通，为世界经济增长挖掘新动力，为国际经济合作打造新平台。"一带一路"倡议的目标是要构建一个政治互信、经济融合、文化包容的利益共同体、命运共同体和责任共同体。

其次，研究乌克兰文化与教育具有一定的学术意义。得益于习近平主席在 2013 年提出的"一带一路"倡议，中国的教育界兴起了国别研究的热潮，国别热潮从国际政治、经济、历史向教育领域延伸。国别教育史和比较教育学研究为我们了解一个国家打开了新的视角。我国对乌克兰的研究仍然处在起步阶段，过去我们的研究主要集中在政治转型和国际关系方面，文化和教育领域亟待充实。

我国的教育依然处于成长和发展阶段，还面临创新人才不足、部分学科薄弱、成果转化力度不够等挑战。加强与乌克兰文化和教育交流，有助于我们借鉴教育理念，引进优质的教育资源，补齐学科发展的短板。中国教育领域多年的实践和成功经验告诉我们，继续扩大教育开放，符合我国教育事业的发展需要和发展规律，是加速推进我国从教育大国迈向教育强国的关键。

---

[1] 吕文利. "一带一路"五年来中外文化交流成果丰硕 [DB/OL]. (2018-11-27)[2020-12-02]. http://world. people.com.cn/n1/2018/1127/c1002-30423785.html.

[2] 瞿振元. 做好新时代教育对外开放 [DB/OL]. (2018-04-10)[2020-12-03]. www.moe.gov.cn/jyb_xwfb/s5148/201804/t20180410_332710.html.

最后，研究乌克兰文化与教育具有一定的社会意义。"一带一路"沿线国家地缘政治环境复杂多变，民族构成及宗教派系差异性较大。研究乌克兰文化与教育有助于我们更好地了解乌克兰社会。只有全面了解民意，切实发挥文教先行的潜力，才能消除误解误判，为国家间的友好合作营造良好的社会氛围，奠定坚实的民意基础，进而促进彼此交流与合作的永续发展。文明因交流而多彩，文明因互鉴而丰富。作为推动人类文明进步的重要力量，教育界要主动作为、创新作为，为之提供智力、人力、技术、文化、情感等多方面的支持，提供有效的教育助力。

二、本书内容与写作方法

本书梳理了乌克兰历史、文化和教育发展脉络，详细介绍了独立以后的乌克兰教育体系，分析了乌克兰历史、文化对今天的乌克兰教育形成和发展的影响。本书按照教育类别详细介绍了独立以后的乌克兰教育体系，涵盖学前教育、基础教育、高等教育、职业教育、成人教育、教师教育、教育政策、教育行政和教育交流等方面。本书认为，乌克兰文化具有较强的独特性，具有浓重的多元性和矛盾性，对18—19世纪的沙皇俄国文化具有一定的影响。哥萨克给乌克兰历史和文化打上了深刻的烙印，是乌克兰民族性格的重要特征之一。独立以后的乌克兰教育发展基本上延续了苏联教育体系，在此基础上大量引进西方的教育理念和教育资源，做了许多国际化和市场化的改革，如改革了高等教育体系，加入了欧洲的"博洛尼亚进程"，全面引进欧盟高等教育认证体系（ECTS），还加入了德国成人职业教育协会（DVV）。同时，乌克兰近年来也启动了高等教育改革和基础教育的"新乌克兰学校"项目。尽管乌克兰教育还面临着诸多困难，但是仍保持较高的中学入学率和大学入学率，是教育较为发达的国家之一。

本书主要采用了三种研究方法。第一，文献分析法。本书对国内外的乌克兰文化和教育史的相关文献资料按照时间顺序进行整理分析，侧重使用乌克兰语资料，同时参考俄语、英语和中文文献。在乌克兰文献与俄文文献有出入的地方，我们尽可能转述双方观点的分歧，而不轻易下结论。第二，描述性研究方法。对沙皇俄国和苏联的乌克兰裔教育家，我们更多的是介绍其教育思想和教育实践，对于教育政策的影响也尽可能使用数据进行说明。由于乌克兰与俄罗斯在文化上相互融合，对很多历史事件存在分歧，因此本书不对教育家和文学家的身份做国籍上的判定。第三，定量分析法。阐述乌克兰独立以来的教育政策和教育改革发展脉络。鉴于乌克兰教育改革仍然在进行中，我们尽可能详细地引用官方数据，并结合世界银行、联合国教科文组织的报告，向读者展示一个相对全面的发展态势。

承蒙北京外国语大学俄语学院戴桂菊教授的推荐和信任，笔者和陈春侠博士承担起本书的写作任务。从 2020 年 7 月开始，我们挑灯夜战、日夜兼程，商讨写作计划，整理文献，修改书稿，希望保质保量地完成此重要项目。虽然我从 2004 年就开始从事乌克兰研究，但研究的重点更多地侧重于乌克兰的政治、文化、历史和外交，教育对我来说是一个较为陌生的研究领域。幸运的是，陈春侠博士在乌克兰读的是教育学博士，我们在专业知识上形成互补。承担本研究项目对我来说，更多的是对乌克兰研究的不舍，国别研究本身就是一个冷门的长线研究，要求我们做长期的基础研究，同时也不放过每次锻炼自己的机会。得益于互联网技术和文献电子化的高速发展，我们在写作的过程中，通过互联网在乌克兰教育科学部、乌克兰国家统计局、基辅大学等网站找到正式的教育法文献，在乌克兰国家历史档案馆、乌克兰国家图书馆和俄罗斯国家历史档案馆获取苏联时期关于乌克兰的教育文献。

本书共分十二章，写作分工如下：张弘负责撰写本书前言、第一章、第二章、第三章、第十一章、第十二章和结语，张弘和陈春侠共同撰写第四章、第五章、第六章、第七章、第八章、第九章、第十章。

本书系国家社会科学基金（教育学）重大项目和北京外国语大学"双一流"建设标志性项目阶段性研究成果。特别感谢"一带一路"国家文化教育大系总主编王定华教授、北京外国语大学俄语学院院长戴桂菊教授及外语教学与研究出版社编审专家给予的支持、帮助和指导。

因作者研究水平有限，书中难免会有一些不足，恳请专家和读者批评指正。

张弘

2021 年 4 月于中国社会科学院

目　录

第一章 国情概览

乌克兰（乌克兰语：УКРАЇНА）位于欧洲大陆东部，处在连接欧洲联盟与俄罗斯的中间地带，地理位置十分重要。乌克兰东连俄罗斯，南接黑海，北与白俄罗斯毗邻，西连波兰、斯洛伐克、匈牙利，西南同罗马尼亚、摩尔多瓦毗邻。乌克兰的首都是基辅，主要大城市还有敖德萨、哈尔科夫、利沃夫、顿涅茨克等。乌克兰是欧洲的人口大国，也是一个多民族国家，共有110多个民族，乌克兰族约占77%，俄罗斯族约占17%，其他有白俄罗斯族、犹太族、克里米亚鞑靼族、摩尔多瓦族、波兰族、匈牙利族、罗马尼亚族、希腊族、德意志族、保加利亚族等。乌克兰的官方语言为乌克兰语，主要宗教为东正教和天主教。

第一节 自然地理

乌克兰位于北纬 52°20′ 和 45°20′ 之间，东经 22°5′ 和 41°15′ 之间，国土面积达 60.37 万平方公里，陆界长达 6 400 多公里，海岸线长达 1 270 公里，国土的东西跨度 1 316 公里，南北长达 893 公里。[1]

---

[1] "一带一路"生态环保大数据服务平台. 乌克兰 [DB/OL]. (2021-02-11). http://greenbr.org.cn/gb/gbwkl/.

1

一、地理位置

乌克兰位于东欧平原的西南部，大部分领土以平原为主，西部和南部的部分地区以山脉为主。平原占乌克兰国土面积的 95%，平均海拔 175 米，可划分为高地和低地两种，最高处位于霍京高地，海拔 5 151 米；最低处位于黑海和亚速海沿岸，海拔 2 米。高地面积占国土面积的 25%，主要位于第聂伯河右岸地区，分别为第聂伯河沿岸高地、波多利耶高地和沃伦高地。东部地区有中俄罗斯高地西南支脉、顿涅茨高地和亚速海沿岸高地。低地占国土面积的 70%，主要位于乌克兰的北部、中部和南部，主要有波列西耶低地、黑海沿岸低地和第聂伯河沿岸低地。乌克兰的山脉主要有西部的喀尔巴阡山脉和南部的克里米亚山脉。山区面积只占国土面积的 5%。喀尔巴阡山脉是东欧的山系，位于捷克、斯洛伐克、乌克兰、匈牙利、波兰、罗马尼亚、塞尔维亚和部分奥地利的领土上，最高峰霍维拉峰位于乌克兰境内，海拔 2 061 米。[1]

二、气候与水文

（一）气候

受大西洋暖湿气流影响，乌克兰大部分地区属于温带大陆性气候，克里米亚半岛南部为亚热带气候。1 月平均气温 –7.4℃，7 月平均气温 19.6℃。乌克兰的降水分布不均，西部和北部降水量较大，而东部和东南的降水量较少。其中，西部的喀尔巴阡山脉年平均降水量约 1 200 毫米，而南部的克

---

[1] "一带一路"生态环保大数据服务平台. 乌克兰 [DB/OL]. (2021-02-11). http://greenbr.org.cn/gb/gbwkl/.

里米亚半岛和黑海沿岸地区仅有 400 毫米 [1]。乌克兰夏季漫长，东部和南部炎热而干燥，西部则温暖潮湿。南部和西部冬季气温较为温和，东北地区较为寒冷。

乌克兰有许多气候区，其中北部、南部、地中海沿岸和山区的大气压力、气温、降水量和降水频率差异很大。南北气候区的分界线是"沃耶科夫高压轴"，高压轴的北部属于温带大陆性湿润气候，高压轴的南部和东南部属于温带大陆性半干旱和干旱气候。大陆性程度从西北部向东南部逐渐增加。随着大陆性程度的增加，夏季变热，冬季变冷，降水减少。南部气候区的特点是日照水平高，干旱程度更高，并且主要受反气旋作用的影响。1 月份的温度为 –2—7℃，7 月的温度为 21.5—30℃，年降水量为 370—465 毫米。多山气候区域分布在喀尔巴阡山脉，其特征是垂直带状分布，表现为温度和景观的变化。[2] 山区降雨较多（745—1 450 毫米），年平均气温为 4.5℃。北部气候区分布在波列西耶低地和森林草原区，并且受湿气旋的影响很大，该地区的绝对高度为 135—500 米。1 月的温度为 –6.5—8℃，7 月的温度为 15.5—20.5℃，降水量为 480—690 毫米。[3]

（二）水文

乌克兰有 63 119 条河流，其中大部分由西北流向东南，注入黑海和亚速海。较大的河流有七条：杰斯纳河、第聂伯河、德涅斯特河、多瑙河、普里皮亚季河、北顿涅茨河和南布格河。第聂伯河流入黑海，是仅次于伏尔加河和多瑙河的欧洲第三大河。德涅斯特河流经乌克兰和摩尔多瓦的边界，流入黑海。多瑙河在乌克兰注入黑海，是连接乌克兰与许多欧洲国家

---

[1] "一带一路"生态环保大数据服务平台. 乌克兰 [DB/OL]. (2021-02-11). http://greenbr.org.cn/gb/gbwkl/.

[2] 乌克兰国家概况 [EB/OL]. (2011-06-11)[2020-12-22]. http:/www.chinanews.com/gn/2011/06-10/3103528.shtml.

[3] ПЕСТУШКО В, УВАРОВА Г, ДОВГАНЬ А. Географія[M]. Київ: Генеза, 2019.

的重要水路。乌克兰约有 2 万个湖泊，大多位于加利西亚、黑海低地和克里米亚半岛。最大的湖泊为德涅斯特罗夫斯基湖，面积为 360 平方公里；最深的湖为斯维佳斯科耶湖，水深 58.4 米。乌克兰南部有黑海和亚速海，敖德萨、赫尔松、尼古拉耶夫和塞瓦斯托波尔是黑海沿岸的重要港口。

第聂伯河被称为乌克兰的母亲河，经常被俄罗斯和乌克兰的作家和诗人传颂歌唱，总长度有 2 201 公里。第聂伯河属于水流缓慢的低地河流类型，河道蜿蜒，有许多分支、裂谷、岛屿和河道浅滩。第聂伯河通常被分为三个部分：上游从发源地俄罗斯的瓦尔代高地到基辅，中游从基辅到扎波罗热，下游从扎波罗热到第聂伯河-布格河口，最终注入黑海。第聂伯河穿过乌克兰中部地区，将该国分为右岸和左岸。第聂伯河河谷宽约 18 公里，两岸地势明显不对称：右岸陡峭而高峻，左岸则低矮而平缓。

多瑙河是世界上流经国家最多的河流，它在乌克兰和罗马尼亚之间形成了三角洲，总面积为 5 640 平方公里，其中乌克兰境内约 1 200 平方公里，并最终在乌克兰境内通过吉里斯水道注入黑海。从 1990 年起，乌克兰在多瑙河入海口的三角洲地区设立了生物圈保护区，其中大部分地区位于乌克兰多瑙河三角洲的东北部、敖德萨州基利斯基区的维尔科沃市附近，1991 年被联合国教科文组织列入世界自然遗产名录。目前的多瑙河生物圈保护区是根据 1998 年 8 月 10 日乌克兰总统第 861/1998 法令在"多瑙河漫滩"自然保护区的基础上建立的，面积为 464.029 平方公里。根据 2004 年 2 月 2 日乌克兰第 117/2004 号总统法令，保护区范围扩大到 502.529 平方公里。根据联合国教科文组织 1999 年 2 月 2 日的决定，多瑙河生物圈保护区作为罗马尼亚和乌克兰双边的生物圈保护区"多瑙河三角洲"的一部分被纳入世界生物圈保护区网络。多瑙河三角洲的动物和植物种类繁多，有约 300 种鸟类、75 种鱼类和 1 150 种植物，是世界上最大的鹈鹕聚居地。[1]

南布格河位于乌克兰的西南部，流经赫梅利尼茨基州、文尼察州、基洛沃格勒州、敖德萨州和尼古拉耶夫州，长度为 806 公里，流域面积为 6.37 万平方公里。这是唯一一条从源头到入海口完全在乌克兰境内的河流。它起源于波多利斯克高地，流向黑海低地的第聂伯-布格河口，最终注入黑海。

杰斯纳河发源于俄罗斯的斯摩棱斯克高地，全长 1 130 公里，其中乌克兰境内为 591 公里，是第聂伯河最长的支流，在基辅附近注入第聂伯河。该河拥有 13 个左支流和 18 个右支流，平均深度为 2—4 米，最大深度为 17 米。在杰斯纳河及其支流中有 30 多种鱼类，包括鲈鱼、鲤鱼、梭子鱼、鳗鱼、鲶鱼、泥鳅、鳊鱼和赤鲈等。

德涅斯特河发源于东喀尔巴阡山脉（利沃夫州），全长 1 362 公里，其中在乌克兰境内 705 公里，流域面积 7.21 万平方公里。从西北流向东南，穿过乌克兰和摩尔多瓦的领土，流入与黑海相连的德涅斯特河口。

三、自然资源

乌克兰国土面积广阔，自然资源丰富，气候和水文条件优越，适合人居和工农业生产。乌克兰农业用地面积约为 42.558 万平方公里，占全国全部土地面积的 70.5%。乌克兰拥有的黑土地约占全世界黑土地面积的 30%，对发展农业极为有利。乌克兰的森林资源丰富，森林总面积为 10.4 万平方公里，主要分布在喀尔巴阡山脉和西部地区，主要树种有松树、山毛榉、云杉和橡木。

乌克兰的矿产资源有 70 多种，主要有煤、铁、锰、镍、钛、汞、石墨、

---

[1] 资料来源于乌克兰国家科学院多瑙河保护区官网。

耐火土、石材、石油和天然气等。乌克兰煤炭资源储量丰富，储量为 341.5 亿吨，占全球煤炭总储量的 3.8%，居世界第七位。主要分布在三大煤田：东部的顿巴斯煤田、西部的利沃夫-沃伦煤田和中部的第聂伯煤田。乌克兰危机后，乌克兰失去了对东部煤炭主产区——顿巴斯煤田的控制权，导致国内动力煤的严重短缺。煤炭开采量从 2014 年的 6 500 万吨下降到 2019 年的 3 120 万吨。[1] 目前，乌克兰的煤炭自给率为 60%，需要从俄罗斯、美国、哈萨克斯坦等国进口。2019 年，乌克兰从俄罗斯进口煤炭的比重达到 58%，金额达 28 亿美元。2020 年 1 月至 2 月，这一比重已超过 61%。[2]

乌克兰的石油和天然气资源相对匮乏，石油自给率在 10%—15%，天然气自给率约为 50%。乌克兰的石油和天然气主要分布在第聂伯罗彼得罗夫斯克-顿涅茨克和黑海-克里米亚半岛，黑海和亚速海大陆架上的油气资源有较好的商业开发价值。克里米亚半岛危机爆发之后，乌克兰的海上油气开采基本上陷入停滞。近年来探明的页岩气储量十分可观，但受地区冲突和开采成本的限制也处于搁浅状态。美国能源信息署（EIA）公布的数据显示，乌克兰的页岩气储量达 1.2 万亿立方米，在欧洲国家中排名第三。

乌克兰的铁矿石储量约 275 亿吨，主要分布在克里沃伊罗格（187 亿吨）、克雷缅楚格（45 亿吨）、别洛奥泽尔斯克（25 亿吨）和刻赤地区（18 亿吨）。锰矿石储量超过 23 亿吨，位居世界第二，矿石中平均锰含量为 23.9%，最大的锰矿储量位于尼科波尔锰矿盆地（第聂伯罗彼得罗夫斯克州、扎波罗热州和赫尔松州）。此外，该国还发现有宝石和半宝石（绿柱石、紫水晶、琥珀、碧玉、无色水晶等）矿床。近年来已探明了 15 个金矿。

乌克兰也面临着严重的环境问题。1986 年出现事故的切尔诺贝利核电站就位于乌克兰西北部的普里皮亚季市，该事故造成大面积的空气和水污染。根据 2005 年 9 月联合国、国际原子能机构、世界卫生组

---

[1] 资料来源于俄新社。

[2] 资料来源于俄新社。

织、联合国开发计划署、乌克兰和白俄罗斯政府合作完成的关于切尔诺贝利核事故的总体报告，事故造成的死亡人数共达 4 000 人，其中包括直接死于核辐射的 47 名救灾人员和 9 名死于甲状腺癌症的儿童。2006 年 4 月联合国公布的世界卫生组织调查报告显示，在受辐射尘埃严重污染的地区（包括乌克兰、白俄罗斯和俄罗斯等）可能还有另外 5 000 多名受害者死于核事故，受害者总数可能已经超过了 9 000 人。[1] 时至今日，在核事故周边的 30 公里地区仍然是环境高风险地区，仍然不适宜人居。"石棺"附近的核辐射值仍高达每小时 350—700 微伦琴，远超每小时 20 微伦琴的安全值。

第二节　国家制度

1990 年 7 月 16 日，乌克兰最高苏维埃通过《乌克兰国家主权宣言》，1991 年 8 月 24 日宣布独立，脱离苏联，改国名为乌克兰。1991 年 12 月 8 日，乌克兰、俄罗斯和白俄罗斯三国领导人签署《别洛韦日协定》，宣布苏联不再存在，乌克兰获得国家独立。独立之初的乌克兰放弃了苏联的政治经济制度，宣布实行政治自由化和经济市场化。1996 年，乌克兰通过独立后的第一部宪法，从法律上确立了国家制度。

一、国家象征

《乌克兰宪法》第 20 条规定：乌克兰国家象征分别为国旗、国徽和国歌。

---

[1] 张弘. 切尔诺贝利：我们可以走近你吗？[J]. 世界知识，2011（4）：54-55.

（一）国旗

乌克兰国旗由两个大小相等的蓝色和黄色水平带组成，上部蓝色、下部黄色，宽度与长度之比为 2∶3。该旗帜源自基督教的传统仪式，当时黄色和蓝色盛行，代表火和水。此外，黄蓝色、红黑色、深红色、橄榄色，尤其是覆盆子色（粉红色）横幅在 16—18 世纪被乌克兰的哥萨克人广泛使用。1917 年俄国十月革命之后，乌克兰民族主义者在乌克兰西部的加利西亚地区宣布成立乌克兰人民共和国，将蓝色和黄色的双色旗当作国旗使用。乌克兰加入苏联以后，该国旗被废止。乌克兰重新宣布独立后，1991 年 9 月 18 日乌克兰议会最高苏维埃宣布再次将蓝黄色旗帜作为国家标志。1996 年，乌克兰通过了独立后的第一部宪法，以法律形式再次确认该旗帜为国旗。

（二）国徽

乌克兰国徽为蓝色的盾徽，中间有金色的三叉戟。这个图案最初是留里克王朝的印章图案，1918 年 3 月 22 日曾被确立为乌克兰人民共和国国徽。三叉戟标志源自基辅罗斯时代的重要领导人弗拉基米尔一世，他的个人标志就是三叉戟。在他执政期间铸造的金币和银币上，一面铸有统治者的肖像，另一面则铸着三叉戟的标志。1918 年 2 月 25 日，著名的历史学家米哈伊洛·赫鲁舍夫斯基提议将其用作国家象征。当时的议会——中央拉达决定将该标志作为乌克兰人民共和国国徽。1992 年 2 月 19 日乌克兰最高拉达（国家议会）再次确认其为国徽。1996 年，乌克兰宪法以国家基本法的形式将该标志确定为国家三个官方标志之一。

（三）国歌

乌克兰的国歌是《乌克兰仍在人间》，也被称为《乌克兰尚未毁灭》，由帕·普·楚宾斯基作词，米哈伊洛·维尔毕茨基作曲。1862 年，乌克兰的民族志学家、民俗学家和诗人帕·普·楚宾斯基创作了《乌克兰的荣耀与自由尚未逝世！》一诗，该诗迅速在乌克兰西部广为流传，并引起牧师、作曲家米哈伊洛·维尔毕茨基的注意。1863 年，米哈伊洛·维尔毕茨基为该诗谱曲。1917 年，该歌曲被短暂存在的乌克兰人民共和国定为国歌，苏联成立后该歌曲被废除。苏联解体后，1992 年 1 月 15 日，乌克兰重新将这首歌确定为国歌。2003 年，乌克兰最高拉达通过了《国歌法》，并将楚宾斯基的原作进行修改作为新的歌词。

二、行政区划

独立后的乌克兰采用了单一制的国家结构形式，全国分为 24 个州、1 个自治共和国（克里米亚自治共和国）和 2 个直辖市（基辅市和塞瓦斯托波尔市）。

（一）行政区划

截至 2017 年 1 月 1 日，乌克兰共有 27 个一级行政区，下辖 460 个市、490 个区、885 个镇和 28 377 个村。[1] 乌克兰的行政区划详见表 1.1。

---

[1] 资料来源于乌克兰国家统计局官网。

表 1.1 乌克兰的行政区划 [1]

地区	面积（平方公里）	人口（万人）
克里米亚自治共和国	26 081	—
文尼察州	26 492	156.04
沃伦州	20 144	103.53
第聂伯罗彼得罗夫斯克州	31 923	320.65
顿涅茨克州	26 517	416.59
日托米尔州	29 827	122.02
外喀尔巴阡州	12 753	125.68
扎波罗热州	27 183	170.58
伊万诺-弗兰科夫斯克州	13 927	137.33
基辅州	28 121	176.79
基洛沃格勒州	24 588	94.56
卢甘斯克州	26 683	215.18
利沃夫州	21 831	252.20
尼古拉耶夫州	24 585	113.11
敖德萨州	33 314	238.03
波尔塔瓦州	28 750	140.04
罗夫诺州	20 051	115.73
苏梅州	23 832	108.14
捷尔诺波尔州	13 824	104.59
哈尔科夫州	31 418	267.56
赫尔松州	28 461	103.76
赫梅利尼茨基州	20 629	126.47

[1] 资料来源于乌克兰地区年鉴 2019。克里米亚自治共和国和塞瓦斯托波尔市的人口数据自 2014 年后未统计。

地区	面积（平方公里）	人口（万人）
切尔卡瑟州	20 916	120.64
切尔诺夫策州	80 96	90.44
切尔尼戈夫州	31 903	100.58
基辅市	836	295.08
塞瓦斯托波尔市	864	—

位于克里米亚半岛的克里米亚自治共和国和塞瓦斯托波尔市在 2014 年 3 月 18 日被并入俄罗斯，但未得到乌克兰政府和国际社会的普遍承认。乌克兰东部的顿涅茨克州和卢甘斯克州部分地区在 2014 年 5 月自行宣布成立自治共和国，也未得到乌克兰和国际社会的普遍承认。2014 年 9 月 16 日，乌克兰最高拉达通过《东部地区特殊地位法案》，临时赋予顿涅茨克州和卢甘斯克州部分地区特殊的自治权。该法案规定的"特殊地位"并非针对顿涅茨克州和卢甘斯克州全境，并且法案给予这些地区的只是"临时自治权"，"这些地方仍属于乌克兰领土"。[1]

（二）主要城市

基辅是乌克兰首都，位于乌克兰中北部，面积 839 平方公里，人口 290 万，是全国的经济、文化、政治中心。基辅冬季温和，夏季温暖，雨量充沛。公元 882 年，基辅罗斯公国在基辅建立。在随后的两个世纪，这里因为贸易而兴起，成为罗斯时期的政治文化中心，被称为第聂伯河上的"帝王之城"。1654 年基辅并入俄国，成为重要的贸易中心。1934 年乌克兰首都由

---

[1] 乌克兰东部冲突迎来转机 [EB/OL]．（2020-01-13）[2020-12-01]. http://www.chinanews.com/gj/2020/01-13/9058002.shtml.

哈尔科夫迁于此。基辅还是东正教文化中心，这里保存着大量的东正教遗址，圣索菲亚大教堂和基辅洞窟修道院被联合国教科文组织列为世界文化遗产。

利沃夫是乌克兰西部的政治、经济、文化、教育中心。位于德涅斯特河上游及南布格河上游之间的丘陵地带上，煤炭资源丰富。利沃夫建于1256年，创建者是鲁塞尼亚的哈雷斯基公爵。利沃夫市面积2.18万平方公里，人口260万人，其中市区常住人口83万人。利沃夫市拥有乌克兰最古老的大学和著名的利沃夫歌剧与芭蕾舞剧院。利沃夫也是乌克兰重要的宗教中心之一，在市中心有圣乔治大教堂、圣伊丽莎白教堂、拉丁大教堂、利沃夫伯纳德教堂和修道院、亚美尼亚圣母升天大教堂和道明会教堂。利沃夫的旧城区拥有许多珍贵的剧场和博物馆建筑，其中不少被列为世界文化遗产。利沃夫是乌克兰的文化中心，乌克兰语的使用情况也比其他城市要广。利沃夫还是乌克兰最重要的教育中心之一，著名的大学有利沃夫大学、利沃夫工艺学院和利沃夫音乐学院，其中利沃夫大学是乌克兰最古老的综合性大学。

敖德萨是乌克兰的第三大城市，是乌克兰南部工业、科学、文化和旅游中心。敖德萨建于1415年，原是鞑靼人的一个居民点，称卡吉贝伊，1795年起改称敖德萨。19世纪下半叶成为重要商港，并且是黑海北岸的最大港口。敖德萨是乌克兰著名的旅游城市之一，温和的气候、美丽的海滩、温暖的海水每年吸引大量的游客，使它获得了"南部棕榈"的美称。从市中心半圆广场通向海边的"波将金"纪念石阶共有192级，宽达30米，是著名的名胜古迹，是为纪念1905年的"波将金军舰起义"而命名的。

三、政治制度

1996 年，乌克兰通过的第一部宪法规定乌克兰是实行总统议会制国家。2004 年，乌克兰修改宪法，改为议会总统制。2010 年，乌克兰废除 2004 年的宪法修正案，改回总统议会制。2014 年 2 月，乌克兰再次修改宪法，改为议会总统制。

（一）总统与政府

乌克兰实行半总统制，总统是拥有较大行政权力的国家元首，对内负最高的政治责任，对外代表乌克兰。总统由乌克兰公民以无记名投票的方式直接普选产生，任期五年。乌克兰总统在维护国家安全和政治稳定方面具有绝对的领导作用，是国家武装部队的最高统帅，有权任命和罢免武装部队和其他军事部队的高级指挥官，有权任命和罢免国防部长和国家安全局局长，领导乌克兰国家安全与国防委员会，并在国家安全和国防领域发挥领导作用。总统还有权任命乌克兰宪法法院三分之一的成员。在征得议会同意下，总统有权任命和罢免总检察长、任命和罢免乌克兰国家银行理事会一半成员、任命和罢免乌克兰全国电视广播电台理事会的一半成员。乌克兰总理由议会多数党团提名，政府由总理、副总理和部长组成，负责国内经济社会政策。

（二）议会

乌克兰国家议会也叫最高拉达，是乌克兰唯一的立法机关。议会由 450 名议员组成，实行一院制，任期 5 年，设议长一人、第一副议长一人、副议长一人。[1] 2019 年 7 月选出的议会共有 5 个政党进入，其中总统泽连斯基领导的人民公仆党赢得 43.16% 的选民支持，获得过半的议会席位（254 个）；亲俄政党反对派平台—为了生活党获得 12.94% 的得票率；前总统波罗申科领导的欧洲团结党、前总理季莫申科领导的祖国党和摇滚歌手瓦卡尔丘克领导的声音党的支持率分别为 8.18%、8.18% 和 5.92%。议长德米特里·拉祖姆科夫来自人民公仆党。

（三）法院与检察院

乌克兰法院是唯一的审判机构，对国内一切法律关系具有管辖权。乌克兰法律禁止建立审判机关以外的机构从事审判活动。乌克兰法院体系分为两个管辖区域：宪法法院体系和普通法院体系。

宪法法院是对任何权力机关和领导人的施政行为是否违反国家宪法而进行监督、审议和裁决的最高护宪机关，由 18 名法官组成，总统、议会和法官代表大会各有权任免其中 6 名成员。宪法法院的主要职责包括：解释乌克兰宪法和其他国家法律，审理总统颁布的命令、决定的违宪问题，审理立法机关（议会）通过的法律或法律条文违宪问题，审理各级政府及其他权力机关违宪问题，对是否违宪做出最后裁决，并执行裁决结果，从而维护宪法的最高权威。

普通法院主要负责民事、行政和刑事案件审理。普通法院的管辖权制度基于属地原则和专业化原则，按照司法业务领域划分为专业法院和一般法院。专业法院包括经济法院、行政法院和其他专门法院，一般法院则包括民事法院和刑事法院。普通法院按行政级别分为三个层级：地方法院、上诉法院和最高法院。最高法院是普通法院中的最高审判机构，也是普通法院的最

---

[1] 由于未能在克里米亚自治共和国、塞瓦斯托波尔市、顿涅茨克州和卢甘斯克州的某些选区举行选举，国家议会的 27 个席位未能被选出，目前选出的议席只有 423 个。

高上级机构，其法官根据总统提议由国家议会任命。最高法院负责监督各地普通法院的审判活动，并对普通法院不能决定的重大案件做出最后裁决。

检察院系统由乌克兰总检察院、各州检察院和区检察院组成，乌克兰总检察院的总检察长由总统在征得议会同意后任免，各地方检察院检察长由乌克兰总检察长任免。检察院履行对国家机构和国家公职人员的活动监督的职能，检察院在认为有违法和犯罪情节时，依据有关法律对犯罪嫌疑者进行侦察，在取得犯罪证据后，依法提出公诉，并将案件交法院审理。此外，检察院还有权对国家实行的如宣布进入紧急状态、战争状态、宵禁等紧急措施的合法性进行监督。

（四）政党与选举

多党制是现代乌克兰政治的主要特征，总统和议会通过定期的选举直接产生。国家议会选举每 5 年举行一次，实行多数代表制和比例代表制相结合的混合代表选举制度。总统选举每 5 年举行一次。

四、乌克兰政局

自独立以来，乌克兰经常爆发街头示威，政府频繁更迭。自乌克兰危机爆发以来，乌克兰东部的顿巴斯地区持续冲突，政治局势曾较为混乱。乌克兰危机之后，乌克兰在外交和安全政策上完全倒向西方，将加入欧盟和北约作为国家基本战略。

2014 年 3 月 21 日，乌克兰和欧盟签署了联系国协定的政治部分；6 月 27 日，双方签署了联系国协定关于建立深入广泛自由贸易区的部分；9 月 16 日，乌克兰和欧盟议会同步批准了联系国协定。该协定旨在建立双边密切政治联系、基本消除贸易壁垒。2017 年 5 月 11 日协定批准给予乌克兰公民免签证的制度。2019 年 2 月 19 日，时任总统波罗申科签署关于加入北约和欧盟的宪法修正案。根据该宪法修正案，在乌现行宪法前言中加入"确定乌克兰人民欧洲身份和乌克兰欧洲及欧洲大西洋方针的不可逆转性"内容；在宪法第 85 条中增加"实现国家获得欧盟和北约成员国资格的战略方针"内容；在第 102 条中增加"乌克兰总统是实现乌克兰加入欧盟和北约战略方针的担保人"内容；在第 116 条中增加"保障国家加入欧盟和北约战略方针的实现"内容。[1]

（一）乌克兰政局完成平稳过渡

2019 年 3 月，喜剧演员出身的候选人泽连斯基在总统选举中以 73.22% 的选票当选。泽连斯基领导的人民公仆党还在 2019 年 7 月的议会选举中战胜传统政党，赢得了过半数的议会席位。目前，乌克兰总统泽连斯基对国内政治具有较大的控制力，议会和政府主要成员都来自他领导的人民公仆党。议会中主要政党虽有政见分歧，但在安全和外交等战略问题上立场接近，都支持乌克兰的欧洲一体化战略。目前，乌克兰政局基本实现了平稳过渡，政党竞争维持在体制之内，街头政治得到有效遏制。

目前，乌克兰的顿巴斯地区仍处于冲突之中，危机在短期内难以化解。自 2014 年 5 月以来，顿巴斯地区被地方民兵组织控制，他们与政府军爆发了长期的武装冲突。多年来，双方打打停停，政治对话进展缓慢。2015 年，在德、法、俄三国调停下，乌克兰政府与东部民兵组织曾两次达成《明斯克和平协议》。但是，由于双方立场差距较大，缺乏必要的政治互信，导致冲突无法彻底化解，问题也没有彻底解决。自 2019 年 5 月泽连斯基就职总

---

[1] 乌克兰议会通过关于加入欧盟和北约方针的宪法修正案 [EB/OL]. (2019-02-08)[2020-12-08]. http://m.xinhuanet.com/2019-02/08/c_1124092712.htm.

统以来，乌克兰恢复了诺曼底四方会晤机制，顿巴斯地区基本上实现了停火，顿巴斯局势处于可控的搁置状态，但政治谈判进展缓慢。

（二）乌克兰的主要政党

乌克兰实行多党制。截至 2020 年 1 月，共有 349 个政党在乌司法部注册登记 [1]，但只有十分之一的政党可以被称为活跃党，只有 21 个政治力量参加了 2019 年年初的议会选举。其中影响较大的政党有 5 个，分别是人民公仆党、欧洲团结党、反对派平台—为了生活党、祖国党和声音党。

人民公仆党正式注册于 2016 年 4 月 13 日。该党在 2018 年开始逐渐引起选民的注意，在乌克兰数次政治民调中获得了 4%—10% 的选民支持率；在 2019 年 3 月举行的总统选举中，该党候选人泽连斯基以 73.22% 的得票率赢得大选；在 2019 年 7 月举行的议会选举中，该党赢得过半议会席位并单独组阁。尽管该党宣传自己信奉自由主义思想，但在 2019 年的两次选举中都积极宣扬民粹主义思想，主张直接民主。该党在执政以后，外交上奉行亲西方的外交政策，政治上倾向于温和的民族主义，经济上奉行实用主义。

欧洲团结党成立于 2014 年 10 月，曾用名团结党、波罗申科联盟团结党。该党属于中间偏右翼政党，奉行自由保守主义、基督教民主主义、亲欧洲主义和温和的民族主义。在 2014 年 10 月 26 日举行的第八届乌克兰议会选举中，该党获得了 132 个席位，成为乌克兰第八届议会中最大的党。2019 年 5 月 24 日，更名为欧洲团结党。在 2019 年的议会选举中，该党获得了 27 个席位。

反对派平台—为了生活党成员主要来自乌克兰东部地区，代表东部金融工业集团的利益。该党于 1999 年正式注册，2016 年更名为生活党，2018 年

---

[1] 资料来源于《乌克兰共青团真理报》。

再次更名为反对派平台—为了生活党。在 2019 年的议会选举中，该党获得 13.05% 的得票率，拥有 43 个席位。该党主要政治主张为保守主义，主张与俄罗斯保持传统的盟友关系，在经济上反对无条件的全球化，主张保护本国利益，反对土地私有化。

祖国党成立于 1999 年，参与了 2012 年、2014 年和 2019 年的议会选举。在 2019 年的议会选举中，该党获得 8.18% 的得票率，共获得 24 个席位。该党政治上主张民粹主义，经济上主张民主社会主义，外交上奉行欧洲一体化和反俄罗斯。该党主张降低住房和公共服务的关税，反对出售农业用地和战略企业。

声音党由摇滚歌手斯维亚托斯拉夫·瓦卡尔丘克于 2019 年 5 月 16 日创立。在 2019 年议会选举中，该党以 5.82% 的得票率赢得 20 个席位。该党拒绝与执政的人民公仆党合作。该党政治主张中间偏右翼的自由主义，经济上强烈反对寡头垄断，主张对寡头征收资本税。2020 年 6 月，该党创始人瓦卡尔丘克宣布退出政治舞台，由基拉·鲁迪克接任该党的主席一职。[1]

第三节 社会生活

自 1991 年独立以来，乌克兰基本上完成了国家制度的转型，建立了三权分立的政治体制，全面转向市场经济，恢复了乌克兰文化的主导地位。

---

[1] 资料来源于《乌克兰真理报》。

一、人口与民族

截至 2020 年 6 月 1 日，乌克兰总人口有 4 190.2 万人。[1] 人口密度为每平方公里 73.4 人，城市居民比例为 67.2%，农村居民比例为 32.8%。男性比例为 46.3%，女性为 53.7%。[2] 根据世界卫生组织 2018 年统计，乌克兰男性的预期寿命为 67.6 岁，女性的预期寿命为 77.1 岁。[3]

在苏联时期，由于自然条件适宜，以及苏联中央政府的大量投入，乌克兰的经济得到了长足发展，乌克兰成为苏联重要的经济和文化中心，乌克兰人口增长迅速，1993 年人口达到 5 224 万的历史峰值。[4] 但是，乌克兰独立以后，由于长期的经济衰退，政府投入大幅缩水，人口出生率迅速下降，再加上人口老龄化和大量的出国移民，导致该国人口规模持续下降，并延续到 21 世纪。俄罗斯（从苏联解体至今）和欧盟（从 2017 年 6 月开始）对乌克兰人实行免签制度。根据欧盟委员会的决定，前往申根国家旅游、进行商务访问、参加文化活动或探亲的乌克兰公民可免签入境，每半年最多可停留 90 天。

作为申根协议成员国的波兰更进一步给予乌克兰人短期工作的许可。根据 2017 年 6 月在波兰议会上通过的《外国人临时雇用法》规定，亚美尼亚、白俄罗斯、格鲁吉亚、摩尔多瓦、乌克兰和俄罗斯等国公民可以通过简化程序进入波兰的劳动力市场。[5] 这些国家公民可以获得为期三年的工作许可证或季节性工作许可证。目前，波兰聘用的外国医生中有三分之一来自乌克兰。在过去的几年中，约有 50 000 名医生离开乌克兰去欧盟工作。

---

[1] 资料来源于乌克兰民族新闻社。

[2] 资料来源于《乌克兰人口统计年鉴：2019 年》

[3] 资料来源于世界卫生组织官网。

[4] 资料来源于乌克兰国家统计局 2001 年人口统计数据库。

[5] 资料来源于乌克兰米格新闻网。

除波兰外，德国、匈牙利和捷克等国也纷纷修改法律，减少非欧盟成员国公民的就业限制，希望吸引乌克兰高技术人才来改善国内劳动力短缺的状况。捷克地区医院联盟要求政府简化乌克兰医生获得工作许可的程序，方便他们来该国的医院工作。[1] 自 2018 年起，捷克将给予乌克兰人的工作签证数量增加一倍。根据捷克劳动部数据，截至 2018 年年底，该国雇用了 12.1 万名乌克兰人，占在该国工作的外国人的 20% 以上。[2] 德国在 2018 年修改法律，简化非欧盟公民进入劳动力市场的程序。德国总理默克尔公开表示："我们知道许多行业和企业都在急切地寻求专家。因此，我们必须努力确保有足够的熟练工人。否则，公司将不得不搬家。我们当然不希望那样。"[3] 数以百万计的乌克兰人出于经济原因，纷纷离开乌克兰到欧盟和俄罗斯工作和定居。目前，大约有七分之一的乌克兰人居住在国外。乌克兰危机爆发之后，乌克兰再次出现移民潮，至少有 150 万乌克兰人因为顿巴斯冲突和克里米亚危机而流离失所，其中不少人选择到欧盟和俄罗斯避难。

二、经济概况

乌克兰货币是格里夫纳（Hryunia），货币代码为 UAH。2019 年，乌克兰国内生产总值为 3.97 万亿格里夫纳，约合 1 537.81 亿美元，人均约 3 659 美元。[4] 根据乌克兰财政部的数据，到 2019 年年底，公共债务总额为 7 642 亿格里夫纳，约合 745 亿美元，约占该国 GDP 的 45%。[5]

---

[1] 资料来源于乌克兰塔斯社。

[2] 资料来源于乌克兰 STRANA 新闻网。

[3] 资料来源于《乌克兰欧洲真理报》。

[4] 资料来源于乌克兰中央银行官网。

[5] 资料来源于乌克兰塔斯社。

乌克兰独立后，曾经历了近十年的经济衰退期，在 1999 年重回快速增长期。乌克兰危机后，受战争影响，经济在 2014—2015 年再度萎缩，2016—2019 年经济恢复增长，增长率分别为 2.4%、2.5%、3.3%。2019 年的名义 GDP 为 3.975 万亿格里夫纳，约折合 1 547 亿美元。[1]

（一）农业

乌克兰拥有约占世界总量 30% 的黑土地，肥沃的土壤和适宜的气候条件对发展农业极为有利。目前，乌克兰农业用地达 4 255.8 万公顷，占全部土地面积的 70.5%。冬小麦、春大麦、玉米、向日葵、甜菜是乌克兰的主要农作物。近年来乌克兰农产品连年丰收，出口增长迅速，2000 年的农产品出口额不到 20 亿美元，2010 年已接近 100 亿美元，2012 年的出口额为 179 亿美元，2018 年达到 186 亿美元，占当年出口总额的 38%。[2] 乌克兰在 2019 年收获了创纪录的 7 510 万吨谷物，出口额达到 221 亿美元，占出口总额的 44.3%，比 2018 年增长 19%。[3] 目前，乌克兰是世界上第一大葵花籽油出口国、第二大小麦出口国和主要玉米出口国。2020 年 3 月，乌克兰议会通过了土地法修正案，规定将从 2021 年 7 月 1 日起取消对农业土地出售的限制，允许乌克兰公民购买农业土地，乌克兰法人从 2024 年起可购农业土地。

（二）工业

乌克兰曾是苏联重要的工业中心，拥有 300 多个工业门类。自 1991 年独立以来，乌克兰经济结构呈现"去工业化"特点，曾经发达的航空航天

---

[1] 资料来源于国际货币基金组织官网。

[2] 资料来源于乌克兰国家统计局官网。

[3] 资料来源于乌克兰经济学家俱乐部网。

业、电力和机械制造业逐渐衰落。目前乌克兰主要优势行业为农业、冶金和化学工业。工业产值在 2019 年国内生产总值（GDP）中的比重下降到 31.6%，农业产值比重大约为 10.2%，服务业约占 58.2%。2008 年国际金融危机以来，乌克兰的制造业衰退加速，其占 GDP 的比重从 2007 年的 20% 下降至 2017 年的 12.4%。但是，农业产值却有所增长，从 2007 年占 GDP 的 6.6% 增长到 2017 年的 10.2%。[1]

（三）旅游与交通运输

1. 旅游

旅游行业增长潜力巨大。乌克兰拥有丰富的旅游资源，漫长的黑海海岸线、险峻的喀尔巴阡山脉、多元的文化使乌克兰成为世界著名的旅游度假地。虽然旅游业直接收入占乌克兰 GDP 的比重只有 2%，但解决了 300 多万人的就业问题，具有良好的发展前景。2019 年有 1 360 万人赴乌克兰旅游，外国游客的消费规模达 14 亿美元，占乌克兰 GDP 的 8.8%。游客主要来自摩尔多瓦、白俄罗斯、波兰和俄罗斯。

2. 交通运输

凭借特殊的地理位置和苏联时期遗留下来的基础设施，乌克兰有着完备的交通运输体系，但受经济整体发展水平限制，交通基础设施老化严重。近些年在欧盟的支持下，乌克兰开始了大规模的现代化改造。

乌克兰铁路的运营网络将近 1.98 万公里，货运量在世界排名第四，仅

---

[1] ВДОВЕНКО Н М, НАКОНЕЧНАЯ Е В. Особенности структурных изменений в экономике Украины[J]. Экономика АПК, 2018(9): 56.

次于中国、俄罗斯和印度。[1] 铁路行业最大的企业是国营的乌克兰铁路公司，该公司主要承担国内和国际货运业务，并负责管理与铁路有关的生产和经济活动。2019 年乌克兰铁路公司货运收入增加 24.3%，达到 840 亿格里夫纳。

乌克兰是黑海沿岸拥有港口最多的国家，黑海和亚速海沿岸有 18 个商业海港。位于黑海沿岸的海港主要有南方港、尼古拉耶夫港、切尔诺莫斯克港、敖德萨港和伊兹梅尔港。其中，敖德萨港和南方港约占乌克兰港口运输量的 60% 以上。在亚速海沿岸的海港主要有别尔江斯克港和马里乌波尔港，其主要优势是靠近乌克兰最发达的工业中心——顿巴斯和第聂伯地区，转运出口的金属和其他工业产品是这两个港口的主要业务。

2020 年乌克兰港口货物总成交量为 1.5886 亿吨，2019 年为 1.6 亿吨，下降了 0.7%。出口货物中转量增长了 1.5%，达到 12 284 万吨。沿海货物的营业额增长了 10.7%，达到 237 万吨。进口和过境货物的转运减少了近 9%，降到 3 365 万吨。其中，前 5 个海港共处理了 1.459 亿吨货物。出口货物的转运量增加到 12 284 万吨（增长 1.5%），沿海运输量增加到 237 万吨（增长 10.7%），进口运输量 2 363 万吨（减少 8.6%），过境运输量 1 000 万吨（减少 9.1%）。[2]

乌克兰有着分布均匀的机场体系，主要航空枢纽在基辅、利沃夫和哈

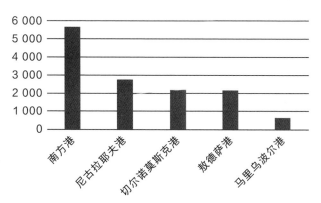

图 1.1 2020 年乌克兰主要港口货运量（万吨）

---

[1] 资料来源于乌克兰基础设施部官网。

[2] 资料来源于乌克兰国家港口管理局。

尔科夫。2019 年，乌克兰航空公司飞行 1 300 万架次，运送旅客 72.23 万名，比 2018 年增长 9.5%；国际航班运送了 125.604 万人次，国内航班运送了 116.19 万人次（增长 7.4%）。

乌克兰公路总里程为 17 万公里，但是一半以上的道路年久失修。主要的公路枢纽在利沃夫、基辅和哈尔科夫。

乌克兰的天然气管道总长达 3.76 万公里，位居欧洲第二。该系统每年运输能力达 2 900 亿立方米，过境运输能力约 1 750 亿立方米。[1] 天然气过境运输是乌克兰交通系统重要的组成部分，每年的过境运输收入达 20 亿美元，约占 GDP 的 3%。[2] 2019 年 12 月 31 日，俄乌双方达成运输协议：未来 5 年内，俄罗斯将确保乌克兰 2 250 亿立方米的天然气过境运输量；2020 年有 650 亿立方米的天然气过境乌克兰；2021—2024 年，过境乌克兰的天然气为每年 400 亿立方米左右，预计乌克兰将获得超过 70 亿美元的过境收入。[3]

（四）金融与贸易

乌克兰独立 30 年来，其金融市场已经建成，国家银行体系已形成。证券市场初具规模，保险市场运行流畅，运行机制和法律在不断完善中。乌克兰金融系统有三个层级：国家和公共财政层面、企业和行业金融层面、个人财务层面。乌克兰金融体系存在的主要问题有：通货膨胀仍然是目前影响金融稳定的主要问题；还没有摆脱集权国家的消极特征；政府习惯于通过行政手段、财政分配和物质资源来解决国家、社会和企业问题。

---

[1] 资料来源于乌克兰天然气运输系统公司官网。

[2] 乌克兰天然气过境运输收入占 GDP 的 3%[EB/OL]. (2018-02-28)[2020-12-01]. http://ua.mofcom.gov.cn/article/jmxw/201802/20180202716263.shtml.

[3] 乌克兰石油天然气公司：乌俄新天然气过境运输合同中乌方收入远超运输成本 [EB/OL]. (2020-01-03)[2020-12-01]. http://sputniknews.cn/russia/202001031030388970/.

自乌克兰危机以来，国际货币基金组织（IMF）向乌克兰施加了较大压力，要求其减少国企补贴和公共开支，严格预算纪律，控制通货膨胀。根据议会批准的 2020 年预算案，收入为 11 937 亿格里夫纳（约 487 亿美元），预算支出为 11 801 亿格里夫纳（约 482 亿美元），最大预算赤字定为 943 亿格里夫纳（约 38.5 亿美元）。政府将 2020 年 GDP 增长设定为 3.7%，通货膨胀率定为 6%。预算支出的主要项目是偿还国家债务，占国家预算支出的 30%，约 4 240 亿格里夫纳（约 173 亿美元）。受 2020 年新冠肺炎疫情影响，乌克兰 2020 年经济增长目标没有实现，经济萎缩 4%。

乌克兰是世界第五大谷物出口国，也是钢铁的主要出口国之一。2019 年的主要出口产品为葵花籽、玉米、小麦、油菜籽、铁产品和电缆。主要进口产品是燃料、车辆、药物、传输设备、自动数据处理机和半导体。近年来出口增长强劲，其中农产品出口自 2010 年以来年均增长率超过 15%，冶金产品出口年均增长 7%，明显带动了乌克兰经济复苏。2019 年乌克兰货物进出口总额为 1 105.2 亿美元，比上年（下同）增长 6.1%。其中，出口 500.9 亿美元，增长 5.7%；进口 604.4 亿美元，增长 6.4%。贸易逆差 103.5 亿美元，增长 9.5%。2019 年，中国成为乌克兰最大的贸易伙伴，双边货物贸易额为 127.5 亿美元，增长 30.0%。[1] 乌克兰海关总署披露，2020 年，乌克兰货物进出口额同比下降 6.4%（减少 70 亿美元），为 1 034 亿美元。乌克兰进口货物总额为 542 亿美元（同比减少 62 亿美元，下降 10.3%），出口 492 亿美元（减少 8.5 亿美元，下降 1.7%），贸易逆差 50 亿美元。[2] 出口商品的 38% 输往欧盟，12% 出口到独联体国家，50% 出口到其他国家。主要出口商品有：谷物（19.25%），黑色金属（16.16%），油脂、成品食用脂肪、

---

[1] 2019 年 12 月乌克兰贸易简讯 [EB/OL]. (2020-04-22)[2020-12-01]. https://countryreport.mofcom.gov.cn/new/view110209.asp?news_id=68378.

[2] 资料来源于国际文传电讯社。

蜡（11.29%）。[1]

三、语言文字

《乌克兰宪法》第 10 条规定，乌克兰的官方语言是乌克兰语。国家确保乌克兰语在公共生活领域发挥作用，保证少数民族自由开发、使用和保护俄语及其他语言。[2] 目前世界上讲乌克兰语的人口大约有 4 500 万，其中 3 700 万在乌克兰国内。

（一）乌克兰语

乌克兰语以西里尔字母形式书写，包括 33 个字母和一个附加符号（'）撇号，共有 38 个音位，其中有 6 个元音音位、32 个辅音音位。乌克兰语是典型的屈折性语，通过复杂的词尾变化来传达信息。名词有三个性（阳性、阴性和中性），有单数和复数之分，还有较为复杂的变格系统，有主格、属格、与格、宾格、具格、位格和呼格七种格。形容词和名词一样有性、数、格的变化。形容词根据词尾的不同分为硬变化和软变化，没有呼格形式。动词有三种基本时态（现在、过去、将来），词形上有完成体和未完成体的区别。乌克兰语的基本语序为主语-谓语-宾语型。

乌克兰语与俄语、白俄罗斯语同属印欧语系斯拉夫语族东斯拉夫语支。从词汇角度来看，与乌克兰语最接近的是白俄罗斯语（有 84% 的共同词汇），其次是波兰语（77%）、塞尔维亚-克罗地亚语（68%）、斯洛伐克语

---

[1] 乌克兰货物贸易额减少了 80 亿美元 [EB/OL]. (2020-11-11)[2020-12-04]. http://www.mofcom.gov.cn/article/i/jyjl/e/202011/20201103014961.shtml.

[2] 资料来源于乌克兰总统府官网。

（66%），而与俄语的共同词汇仅为 62%。[1]

（二）乌克兰语的起源

关于乌克兰语的起源存在不同的观点。俄国著名学者米哈伊尔·罗蒙诺索夫在 18 世纪中叶第一个提出了关于乌克兰语起源的理论，假定在古罗斯时代所有东斯拉夫人民都使用一种共同语言，13—17 世纪，乌克兰地区受波兰语和斯洛伐克语的持续影响，使得乌克兰语成为与俄语不同的独立语言，两者的差别逐渐加大。

沙皇俄国和苏联的语言学家在 19 世纪和 20 世纪提出了另一种观点。尽管同罗蒙诺索夫一样，他们都假设过去存在一种东斯拉夫通用语，但与罗蒙诺索夫的假设不同，他们并不将"波兰化"或其他任何外部影响视为导致古东斯拉夫语分化形成三种不同语言（俄语、乌克兰语和白俄罗斯语）的主要驱动力。例如，俄国著名的罗斯编年史校勘学家和文献学家阿列克塞·亚历山德罗维奇·沙赫玛托夫认为，东斯拉夫语言的多样化早在公元 8—9 世纪就已发生。这也成为苏联时期有关乌克兰语起源的主流观点。

但当代俄罗斯科学院院士、语言学家安德烈·扎里兹尼亚克认为，古东斯拉夫语可能并不存在，乌克兰语和俄语源自基辅罗斯时期的不同东斯拉夫语言，俄语是由诺夫哥罗德语和其他俄罗斯方言融合而来的，而乌克兰语和白俄罗斯语则是由基辅罗斯时期的基辅方言和波洛茨克方言发展而来的。[2]

当代乌克兰语言学界的主流观点则来自乌克兰语言学家斯捷潘·斯马尔·斯托茨基，他同样否认东斯拉夫共同语的存在，并认为乌克兰语起源

---

[1] ТИЩЕНКО К. Мовні контакти: Свідки формування українців[M]. Kyiv: Аквілон-Плюс, 2006.

[2] ZALIZNYAK Andrey Anatolyevich. About Russian Language History[R]. ЛЕКЦИИ А А. ЗАЛИЗНЯКА В ШКОЛЕ «МУМИ-ТРОЛЛЬ», 2008.

于原始斯拉夫语。根据这一理论，原始斯拉夫语在6—9世纪逐渐演变为东斯拉夫部落方言，今天的乌克兰语是由乌克兰境内的这些部落方言融合形成的。[1]

一些乌克兰学者甚至认为，今天的乌克兰语与特里波利耶文明有许多紧密的联系。例如，语言学家尤里·莫森斯基认为，特里波利耶文明是印欧语系的起源，它极大地影响了原始斯拉夫语（存在于公元前2世纪至公元1世纪）的形成，后来的东斯拉夫语言也由此产生。乌克兰语是唯一在古代库库特尼–特里波利耶文化地区传播的斯拉夫语言。因此，他认为乌克兰语比其他斯拉夫语继承了更多的古代特征。

（三）乌克兰的俄语地位问题

俄语是乌克兰最重要的少数民族语言。在沙皇俄国和苏联统治期间，俄语被定为乌克兰政府行政和公共生活的通用语言。2012年，乌克兰议会通过了《国家语言政策基础法》，授予少数民族语言在地方政府中的官方语言地位。尽管该法再次明确乌克兰语为国家官方语言，但允许地方政府选择少数民族语言作为该地区的官方语言，结果导致乌克兰近半数的州将俄语定为地区官方语言。乌克兰危机爆发后，临时政府曾提出废除该法，但遭到乌克兰东部地区的强烈反对，废除该法的行动因此被搁浅。2017年9月5日，乌克兰议会通过了教育法修正案，禁止在教育系统中使用其他少数民族语言，规定中学和高等教育机构的教学仅用乌克兰语进行。该法遭到俄罗斯、匈牙利、捷克、罗马尼亚等国政府的批评。[2] 2020年3月，乌克兰重新修订了基础教育法令，放松了对少数民族语言教育的限制，保障少

[1] ШЕВЕЛЬОВ Ю. Історична фонологія української мови[M]. Харків: АКТА, 2002.

[2] 张弘. 匈牙利与乌克兰的跨境少数民族问题 [J]. 世界知识，2018(22): 46-47.

数民族在基础教育阶段接受本民族语言教育的权力。[1]

四、新闻媒体

苏联的解体给乌克兰的新闻出版业带来了根本性的变化。当苏联时期的国家影响力消失后，国家控制和资金投入也一起减少了。结果，许多著名的报纸和期刊停止发行，私人企业经营的媒体刊物的印刷量通常要小得多。20 世纪 90 年代，乌克兰出现了许多新出版物、私人电视台和广播电台。尽管没有了苏联时期的内容限制，但批评地方或国家行政管理的出版物仍然会遭受各种形式的干扰，如税务机构的检查、对登记文件的详细检查或可疑信誉的诽谤诉讼。

乌克兰独立以后，大部分媒体实现了私有化和自由化。乌克兰宪法保障公民的言论和表达自由，诽谤不是刑事犯罪。媒体具有多元化特征，经常公开批评政府和有影响力的人物。但是，金融工业寡头拥有并影响着许多主流媒体，将它们当作政治工具。

乌克兰国家新闻社（Ukrinform）是官方新闻社，其内容涵盖政治、经济、文化和体育信息。商业新闻社有乌克兰独立新闻社（UNIAN）。官方出版物包括最高议会的媒体《乌克兰之声》（*Holos Ukrainy*）和乌克兰政府的媒体《行政快递》（*Uryadovy Kur'yer*）。由于互联网媒体的不断扩大和农村的老龄化，乌克兰纸质报刊订阅量逐渐下降。从 2017 年开始，乌克兰国家邮政局大幅提高杂志发行费，发行成本占总成本的三分之一，严重压缩了传统媒体的生存空间，加快了传统纸质媒体订阅量的下降速度。乌克兰新闻工作者协会指出，过去两年半以来，乌克兰报纸的订阅发行量总体下降

---

[1] 资料来源于乌克兰塔斯社。

了 25% 以上。[1] 2019 年，乌克兰人通过乌克兰邮政公司订阅了 780 万份报纸，比 2018 年减少 10%。

乌克兰国家电视和广播委员会负责规范和监控主要电视台和电台广播公司。

如今，乌克兰的互联网媒体具有较大影响力。基辅国际社会学研究所（KIIS）在 2019 年 1 月进行的一项民意调查显示，乌克兰大多数居民（74%）的信息来源是国家电视频道，27.5% 的居民的信息来源是互联网媒体，还有 23.5% 的乌克兰人从社交软件上获取信息。[2]

乌克兰大多数媒体归私人所有，没有公共广播公司。国家仅控制着电视频道（第一国民）和广播电台（乌克兰国家广播公司），但其市场份额很小。地方政府拥有当地的电视台和广播电台。

五、电影和体育

（一）电影

电影艺术大约在 20 世纪初传入乌克兰。乌克兰电影导演兼编剧亚历山大·杜甫仁科是世界电影摄影领域的重要创新者。他在 20 世纪 20—30 年代创作的一些作品被认为是 20 世纪的经典作品。1930 年，杜甫仁科拍了电影《土地》。他用一种新颖的电影语言讲述了为集体化而进行的斗争，反映了集体运动对农民生活的影响。他的作品还有《伊凡》（1932 年）、《航空城》（1935 年）和传记电影《谢肖尔》（1939 年）。《谢肖尔》描写的是乌克兰布尔什维克、游击队领袖尼古拉·谢肖尔的事迹。1940 年，他拍摄的纪录片《解

---

[1] 资料来源于乌克兰 STRANA 新闻网。

[2] 资料来源于国际文传电讯社。

放》，讲述了乌克兰西部加入苏联的故事。在二战期间，他拍摄了几部纪录片，如《为我们苏联的乌克兰而战》和《右岸乌克兰的胜利》，并撰写了宣传文章。

乌克兰导演的短片作品在 21 世纪初获得了国际电影界的认可，如塔拉斯·托缅科导演的短片《射击馆》在 2001 年获得了纽约电影学院奖。伊霍尔·斯特雷姆比茨基导演的电影《帕多罗尼》在 2005 年的戛纳电影节上获得短片金棕榈奖，这是一部印象派纪录片，描绘了基辅的老年人之家和一家精神病医院的病人。玛丽娜·弗罗达导演的电影《交叉》(Cross) 在 2011 年戛纳电影节上获得了短片金棕榈奖。

（二）体育

乌克兰发展水平较高的体育项目包括田径、排球、射击、篮球、游泳和体操。足球是颇受乌克兰人喜欢的项目，2012 年乌克兰主办了欧洲足球锦标赛。

苏联时期，乌克兰运动员代表苏联在国际比赛中表现十分出色，获得多项世界冠军。如撑竿跳运动员谢尔盖·布勃卡曾 35 次刷新撑竿跳室内、室外世界纪录，有"空中飞人"之称，是田径史上打破世界纪录次数最多的人。

进入 21 世纪后，乌克兰政府对体育投入严重不足，优秀教练外流、训练设施陈旧，最终导致乌克兰运动员在奥运会上表现不佳。

第二章 文化传统

　　文化是人类创造力的产物。借助文化，我们不仅可以改变世界，而且可以改变我们的灵魂和行为。文化包括人们的记忆，每一代人都继承了其国家以前的文化。文化是一种将社会经验从一代传到另一代，从一个时代传到另一个时代，从一个国家传到另一个国家的机制。文化是民族的护照，人类是各种民族文化的统一体，文化的多样性是当代文明的特征。

　　本书中将文化置于民族国家的背景下进行研究，笔者更倾向于英国人类学家爱德华·泰勒对文化的定义。泰勒认为："文化或文明，就其广泛的民族学意义来说，是包括全部的知识、信仰、艺术、道德、法律、风俗，以及作为社会成员的人所掌握和接受的任何其他的才能和习惯的复合体。"[1] 由于特殊的地理位置，乌克兰文化受到西欧和俄罗斯文化影响较大。这些外来文化在乌克兰的西部和东部的表现具有一定的差异性，但并没有严格的地域性特征。例如，东正教是最主要的宗教，俄语在全国各地广泛使用，成为许多家庭的交际语言。

---

[1] 爱德华·泰勒. 原始文化 [M]. 连树声，译. 桂林：广西师范大学出版社，2005: 1.

第一节 历史沿革

一、1991 年之前的历史

现代考古发现，大约在 15 万年前，在当今的乌克兰领土上就有古人类居住。从公元前 2000 年到公元 8 世纪，斯基泰人、辛梅里安人、萨尔玛特人、匈奴人等游牧民族先后生活在今天的乌克兰土地上。乌克兰古人类文化的代表是特里波利耶文化。1896 年，考古学家在基辅附近发现了存在于公元前 4000 年至公元前 2000 年的特里波利耶文化遗迹。考古表明，当时的村落已经有了相当发达的畜牧业和农耕文明，人们学会了铜冶炼技术，能够制作出劳动工具、武器、饰品和陶器等。[1]

862 年，东斯拉夫人在诺夫哥罗德建立了第一个古罗斯国家——留里克王朝。后来，又在基辅建立了基辅罗斯。基辅罗斯一度十分强盛，直至 12 世纪才走向分裂。从 13 世纪开始，蒙古人逐渐攻入东欧，并在 1240 年攻陷基辅。从 14 世纪起，大部分乌克兰处在立陶宛大公国及后来的波兰立陶宛王国等国的统治之下。生活在现在乌克兰境内第聂伯河流域的哥萨克人在 15 世纪建立了独立的哥萨克部落，在 16—17 世纪形成了部落联盟，并通过选举产生哥萨克部落联盟的首领——盖特曼。

1654 年，乌克兰哥萨克首领赫梅利尼茨基与俄罗斯沙皇签订《佩列亚斯拉夫合约》。自此，东乌克兰（第聂伯河左岸）与俄罗斯正式合并，开始了乌克兰和俄罗斯的结盟史。18 世纪，沙俄、普鲁士和奥地利通过战争瓜分了波兰，沙俄将西乌克兰（第聂伯河右岸）、东乌克兰和黑海北岸大片地区并入自己的版图。1921 年 3 月 18 日，波兰与俄罗斯苏维埃联邦社会主

---

[1] 赵云中. 乌克兰：沉重的历史脚步 [M]. 上海：华东师范大学出版社，2005：2.

义共和国、乌克兰苏维埃社会主义共和国签署了《里加条约》，承认西乌克兰和西白俄罗斯归属波兰管辖。1922 年 12 月 30 日，苏联成立，东乌克兰加入联盟。1939 年 9 月 1 日，二战爆发。当时的波兰被分割占领，西乌克兰被并入苏联，成为乌克兰苏维埃社会主义共和国的一部分。二战后，经美英两国同意，苏波边界基本按照 1939 年签订的《苏德互不侵犯条约》划分。根据《苏德互不侵犯条约》，苏德双方以波罗的海沿岸地区的立陶宛北部边界、波兰的那累夫河、维斯瓦河和散河为利益分界线。[1]

1990 年 7 月 16 日，乌克兰最高苏维埃通过《乌克兰国家主权宣言》，宣布乌克兰拥有主权，在其境内的权力是独立、完整、不可分割的，外交关系是独立、平等的。

二、1991 年之后的发展历程

1991 年 8 月 24 日，乌克兰国家议会通过了《乌克兰独立宣言》，宣布独立。1991 年 12 月 8 日，乌克兰、俄罗斯和白俄罗斯三国领导人签署《别洛韦日协定》，宣布苏联不再存在。1991 年之后，乌克兰的发展进入了新的历史阶段。

第二节　风土人情

在乌克兰民族形成的过程中，外来的基督教与本土的乌克兰民间习俗互相融合，最终形成了独特的乌克兰文化。

---

[1] 资料来源于俄新社。

一、宗教与民间习俗

乌克兰文化受基督教的影响较多，作为基督教三大流派之一的东正教是乌克兰的主要宗教。半数以上的乌克兰人民信奉东正教，大量的乌克兰民间习俗也都与东正教有着密切的联系。

（一）宗教

公元 988 年，基辅罗斯大公弗拉基米尔一世接受基督教为国教，大部分东斯拉夫人开始信奉基督教。1054 年，基督教会的"东西大分裂"，形成了希腊正教（东正教会）和罗马公教（罗马普世教会）两大宗。

2018 年 10 月，乌克兰东正教会获得东正教名义领袖君士坦丁堡牧首批准，脱离莫斯科宗主教区成立自主教会，终止与莫斯科东正教会逾 300 年的隶属关系。

乌克兰东正教的主要宗教场所有基辅洞窟修道院 [1] 和波恰耶夫修道院。基辅洞窟修道院又音译为彼切尔洞窟修道院，建于 1051 年，对乌克兰的宗教、教育和学术有巨大的影响。1990 年，基辅洞窟修道院和圣索菲亚大教堂一并被列入世界文化遗产名录。波恰耶夫修道院是乌克兰西部最大的东正教修道院。19 世纪末，波恰耶夫成了俄罗斯帝国和巴尔干半岛各地的东正教朝圣者的圣地。目前，该地成为继基辅洞窟修道院之后的乌克兰第二个东正教中心。[2]

乌克兰天主教会全称为乌克兰天主教希腊礼教会，1594 年加入罗马天主教。它保留了东正教传统的礼拜仪式，使用斯拉夫语，承认罗马教皇和天主教义的权威，隶属于罗马教廷。如今，大多数乌克兰天主教会已经放弃使用

---

[1] 基辅洞窟修道院自基辅罗斯时代以来，一直是斯拉夫世界东正教基督教的主要中心。

[2] 资料来源于乌克兰国家通讯社。

古斯拉夫语开展宗教活动，改用乌克兰语。目前，天主教是乌克兰第二大宗教教派，在乌克兰独立之后得到了快速恢复。20世纪90年代以来，侨居国外的天主教神职人员纷纷返回乌克兰建立宗教学校，进行传教活动。乌克兰天主教会在全球有大约550万名信徒，主要分布在乌克兰西部地区和加拿大、美国、波兰的乌克兰侨民社区。根据2019年的调查，乌克兰天主教会信徒占乌克兰总人口的6.9%，主要分布在乌克兰西部的利沃夫州。[1]

（二）民间习俗

民间习俗文化是乌克兰民族文化的重要组成部分。乌克兰文化受其特殊的地理条件、独特的历史进程，以及其他民族文化的影响而具有独特性。

相较于俄罗斯，乌克兰文化更多继承了基辅罗斯文化的特征，保留了大量古老的东斯拉夫民族传统。在基辅罗斯接受东正教之前，他们的本土宗教属于多神教，他们视万物为神灵。

传统的乌克兰婚礼在教堂举行。婚礼前，新郎和他的朋友（伴郎）一起去新娘的家，为了娶走新娘用"钱"讨价还价，在乌克兰，这叫"求婚"。婚礼上，新娘穿着白色民族服装，新郎穿黑色民族服装。在乌克兰的村庄里，婚礼庆祝活动会持续几天。婚礼派对上，伴随着热闹的音乐，人们跳舞、玩游戏、饮酒、吃美食。因为星期三和星期五是基督教斋戒的日子，所以不能在这两天举行婚礼，也不能在五月举行婚礼，否则可能一生都不会幸福。婚礼上的绣花毛巾是婚姻幸福的象征，新婚夫妇的手在婚礼上用毛巾绑着，表示他们相互理解，将拥有一段幸福而漫长的婚姻旅程。按照传统，新婚夫妇的父母会在毛巾上放一个面包。新娘和新郎必须咬住一块面包，而不能用手触摸，据说咬掉大块面包的人将是一家之主。

---

[1] 资料来源于国际文传电讯社。

二、饮食与传统服饰

（一）饮食

饮食文化是乌克兰文化的重要组成部分。乌克兰大部分领土处于温带大陆性气候区，既有发达的畜牧业，也有多样的种植业，盛产黑麦、小麦、大麦、荞麦和燕麦，水果、蔬菜品种十分丰富。乌克兰的饮食习俗与东欧国家大致相同，以面食、米饭为主食，喜欢吃面包、薄饼、猪肉、咸鱼等食品，口味偏甜、酸，常饮格瓦斯饮料、茶和咖啡，节日时喜欢饮伏特加。

乌克兰的食品分为节日食品和日常食品。节日食品具有某种宗教色彩，如婚礼上用的上面装饰着用稀面团制成的鸽子、花朵造型的小麦面包，圣诞节上特殊的甜面包，复活节的彩蛋等。

乌克兰人的日常食品包括主食和菜肴。硬奶酪和香肠都很受大众的欢迎。面包通常是每顿饭的核心部分。乌克兰人对面包的尊重已成为一种文化。面包在许多乌克兰的习俗和仪式中占据重要地位，象征着繁荣、好客和友善。乌克兰人用面包和食盐来款待尊贵的亲戚和客人。新生儿和新婚夫妇第一次到家里，要先品尝面包和盐。乌克兰特色菜肴有萨洛、罗宋汤、甜甜圈、乌克兰饺子和乌克兰薄饼。

（二）传统服饰

乌克兰民族服饰具有明显的斯拉夫特点，早在基辅罗斯形成之前就已经出现，在17—18世纪逐渐定型。第聂伯河中部地区的服饰是乌克兰传统服饰的典型代表。其主要特征为：服装的轮廓线条流畅，色彩鲜明，带有原始图案或装饰物的刺绣，搭配明亮的鞋子和配饰。乌克兰男性服饰主要有衬衫、宽裤子、皮带、轻便的外套、平顶的草帽和红色皮靴。女性服饰的元素包括衬衫、裙子、皮带、刺绣外套、花环和红色靴子。乌克兰女式衬衫比男式衬衫长，且在脖子、前部、袖子和下摆上有刺绣。乌克兰传统男性服饰几乎完全延续了扎波罗热哥萨克人的风格，包括衬衫、红色或蓝色的宽裤、长皮带和皮靴。从表面上看，它们与东斯拉夫的俄罗斯人或白俄罗斯人服饰没有太大区别，都具有东方游牧民族服装的特征。

刺绣通常在过去不仅能起到装饰作用，还有一定的社会功能，可以用来判断一个人的社会地位和婚姻状况。对于一些相信传统的神秘主义文化的乌克兰人来说，刺绣是护身符，可以保护人免受诅咒。每个地区都有偏爱的刺绣色调和样式。例如，乌克兰中部的波尔塔瓦和切尔尼戈夫地区的服饰上带有一种颜色的刺绣（白色）或两种颜色的刺绣（主要是红色和黑色），而乌克兰西部和南部地区通常使用彩色刺绣（主要是红色、绿色、黄色）。如今，在乌克兰穿戴传统服饰已经成为彰显民族自信的一种表现。

第三节 文化艺术

一、文学

乌克兰文学已有一千多年的历史。它的起源可以追溯到基辅罗斯的形成时期。

（一）发展阶段

乌克兰文学分为四个发展阶段：古代文学、现代文学、苏联时期文学和独立后的当代文学。

古代文学指乌克兰民间口头文学、基辅罗斯时期的文学，以及立陶宛大公国和波兰立陶宛王国统治时期使用古罗斯语写成的文学作品。现代文学是指沙皇俄国时期的乌克兰文学。苏联时期的乌克兰文学是具有明显的社会主义色彩的现实主义文学。独立后的当代文学是指 20 世纪末至 21 世纪初的乌克兰文学。

1. 古代文学

乌克兰最早的文学是民间口头文学。远在古代就已经有按照婚丧礼仪、传统习俗、季节时令等编成的歌谣、传说、童话、谚语、谜语。中世纪时，鞑靼族等的入侵使乌克兰民间文学充满仇恨外族入侵和反对压迫的色彩，颂扬人民英勇善战、热爱自由和劳动的精神。民歌《杜马》即产生于这一时期。乌克兰民间口头文学紧密联系生活，表达了劳动者的愿望和理想。

乌克兰书面文学产生于 11 世纪初。最早的文学作品有编年史《往年纪事》《伊戈尔远征记》等。11 世纪到 13 世纪早期，乌克兰文学内容主要涉及圣经故事和圣徒事迹。从 13 世纪起，由于鞑靼人、立陶宛人、波兰人等先后入侵，基辅罗斯遭到破坏，罗斯文学开始衰退，乌克兰文学开始活跃。16 世纪下半叶，乌克兰文学摆脱宗教的桎梏，成为世俗文学，并得到了较快发展。

17 世纪，乌克兰文学在体裁上有了较大的变化，出现了具有简单的对白与朗诵的戏剧雏形和勇士小说。梅列修斯·斯莫特里茨基在 1619 年编写了乌克兰语言历史上的第一本语法书，这是乌克兰语言发展史上的一个重要事件。[1]

2. 现代文学

18 世纪末，西欧和沙皇俄国的封建农奴制开始崩溃，反农奴制和专制主义斗争加剧，新的社会关系开始形成发展。各种流派的诗歌作品的出现标志着乌克兰现代文学的形成。乌克兰文学家用作品来塑造民族意识。当沙皇俄国禁止使用乌克兰语时，许多作家迁往乌克兰西部受奥地利自由主义统治的加利西亚地区。19 世纪 60 年代以后，大部分乌克兰文学作品都在奥地利统治下的加利西亚出版。

乌克兰作家伊万·彼得洛维奇·科特利亚列夫斯基根据古罗马诗人维吉尔的《埃涅阿斯纪》创作了诗集《艾涅伊达》（1798 年），这是目前已知最早的乌克兰文学著作。该书描述了乌克兰各社会阶层的生活习俗，歌颂了人民的乐观精神，反映了当时的社会关系，再现了 18 世纪的俄国社会现实。他的剧作《娜塔尔卡·波尔塔夫卡》（1819 年）和《有魔力的士兵》（1819 年）对乌克兰戏剧发展起了重要作用。他与另一位早期乌克兰诗人、剧作家彼得·阿特莫夫斯基都使用了沙皇俄国的波尔塔瓦州、哈尔科夫州和基辅南部地区所说的乌克兰本土语言。

19 世纪是乌克兰民族意识形成的时代。塔拉斯·舍甫琴科的诗歌集《科布扎尔人》于 1840 年问世，尤里·卢茨基认为，这是乌克兰文学和知识独立的宣言[2]。塔拉斯·舍甫琴科的作品促进了乌克兰文学的进一步发展。19 世纪末的乌克兰文学受欧洲现代主义的影响较大。诗人列霞·乌克兰英卡不仅翻译了荷马、海涅、莎士比亚、拜伦和雨果的作品，还翻译了埃

---

[1] 梅列修斯·斯莫特里茨基在 1619 年编纂了《斯拉夫语法》，它是白俄罗斯、俄罗斯和乌克兰历史上第一本语法手册，对整个东斯拉夫国家的书面语言发展产生了巨大影响。

[2] ЛУЦЬКИЙ Ю. Між гоголем і шевченком[M]. Київ: Час, 1998: 140.

及、意大利的民歌和印度史诗，用不同时代和不同民族的神话故事丰富了乌克兰文学。散文作家米·柯秋宾斯基的代表作《被遗忘的祖先的影子》讲述了乌克兰农民的爱情悲歌，展现了乌克兰民族探索生存道路的景象，窥探了民族意识变化。

3．苏联时期的文学

十月革命后，乌克兰文学经历了一条曲折的发展道路：作家队伍分化，资产阶级颓废文学出现，无产阶级文化派否定优秀古典文化遗产，产生了具有各种色彩的文艺团体。

20世纪20年代，社会主义建设初期题裁的小说有狄青纳的《乌克兰吹来的风》（1924年），库利克的《康复》（1923年）、《年轻的心》（1923年）等。戈洛夫科的长篇小说《杂草》（1927年）塑造了农村党员的形象，潘奇在《我们时代的故事》（1927年）中对塑造工人阶级的典型做了尝试。

20世纪30年代，一批乌克兰青年作家登上文坛，其中有剧作家柯涅楚克，诗人冈察连科、彼尔沃马伊斯基和散文作家斯米良斯基、雷巴克等。这一时期反映社会主义建设的作品有库兹米奇的《涡轮机》（1932年）、柯秋巴的《新岸》，农村题材的作品有别泽克的《进入创造性的日常生活》（1931年）、戈尔吉因科的《种子》（1933年）等。戏剧作品有米基琴科的《专政》《闪耀吧，星光！》《祖国的姑娘们》和柯涅楚克的《舰队的毁灭》等。

在反对德国法西斯入侵的年代，作家们创作了许多表现乌克兰人民抗击侵略者的英雄气概的作品，如巴让的《宣誓》、狄青纳的《朋友的葬礼》、雷里斯基的《渴望》、马雷什科的《儿子们》、柯涅楚克的《前线》等。

战后及20世纪50年代，乌克兰的文学作品有巴让的诗《斯巴斯克塔楼》（1952 年）、冈察尔的《旗手》、斯捷尔马赫的《大家族》（共 2 卷）、柯涅楚克的剧作《马卡尔·杜勃拉瓦》（1948 年）、巴什的《第聂伯河上的黎明》（1953 年）等。

1953 年斯大林去世后，赫鲁晓夫时期的苏联文学界迎来了短暂的"解冻"，乌克兰艺术家开始自由地创作。20 世纪 50 年代末，许多诗歌作品着重写列宁的事迹，如马雷什科的《关于列宁的诗行》、帕甫雷奇科的《列宁在前进》等。20 世纪 60 年代，乌克兰散文更加广泛地描述人民的生活，如斯捷尔马赫的长篇小说《人血不是水》《面包和盐》，冈察尔的《人和武器》《飓风》，彼尔沃马伊斯基的《野蜂蜜》等。这一时期，冈察尔还写了《大教堂》，斯捷尔马赫写了《丰盛的晚会》，反映乌克兰人民丰富多彩的生活，宣传乌克兰优秀的文化传统。描写农村生活的作品有冈察尔的《小铃铛》、斯塔德纽克的《人不是天使》（第 2 部）。20 世纪 70 年代，乌克兰文学中出现了一批描述现代生活和工人阶级的作品，如冈察尔的《双桅帆船》（1973年）、索勃科的《利霍波尔》（1973 年）、塔拉索夫的《登陆》（1974 年）、扎格列别利内的《狮心》（1977 年）、奥列伊尼克的《种子》（1977 年）等。诗集有德米捷尔科的《地轴》（1977 年）等，戏剧作品有扎鲁德内的《随风逸去》（1977 年）等。[1]

4．当代文学

1991 年乌克兰独立后，乌克兰文学表达方式进入自由化阶段。艺术家不再受雇于国家，而是根据自己的兴趣和读者的爱好来自由创作作品。国家有了更加开放的政策，许多曾被停止的文学期刊开始继续出版，同时也出现了许多新期刊。这些文学期刊为年轻的乌克兰作家提供了宝贵的平台。

---

[1] 林世昌.《中国大百科全书》外国文学（第一版）[EB/OL]. (2021-03-01). http://h.bkzx.cn/item/84794?q=%E4%B9%8C%E5%85%8B%E5%85%B0%E6%96%87%E5%AD%.

（二）文学流派

现代乌克兰文学大致分为两个发展阶段：浪漫主义阶段和批判现实主义阶段。

19世纪20年代，乌克兰出现了早期的浪漫主义文学。现代乌克兰文学作品开始从教会斯拉夫语向通俗的大众语言过渡，大量借鉴英国和意大利的新文学形式，以浪漫主义的轻喜剧、诗集、戏剧和小说等形式反抗沙皇俄国的奴役，反抗波兰对乌克兰人的压迫，寻求民族独立。乌克兰作家在叙述方式、思想内容、语言运用等方面进行了很多创新，加强了对本民族历史和传统的反映力度，为现代乌克兰文学在世界上赢得了声誉。

19世纪30年代，乌克兰文学的浪漫主义得以快速发展。在乌克兰西部的加利西亚，马尔基扬·莎什科维奇、雅库布·霍洛瓦茨基和伊万·瓦吉列维奇共同创立了乌克兰浪漫主义文学的"罗斯文学三人组合"。[1]

19世纪40—60年代，乌克兰文学发展进入新的阶段，最突出的特点是批判现实主义的出现和确立。批判现实主义的主要特征之一是"以生命本身的形式"再现生命。乌克兰诗人塔拉斯·舍甫琴科发表了大量以俄国压迫下的农奴生活为主题的诗歌和小说，标志着乌克兰批判现实主义文学的开端。

19世纪80年代，乌克兰的戏剧冲破沙皇的种种禁令，空前地活跃起来。剧作家马·鲁·克罗皮夫尼茨基以锋利的笔触描写出尖锐的社会、道德和心理问题。民主主义作家伊凡·弗兰科在其作品中最早塑造了工人的形象。帕·阿·格拉鲍夫斯基、列霞·乌克兰英卡、米·柯秋宾斯基等人用作品抗议阶级和民族压迫，支持俄国无产阶级的革命运动。

---

[1] "罗斯文学三人组合"是19世纪20年代后期，在奥匈帝国统治下的乌克兰加利西亚地区产生的文学团体，具有鲜明的斯拉夫风格和民族主义的特征。团体成员主要收集乌克兰的口述民间艺术，研究乌克兰历史，收集反映斯拉夫民族觉醒的文学作品。该团体还创作了关于乌克兰的民间艺术和英雄历史的作品，编写了首部诗集《俄罗斯之子》（1833年）。该作品被乌克兰语言学家和民俗学家视为现代乌克兰文学的代表。

19 世纪末 20 世纪初，以温尼琴科为代表的现实主义流派成为主流。列霞·乌克兰英卡是当时著名的诗人和剧作家，也是现实主义流派的代表人物之一。苏联时期著名乌克兰诗人有帕维尔·格里高利耶维奇·狄奇纳、马克西姆·雷里斯基等。帕维尔·格里高利耶维奇·狄奇纳在其早期作品中综合了 20 世纪初的象征主义和 17 世纪的巴洛克文学风格，他也是现代十四行诗和长篇叙事诗的大师。他的代表作有《十四行诗和八度音符的变化》（1920 年）、《宇宙乐园》（1921 年）、《我的心》（1970 年）。马克西姆·雷里斯基是苏联时期著名的古典主义诗人，一生中共出版了 35 部诗集，主要作品有诗集《在秋星下面》（1918 年）、《林边》（1918 年）、《蓝色的远方》（1922 年）、《穿过暴风雨和寒雪》（1925 年）、《第十三个春天》（1926年）、《玫瑰与葡萄》（1957 年）、《辽远的天穹》（1959 年）、《鹤群》（1960年）、《冬日纪事》（1964 年）等。

（三）文学名人

伊万·彼得洛维奇·科特利亚列夫斯基是 18 世纪的乌克兰作家，他是第一个运用乌克兰民间语言来描述乌克兰的传统生活方式的作家。他采用新的文学方式描述现实，丰富了乌克兰文学。

塔拉斯·舍甫琴科，乌克兰诗人、作家、艺术家，被誉为乌克兰最伟大的诗人和乌克兰现代文学的奠基人。舍甫琴科通过诗歌号召乌克兰脱离沙皇俄国的统治，因此成为人们心中的英雄，并被誉为民族主义作家。现代乌克兰语是由舍甫琴科和潘特莱蒙·库利什在 19 世纪中叶带领发展起来的，他们将方言提升为文学语言，并从民间传说中提炼了各种修辞元素，使之成为现代乌克兰文学语言的基础。

潘特莱蒙·库利什，乌克兰作家、民俗学家、人类学家、语言学家、翻译家、评论家、历史哲学家。他为乌克兰文学语言、科学、哲学和历史的发展做出了积极贡献。他总结了第一个乌克兰语字母表，删除了教堂斯拉夫语中的字母 ѣ 和 ы，增加了字母 g（表示 r），这是现代乌克兰语拼写和语音的基础。1850 年，他创造了乌克兰语的"库利什正字法"，这是现代乌克兰正字法的基础。他编写了《俄罗斯统一史》《南俄罗斯笔记》。

伊凡·弗兰科，乌克兰诗人、作家、文学评论家、翻译家、政治家、民族学家。他与塔拉斯·舍甫琴科一起，对乌克兰的现代文学产生了巨大影响。其作品有中篇小说《巨蟒》《鲍里斯拉夫在笑》、历史小说《扎哈尔·别尔库特》、剧本《被窃取的幸福》和诗集《高峰和低地》《落叶》《我的箴言》。他还是西部乌克兰社会主义和民族主义运动的创始人。

列霞·乌克兰英卡，19 世纪末 20 世纪初乌克兰著名的女诗人、作家、剧作家，也是活跃的女权主义者，是最早将乌克兰文学的传统与现代欧洲诗歌成就相结合的人之一。同时，她以乌克兰人民的民族解放斗争为主题，采用浪漫主义的写作风格，歌颂英雄人民与当权者的暴政和专制作斗争而牺牲的精神。她以古代和中世纪的文学风格创作乌克兰戏剧，向人民介绍世界文化的瑰宝，同时也向世界展示了乌克兰文化的独特性。她改良了乌克兰诗歌的形式，发展了文学的审美观念。她的作品不仅丰富了乌克兰文学，还丰富了欧洲文学。她的代表作有《歌翼上的诗集》（1893 年）、《思想与梦》（1899 年）、《回声》（1902 年）、《古代童话》（1893 年）、《一个词》（1903 年）、《公主》（1913 年）、《卡桑德拉》、《地下墓穴》（1905 年）、《森林之歌》（1911 年）和《狂欢》（1913 年）。

二、建筑

（一）巴洛克式建筑

随着古罗斯在 10 世纪进入基督教时代，拜占庭艺术的各种形式迅速在乌克兰得到广泛传播，并在 16 世纪成为占主导地位的艺术形式。乌克兰建筑的巴洛克风格起源于 17—18 世纪哥萨克时代。乌克兰哥萨克贵族建造的巴洛克式建筑与西欧的巴洛克式建筑相比，更具构成主义意义，装饰风格更温和，形式更简单。乌克兰典型的巴洛克式建筑包括基辅洞窟修道院、维杜比茨基修道院和波恰耶夫修道院。

（二）现代主义建筑

19 世纪末，在西乌克兰的波尔塔瓦出现了现代主义建筑风格。它是乌克兰民间传统建筑风格与巴洛克式建筑风格的结合，这种风格的重要特征包括六角形的窗户、相同形状的门、斜屋顶、带有折射屋顶的塔楼等。目前，在哈尔科夫、基辅、利沃夫、第聂伯彼得罗夫斯克、敖德萨、赫尔森、库班等地区约有 500 座乌克兰现代主义风格的建筑。

（三）建构主义建筑

建构主义建筑是 20 世纪 20—30 年代在苏联蓬勃发展的现代建筑形式。它将先进的技术和共产主义社会目标相结合。俄国十月革命以后，雕刻艺术家 K. 马里维奇和 N. 贾波、A. 佩夫斯纳把未来主义与立体主义的机械艺术相结合，发展成为建构主义。建构主义接受了立体派的拼裱和浮雕技法，由传统雕塑的加和减，变成组构和结合，同时也吸收了立体派、至上主义、绝对主义的几何抽象理念。[1]

20 世纪初，建构主义成为苏联建筑的主流风格。建筑师维克托·特罗琴科在乌克兰哈尔科夫市设计建造了一个大型中央广场——捷尔任斯基广场（现称自由广场），它是苏联早期建构主义建筑著名的范例之一。

（四）斯大林式建筑

斯大林式建筑风格是指苏联斯大林时代大量运用的一种建筑风格。从 20世纪 30 年代开始，在以苏联为首的社会主义国家普遍流行的斯大林式建筑风格，也被称为社会主义古典主义，是由苏联著名建筑师鲍里斯·约凡于 1933年在设计苏维埃宫时提出的，具有强烈的意识形态特征，大量使用苏维埃意识形态的意象：镰刀、锤子、工农、红旗、枪支。斯大林式建筑气势磅礴，高耸雄伟，布局对称，装饰富丽堂皇，以显示共产主义的革命激情与荣耀。这种建筑风格对 20 世纪 50 年代的东欧各国、中国、越南和朝鲜等国也有一定的影响。乌克兰首都基辅的托尔斯泰广场到市政广场的赫雷夏蒂克街一带，被认为是最大、最完整的具有斯大林式建筑风格的建筑群。1955年，苏维埃建筑学会被解散，斯大林式建筑风格遂告一段落。

三、绘画

18 世纪末至 19 世纪初，伊万·马尔托斯、德米特里·列维茨基、弗拉基米尔·波罗维科夫斯基都是圣彼得堡古典派绘画的代表人物。

乌克兰诗人塔拉斯·舍甫琴科也是 19 世纪著名画家，他的作品较好地

---

[1] 翟广星. 建筑设计构思与表达 [M]. 北京：中国建材工业出版社，2017.

表现了 19 世纪的古典主义和新兴的现实主义。印象派画家有伊万·特鲁什、尼古拉·布拉切克和亚历山大·穆拉什科，他们的作品反映了乌克兰绘画的新艺术运动。乌克兰著名画家还有印象派画家米哈伊洛·格卢申科，象征主义和表现主义画家奥列克萨·诺瓦基夫斯基等。

20 世纪 50 年代后期，赫鲁晓夫开展"去斯大林化"运动之后，乌克兰前卫艺术有所复兴，代表性的艺术家有阿拉·霍尔斯卡、阿凡纳西·扎利瓦卡和费奥多西·胡默努克。

画家和雕刻家雅克·尼兹多夫斯基开创了简化的现实主义风格、立体主义的先驱者之一雕刻家亚历山大·阿奇皮琴科对建构主义和表现主义进行了尝试，他们都是 20 世纪欧洲艺术的代表人物。

四、音乐

乌克兰音乐包括传统音乐和现代音乐。乌克兰音乐涵盖了不同的音乐元素，也带有明显的古斯拉夫和基督教特征。

（一）传统音乐

乌克兰的许多民族都有自己独特的传统音乐，其中乌克兰族的民间音乐的主要形式是民间歌唱。乌克兰的仪式歌常采用朗诵的形式，基本上是单调的。圣诞节演唱的祝福歌曲在西方也被称为"钟声颂歌"。大部分乌克兰民歌的旋律与中世纪相同。乌克兰民歌按照演唱风格可以分为许多不同的流派。

日常仪式歌曲是乌克兰最古老的民间音乐类型之一，与人类的生产活动密切联系，起源于东斯拉夫人信奉基督教之前，与春分、夏至、秋分、冬至等重要节气有关，是乌克兰传统音乐的重要内容。家庭礼仪歌曲是在家庭举办重要活动时演唱的歌曲，如婚礼、葬礼等。农奴生活类歌曲是描写农奴的生产和生活的歌曲。历史歌曲是关于历史、英雄和社会主题的抒情类歌曲。历史歌曲的主题与人民的思想有关，讲述真实的历史事件和历史人物，揭示特定时代的特征。

乌克兰的传统音乐表演还有一种三人合奏组合，通常使用三种乐器合奏，是乌克兰民间节日、婚礼、集会等场合主要的音乐表演形式。

1738 年，乌克兰第一所专业音乐学院在赫鲁希夫成立，该学院主要教授学生唱歌、拉小提琴和班杜拉。沙皇俄国时期的许多作曲家和表演者都是乌克兰族裔，或者在赫鲁希夫受过教育，或与这所音乐学校有密切的联系。

（二）现代音乐

苏联时期的早期，几位乌克兰作曲家创作了具有很高艺术价值的作品，特别是尼古拉·里森科和鲍里斯·利亚托申斯基。但从 20 世纪 30 年代中期开始，苏联在一定程度上影响了乌克兰音乐的发展。

20 世纪 60 年代，一个富于创新的现代主义音乐家团体——基辅前卫派崭露头角。该团体中最著名的作曲家是瓦伦丁·西尔维斯特罗夫。他着眼于新风格，大量运用西欧音乐的创作技巧，在乌克兰音乐史上掀开了新的一页。20 世纪 70 年代，西尔维斯特罗夫逐渐放弃了前卫的传统技巧，而将注意力转向了后现代主义，他本人称自己的风格为"元音乐"（隐喻音乐）。

五、戏剧

戏剧最初出现在乌克兰的民间传统和宗教仪式中，这些仪式包括圣诞节颂歌、春季仪式（伊万·库帕拉节的庆祝活动）、婚礼和葬礼等，人们使用装扮、三幕剧情，结合演唱、舞蹈和音乐进行表演。基辅圣索菲亚教堂的壁画《小丑》（Skomorokhi）上描绘的是基辅大公斯维亚托斯拉夫时期（10世纪）在宫廷中表演拜占庭式哑剧的情景。13世纪，在乌克兰西部的利沃夫兄弟学校、卢茨克兄弟学校等宗教学校出现了学校剧院。学校剧院主要上演古罗马时期作家的戏剧，表演以朗诵的形式进行。

乌克兰戏剧出现在西欧文艺复兴时期。诗歌对话形式的戏剧在当时最流行，剧目类型有基督教传说、历史戏剧和木偶剧。19世纪上半叶，一些乌克兰地主创建了农奴剧团、乐团、合唱团和教堂唱诗班，并聘请戏剧专家做指导。当时在乌克兰较受欢迎的是地主 D. Shirai 农奴剧团，该剧团有200名农奴演员，其中很多演员都被送到意大利学习过。[1]

1806年，基辅出现了第一个有五百个座位的城市剧院，里面有包厢、圆形剧场、画廊和花坛。来自乌克兰、俄罗斯和波兰的乐队常在剧院里表演，法国"乔治小姐"话剧团和马德里皇家芭蕾舞团也在那里演出过。

19世纪著名的剧作家有米哈伊洛·斯塔利茨基、马克·克罗皮夫尼茨基等。他们用悲剧、喜剧、杂耍风格创作了丰富多彩的戏剧。他们的戏剧作品涉及乌克兰的历史和现代生活，展现了善与恶、高贵与卑鄙、忠诚与背叛等问题。社会正义和民族尊严是他们作品的主题。米哈伊洛·斯塔利茨基写了25部戏剧，其中戏剧《不打官司》再现了社会的黑暗，揭露了乌克兰存在的社会矛盾；历史剧《博格丹·赫梅利尼茨基》《玛卢西亚·斯拉夫卡》《守卫布莎城堡》刻画了乌克兰人民为民族解放英勇斗争的英雄主

---

[1] ЯДЛОВСЬКА Зіновія. Кріпацький театр в Україні:Здобутки Інструментального Музикування[J]. Студії мистецтвознавчі, 2009(2): 14-17.

义、顽强的意志力和爱国主义。斯塔利茨基的作品丰富了乌克兰戏剧的曲目，具有社会意义和教育意义。马克·克罗皮夫尼茨基的戏剧创作偏向现实主义，强调为乌克兰人民服务，促进人民的解放。他的戏剧《格利泰》《巴甫克》关注社会问题，内容十分尖锐，它们是对农村阶层的真实写照，揭露了富农和高利贷者对农村贫困人民进行残酷剥削的现实。

二月革命之后，沙皇俄国取消了文化审查制度，乌克兰的戏剧曲目范围有了很大的扩展。1917—1933 年是乌克兰戏剧的繁盛期。杰出的编剧尼古拉·库里什的戏剧作品《人民的马拉伊尔》（1927 年）、《本同奏鸣曲》（1926 年）将表现主义与乌克兰现实相结合。从 20 世纪 30 年代中期开始，乌克兰的戏剧开始以社会主义现实主义为主导。

苏联时期最著名的乌克兰剧作家是亚历山大·柯涅楚克，他多次获得斯大林文学奖章和列宁奖章。他反对一切形式的民族主义，积极支持社会主义。1925 年，他创作了献给列宁的作品《他是伟大的》。他的作品还有《边缘》（1929 年）、《石岛》（1929 年）、《暴风雨》（1930 年）、《真理》（1937 年）等。他创作的获奖戏剧有《普拉东·克列契特》（1934 年）、《博格丹·赫梅利尼茨基》（1939 年）、《在乌克兰草原上》（1941 年）和《前线》（1942 年）等。

乌克兰有许多剧院。基辅乌克兰国家歌剧院、敖德萨国家歌剧和芭蕾舞剧院、利沃夫歌剧和芭蕾舞剧院是乌克兰三个最古老的歌剧院。基辅乌克兰国家歌剧院的外观采用新文艺复兴时期的风格，内部采用古典风格，被称为维也纳现代风格。1896 年，剧院被大火烧毁，1901 年重建后重新开放，是乌克兰最负盛名的剧院之一。

利沃夫歌剧和芭蕾舞剧院始建于 1897—1900 年，由波兰建筑师齐格蒙特·戈尔戈列夫斯基设计，1956 年以乌克兰文学家伊凡·弗兰科命名。它不仅是利沃夫建筑的瑰宝，也是欧洲最美丽的新文艺复兴时期建筑之一。

敖德萨国家歌剧和芭蕾舞剧院是乌克兰最古老的剧院，该剧院始建于 1810 年，1873 年被大火烧毁。重建后的剧院融合了新巴洛克风格和古典洛可可风格，并于 1887 年开放。剧院于 2007 年完成最新装修，大厅以路易十六的风格为原型，并以镀金的灰泥人物和图案进行装饰。门厅设计了 24 个出口，以便发生火灾时观众逃生。

哈尔科夫国家学术歌剧和芭蕾舞剧院是乌克兰最古老的音乐剧院之一。该剧院建于 1925 年，是乌克兰苏联建筑的鲜明代表。

第三章 教育历史

乌克兰历史上长期受周边大国的控制，欧洲的立陶宛大公国、波兰立陶宛王国、奥匈帝国、沙皇俄国都对乌克兰的教育和文化产生了一定的影响，导致乌克兰的教育和文化具有明显的多元性。

第一节 历史沿革

从有文字记载的历史看，乌克兰人十分重视教育。基辅罗斯时期，东斯拉夫贵族就十分重视子女的教育，在基督教堂设立专门的培训学校，从希腊、意大利等国家聘请教师，对其子女进行语言、宗教和科学方面的教育。蒙古入侵基辅罗斯之后，这种罗斯文化在立陶宛大公国控制下的加利西亚和沃伦等地区继续延续。16—18 世纪欧洲文艺复兴最早影响到奥匈帝国控制下的乌克兰地区，其大规模的义务教育制度促进了东正教文化的复兴。

一、基辅罗斯时期的教育

乌克兰的教育起源于 9 世纪的基辅罗斯时期。8 世纪至 9 世纪末，东斯拉夫人建立了封建部落和部落联盟，逐渐形成统一的基辅罗斯公国，统一国家的形成促进了教育和学校的兴起。公元 988 年，当时的弗拉基米尔大公在基辅教堂开设了一家"书本教学"学校，有 300 名儿童在里面学习语法、神学、哲学、修辞学、数学、唱歌、外语等知识，这是基辅罗斯的第一所学校。

11 世纪是基辅罗斯时期教育的鼎盛时期，当时除了"书本教学"学校之外，还出现了修道院学校、扫盲学校、护理学校和女子学校。修道院学校用来培训新加入的修士。扫盲学校主要在大城市，用于教育贵族、高官和商人的孩子。扫盲学校由学生的父母出资支持，因此穷人无法使用。女子学校为贵族家庭的妇女提供教育。普通家庭的孩子大多数在家学习农业劳动和家务技能，有的也被送到工匠那里学习制作手工艺品。当时，仅在基辅就有大约 400 座教堂、修道院和学校。

除了基辅外，东斯拉夫人还在各地复制基辅的教育模式。公元 1030 年，基辅大公——雅罗斯拉夫在诺夫哥罗德开办了一所学校，有 300 名儿童在这里学习阅读、写作和外语。雅罗斯拉夫在位期间，基辅罗斯文化取得了很大发展。他下令编纂编年史，并组织人员将希腊语文献翻译成古斯拉夫语。雅罗斯拉夫主持编纂了著名的《雅罗斯拉夫法典》（又名《罗斯法典》），这部法典记载了许多古斯拉夫原始部落的习俗。这个时期的东正教都主教希拉里昂在《律法和恩典》一书中对基辅大公弗拉基米尔和雅罗斯拉夫赞美有加，称赞这些人"已被这本书的智慧所浸润"。乌克兰历史学家认为，弗拉基米尔·莫诺马赫是基辅罗斯最睿智、最成功的统治者。在他的领导下，基辅公国经历了真正的繁荣时期。在弗拉基米尔·莫诺马赫和他的儿子姆斯季斯拉夫统治时期，出版了当时最完整的法律汇编《俄罗斯法典》，解释了所有权、继承权、妇女的法律地位等问题，限制了王公对贵族的权利等。[1] 弗拉基米尔·莫诺马赫创作的文学作品《训诫》和《弗拉基米

---

[1] GHINI G. Un testo "sapienziale" nella Rus' Kieviana: Il Poučenie di Vladimir Monomach[M]. Bologna: Patron, 1990.

尔·莫诺马赫给奥列格·斯韦亚托斯拉沃维奇的一封信》是古罗斯文学的优秀代表作品。

二、16—18 世纪的教育

1240 年，基辅罗斯被西征的蒙古大军灭亡后，金帐汗国直接统治着以伏尔加河为中心的大部分基辅罗斯领土，而在领土边缘的西部和东北部通过委任留里克贵族进行间接统治。其中较大的公国有东北部的弗拉基米尔-苏兹达利公国、西部的加利西亚公国和沃伦公国。14 世纪初期，立陶宛大公国崛起并开始向东扩张。1321 年，立陶宛大公格迪米纳斯控制了以基辅为中心的大部分乌克兰土地。立陶宛大公采取了比较温和包容的统治政策，将古罗斯语定为官方语言，将古罗斯人信奉的东正教定为国教，大量启用罗斯贵族并让他们进入国家领导层。

从 14 世纪起，乌克兰开始脱离古罗斯而成为具有独特语言、文化和生活习俗的单一民族。在立陶宛大公国的统治下，当地形成了从古罗斯语演化而来的卢森尼亚语。这种从字母和语音上最接近现代乌克兰语的语言，被现代乌克兰语言学家称为乌克兰的西部方言。[1] 1352 年，波兰控制了加利西亚地区。1569 年，立陶宛与波兰联合后，波兰控制了原来隶属于立陶宛的大部分乌克兰领土。16—18 世纪，在西欧文艺复兴的刺激下，波兰人在加利西亚和沃伦地区大量开办天主教学校，推动宗教和文化的波兰化。波兰贵族在西乌克兰地区实行了歧视性的文化政策，卢森尼亚语被波兰语和拉丁语取代，迫使当地人民放弃东正教信仰，强行传播天主教。一些东正教教堂、修道院和教堂土地被天主教国王没收，并移交给天主教堂。波兰

---

[1] ЛОЗИНСЬКИЙ Р. Мовна ситуація в Україні (суспільно-географічний погляд) [M]. Львів: Націнальний університет Франка, 2008: 502.

公国在文化和宗教上的压迫，在一定程度上引起了乌克兰知识分子的反抗。乌克兰民族主义精英意识到，波兰的殖民化政策威胁着乌克兰人民的生存。因此，他们竭力维护民族精神文化、艺术和传统，在乌克兰传播改革和启蒙思想、巩固进步的反殖民力量方面发挥了一定的作用，促进了乌克兰人反对波兰扩张的民族解放斗争。

14—17 世纪，在基辅、利沃夫和卢茨克等地出现的东正教兄弟会学校 [1] 在乌克兰教育发展历史上发挥了重要作用。中世纪出现的兄弟会学校，主要从事维护东正教教堂，向它们提供蜡烛、圣像和书籍等活动。他们采用了城市行会的组织结构，制定了每年举行定期聚会、缴纳会费和设立社区法院的法规。1585 年成立的利沃夫兄弟会学校是最早成立的兄弟会学校，目的是建立高等学校、出版书籍，以及进行反对天主教的文化斗争。兄弟会学校接纳了各个社会阶层的东正教信徒，其中，卢茨克兄弟会学校的成员大多数是士绅，基辅兄弟会学校的成员则以神职人员为主。1632 年，基辅兄弟会学校和利沃夫兄弟会学校合并成立了基辅莫吉拉学院，1701 年改称为基辅学院，是 18 世纪东斯拉夫人的教育和科学中心之一。

18 世纪后期，奥地利帝国获得了西乌克兰的加利西亚和沃伦地区的控制权。在奥匈帝国国王特蕾莎王后和约瑟夫二世统治时期，当地实行了一系列的开明政策，废除了农奴制，实施全面的义务教育制度，强制全民扫盲，并且允许使用母语（卢森尼亚语）接受教育。通过接受教会主导下的学校教育，大部分妇女和儿童都能够进行阅读，并学会了教堂唱歌礼仪。这个时期进行的一系列经济、文化、教育改革极大地改善了当地农民的地

---

[1] 兄弟会学校是 16—18 世纪乌克兰的教育机构。

位。[1]1774 年，奥匈帝国通过了一项法律，宣布对 5—12 岁的儿童实行义务的初等教育，允许初等学校用当地人的母语进行教学，乌克兰语由此得到普及，此举对乌克兰民族意识在加利西亚的形成，以及乌克兰文学的发展有很大的影响。

19 世纪涌现出一大批乌克兰历史学家和文学家，在以西利沃夫为中心的加利西亚地区大量出版了乌克兰语的文学著作。1837 年，第一本以现代乌克兰字母表和拼写规则印刷出版的书《德涅斯特的美人鱼》出版，该书收录了加利西亚的"罗斯文学三人组合"的作品，最大的变化是放弃使用传统的教会斯拉夫语言，而采用民间的乌克兰语出版。该书的主要价值在于它提高了乌克兰人民对自己民族的历史和语言的自我认同意识。

三、19—20 世纪初的教育

1772 年、1793 年和 1795 年，波兰先后三次被俄国、普鲁士、奥地利瓜分，原来属于波兰统治下的大部分乌克兰地区被并入沙皇俄国。在沙皇俄国统治时期，乌克兰也涌现出了大量的艺术家和教育家。

19 世纪的乌克兰知识分子为了推动乌克兰教育建立了很多公共组织，这些组织为国民教育和学校中使用乌克兰语积极争取，并长期从事开设商店、阅览室、图书馆和博物馆的活动，帮助乌克兰人找工作，还说服沙皇俄国的地方政府开设乌克兰学校，举办教育文化活动，并发行了第一本乌克兰语杂志《光明》，介绍学校和家庭教育的方法。1913 年，乌克兰公共

---

[1] 奥匈帝国在加利西亚地区实施了积极的经济和宗教改革，极大地改善了当地乌克兰人的生存状况，当地乌克兰农民比在沙皇俄国境内的人早了半个世纪获得了"人身自由"。1782 年，奥匈帝国废除农民对地主的人身依附，给予农民最基本的公民权；接着在 1786 年又大幅减少了农民为地主服劳役的时间，只需每周给地主工作三天；1787 年又禁止地主随意支配农民的土地；1789 年又宣布用地租取代劳役制度，农民可以保留 70% 以上的收成。

教育全会在圣彼得堡举行，会上主要讨论用乌克兰语教孩子的问题。此次大会通过了地方学校改革委员会的方案，方案规定了不受种族限制、对俄罗斯各民族实施义务教育；从三年级开始学习俄语，母语学习成为单独的科目；向公立学校提供精通本民族语言、了解本民族历史和文学的教师；提倡教师使用母语教学；在当地高等学校建立语言、文学、民族史系来培训教师。加利西亚的舍甫琴科科学学会与俄罗斯教育学会一直为设立专门的乌克兰学校而努力，推动建立乌克兰语学科工作，支持出版乌克兰语书籍和杂志，提倡在学校进行母语教学等。1910 年，在加利西亚学校中出现了一些乌克兰青年组织 "Sokol" "Sich" "Plast"，他们努力复兴乌克兰文化，对年轻一代学生进行爱国主义教育，团结了成千上万的乌克兰年轻人。

在奥地利大学读书的乌克兰学生也提出了开办乌克兰大学的要求，并且在利沃夫大学实现了部分的乌克兰化目标。第一次世界大战前，加利西亚的乌克兰语教育取得了一定的成就，在乌克兰出现了 6 个州立体育馆、2 510 所公立学校，有 440 000 名儿童就读。此外，还出现了一些公共体育馆和教育学会的学校。乌克兰学生、青年直接参与了二月革命运动，并提出了一系列政治和教育要求，包括降低学费、用母语授课、男女教育机会均等化、废除对学生的惩罚和校外监督等，迫使沙皇尼古拉二世做出了一些让步。1905 年 10 月 17 日，他签署了《整顿国家秩序宣言》，允许公共教育部对中学课程和计划进行一些修改，开设新学校，并增加教育拨款。1905 年，乌克兰开设了 1 357 所小学、130 所中等商业学校和 33 个女子体育馆。教育制度变得更加民主，许多学校开始用乌克兰语进行教学，妇女获得了以 "免费听众" 的身份进入大学学习的权利，来自贫穷阶层的年轻人获得了更多进入高等教育机构学习的机会，大学获得了一定的自治权。

四、苏联时期的教育

苏联教育学以马克思主义的唯物辩证法作为哲学基础，批判地吸收了历史上哲学家、思想家和教育家的各种教育思想，形成了苏维埃教育学的理论体系，强调的是学科中心、课堂中心、教师中心，以培养新社会人才为目的。1934 年普及四年制初等义务教育后，苏联在 1952 年和 1975 年分别普及七年制和十年制义务教育。[1] 20 世纪 60—80 年代乌克兰教育的发展方向是尝试教学形式及教育思想的创新。教育改革的目的是通过改进课程计划、提高教学水平、加强教师责任来弥补教育制度、教学法和教育内容方面的不足。苏共中央委员会和部长理事会 1966 年通过了《关于进一步改进普通中学工作的措施》的决议，规划 1970 年进行普通义务中学教育改革。该决议确定了教育内容要与当时的科学技术、文化和经济发展相适应，建立与培养专业人才相配套的创新教材和技术基础；确定了实施差异化的教育改革，在一些优质中学的 9—10 年级的数学、物理、化学、生物、人文等课程上进行深入的理论讨论和实践研究。但是，由于体制等原因，这些措施未能从根本上改善教育领域的状况。

五、独立以后的教育

乌克兰教育历史悠久，但在独立后经历了严重的经济危机和政治动荡，导致教育领域投入严重不足，人才流失严重，教育质量和规模迅速下降。近年来，乌克兰遭遇严重的街头政治、领土争端和族群纷争，导致教育系统受到严重影响，大量高素质人才流失。高等教育的市场化，再加上缺乏

---

[1] 汪德亮. 苏联的教育制度和成就 [J]. 学术研究, 1958（2）: 19-24.

透明度的教育管理机制，导致乌克兰高等教育领域腐败严重，基础教育质量也大幅下降。但独立后的历届乌克兰政府还是在教育领域做了一些努力，主要体现在两个方面。

一是重视爱国主义教育。1993 年，议会批准了时任总统克拉夫丘克提出的国家教育计划，其中最重要的改革内容是增加乌克兰公民意识教育，培养公民的民族意识和爱国主义。独立后，乌克兰教育科学部提出了许多青年爱国主义教育项目，如"国家教育体系理念"（1996 年）、"国家爱国主义教育理念"（2009 年）、"乌克兰的公民教育和养育理念"（2012年）和"儿童和青少年民族爱国主义教育理念"（2015 年）等。

二是改革教育管理体系。1995 年，时任总统库奇马签署了《关于乌克兰高等教育改革的主要方向》的文件，文件指出了乌克兰教育缺乏资金、人员灾难性外流、教育水平和教育标准急剧下降的现状，提出发展教育理念和优化教育机构网络的计划。1993 年，乌克兰教育管理进行了一项改革，引入了教育机构负责人合同制，并逐步改变了教育机构的结构。在1993—1997 年的五年里大幅缩小学前教育规模，扩大基础教育规模，适度缩小高等教育规模，引入西方通用的高等教育模式，设置学士学位和硕士学位。自 2000 年开始，乌克兰的基础教育成绩评估制度放弃了苏联时期的五分制，引入了十二分制。2005 年，乌克兰加入了欧盟的"博洛尼亚进程"，一年后在高等教育系统实施百分制。2008 年，教育改革的一个重要内容是引入外部评估制度，首先在高等教育系统引入外部评估，以减少教育腐败。2012 年，亚努科维奇政府颁布了新的教育改革文件《2021 年国家教育发展战略》。

目前，影响乌克兰教育发展的问题有教育管理制度僵化、人口下降和武装冲突等。

（一）教育管理制度僵化

根据联合国教科文组织 2014 年数据，乌克兰是世界上高等教育比重最高的国家之一，其高等教育总入学率（GER）为 83%。[1] 但是，乌克兰的教育管理方式陈旧，特别是高等教育管理制度十分僵化，与劳动力市场和社会需求脱节。乌克兰大学非常注重理论教育，在一定程度上导致毕业生不易就业。根据乌克兰国家统计局的数据，截至 2013 年 9 月 1 日，乌克兰的登记失业人数为 43.54 万人，其中年轻人有 18.33 万人，占 42.1%。根据乌克兰法律规定，年轻人是指 14—35 岁的公民。

乌克兰的高等教育管理制度源于苏联高度集中、僵化的制度。乌克兰大学通常缺乏自治性和主动性。近年来，尽管政府多次提出要扩大高校自治权，使教育国际化，提高课程与就业的相关性，但迄今为止，大学自治度依然很低。国立大学在许多关键领域仍然依赖政府，包括大学职员的薪水、研究经费和基础设施建设经费。

（二）人口下降

乌克兰与其他东欧国家一样，是世界上人口减少较快的国家之一。1993—2013 年，低出生率、高死亡率、大规模移民等原因导致乌克兰人口规模迅速下降。联合国预测，到 2050 年乌克兰的人口将再减少 18%，将从 2017 年的 4 420 万减少到 3 640 万。[2]

人口迅速下降对教育系统的影响是巨大的。乌克兰在校大学生人数从 2008 年的 285 万下降到 2017 年的 167 万，下降幅度超过 41%，导致数百所高等教育机构倒闭，高等教育机构的总数从 1996 年的 1 000 多所下降到

---

[1] 资料来源于联合国教育科学文化组织官网。

[2] 资料来源于国际文传电讯社。

2017 年的 661 所。乌克兰持续下降的人口趋势可能会导致更多的高校关闭。

（三）顿巴斯战争的影响

自克里米亚半岛被并入俄罗斯之后，持续多年的乌克兰东部的顿巴斯战争对乌克兰教育体系产生了很大影响。根据联合国儿童基金会的资料，到 2017 年，乌克兰约有 10 000 人丧生，150 万人流离失所，约 700 个教育设施遭到破坏或关闭，22 万儿童急需安全学校。

自 2014 年乌克兰的顿巴斯冲突爆发以来，乌克兰出国留学的学生数量迅速增加。2012—2016 年，在波兰留学的乌克兰学生人数增加了三倍，从 6 110 人增加至 29 253 人，成为乌克兰学生的首选留学目的地。俄罗斯的乌克兰学生入学人数也急剧增加，从 2012 年的 10 702 人增加到 2016 年的 22 440 人。根据乌克兰智库（CEDOS）的估计，2017—2018 学年出境学生达到了 83 000 人，大量学生主要流向邻国。[1]

根据联合国教科文组织的统计，捷克共和国、意大利和美国也是乌克兰留学生攻读学位的热门国家，但这些国家的乌克兰留学生总数相对较小，总计不到 7 000 名。

第二节　教育家

从西欧的文艺复兴开始，乌克兰培养出了许多著名的教育家，这些教育家成为欧洲乃至世界闻名的教育学代表人物。

---

[1] 资料来源于乌克兰 NV 新闻网。

一、16—18 世纪初的教育家

伊万·维申斯基是波兰立陶宛王国时期的东正教牧师，一位很有影响力的古罗斯思想家。他倡导人人平等，对当时的乌克兰和白俄罗斯的教会教育体系提出了严厉批评，捍卫用卢森尼亚语（古罗斯语）授课的立场，反对波兰贵族的文化压迫。

斯蒂芬·兹扎尼是 16 世纪末 17 世纪初加利西亚地区著名的乌克兰民族主义教育家。他曾在兄弟会学校任教，是反对天主教的思想领袖，也是利沃夫和维也纳资产阶级的发言人。他的著作《学校教义》（1595 年）被天主教会宣布为异端，他本人也被逐出教会。但是，他的民族主义思想对兄弟会学校的学生产生了很大的影响，在一定程度上促进了乌克兰民族主义思想的形成。

二、18—19 世纪末的教育家

格里戈里·萨维奇·斯科沃罗达是乌克兰人文主义教育思想的杰出代表。他认为，民族教育是家庭教育的基石，教育应该为普通劳动者服务，教育是重构社会道德的一种手段。他是乌克兰第一个宣扬自然教育理念的人。他谴责外国教学理论的机械同化，认为普通阶层的人有能力从事独立的教学活动。他深信教育应该是每个人的权利。他相信人民的能力，提倡使用人民的语言和艺术，反对远离人民的需求和生硬的哲学。这些思想促进了加利西亚地区教育的发展。

杰出的教育家康斯坦丁·乌申斯基是一位乌克兰裔的俄国教育家，俄国教育学的创建者之一。乌申斯基教育理论的核心思想是民族性，将民族性理解为每个民族由其历史、地理和自然条件所形成的特点，主张将教育的民族性作为教育学体系的基础，使教育具有本民族特色，不盲目采用他国的教育制度，将祖国语言作为教学的基础，教育权应还之于民等，教育的主要目的是培养一个全面发展的人。乌申斯基教育理论的基石是劳动教育学说，该学说指出了人在劳动中的发展和形成。他还认为，在教育中起领导作用的是教师，教师的一切工作依赖于他的个性。教师必须热爱自己的职业，受过高等教育，并且具有教学技能和教学技巧。[1]

乌申斯基一生发表了大量的教育学理论和历史著作。他创建了一套完整的教育理论：教育应根据可行性和连贯性、连续性和系统性、清晰性和情感性的原则，在考虑儿童发育的年龄和心理特征的情况下进行；教学方法应有助于发展和激活学生的认知活动，培养他们的思维和语言。他强调"没有理论的教学实践与医学上的庸医一样"[2]。其著作有《教育人类学》《论公共教育的民族性》《学校教育的三个要素》等，他编写的小学教科书《儿童世界》（1861年）和《祖国语言》（1864年）在俄国影响很大。乌申斯基明确提出，教育理论应该揭示教育发展的规律，而不是局限于已有的惯例。他十分强调在教育过程中将理论与实践相结合和将民族性作为教育的基本原则。

塔拉斯·舍甫琴科不仅是沙皇俄国时期著名的乌克兰诗人，同时在教育领域也有一定的影响力。他坚持主张以母语教孩子的权利，编写并出版了《南俄语言识字课本》（1861年）。他认为，学校应该对所有人开放，满足人民受教育的需求。

尼古拉·科斯托马罗夫是乌克兰著名的教育学家、历史学家、文学评论家和翻译家。他在《乌克兰人民的生活》一书中提出为了提高乌克兰人的文化水平，应将公共教育事业放在首位。他为使用母语教学进行辩护，坚持将乌克兰文化作为一门学科研究，研究内容应包括自然历史知识和民

---

[1] УШИНСКИЙ К Д. Педагогические сочинения[M]. МоскВа: Педагогика, 1990: 416.

[2] УШИНСЬКИЙ К Д. Избранные педагогические произведения[M]. МоскВа : Просвещение, 1968.

间习俗。科斯托马罗夫主张包括乌克兰人在内的所有斯拉夫民族都有自由发展其民族语言、文化和教育的权利。他为乌克兰语的独立性而战，他详细分析了乌克兰语的语音和语法特征，强调了它与俄语和波兰语的区别。他从概念上将乌克兰民族与俄罗斯民族区分开来，认为乌克兰人民不仅拥有自己的特殊历史，而且拥有独立的民族性。

亚历山大·杜赫诺维奇对乌克兰的初等教育理论和实践做出了重要贡献，他编写的《字母书》是一本针对教师的方法论著作。他认为，一个孩子只有获得教育后才能成为一个有用人，一个没有受过教育的人就像杂草生长的土地。

伊凡·弗兰科是乌克兰民族教育的精神领袖之一。他的多部著作成为乌克兰儿童和青年的必读作品。他分析了19—20世纪初乌克兰的教育问题，丰富和发展了乌克兰的教学文化，整理了乌克兰教育史，确定了乌克兰教育的目标、内容和方法。伊凡·弗兰科的教学思想是在民间教学法和欧洲教育思想的共同影响下形成的，他为推广乌克兰民间教育学思想、繁荣基辅罗斯的教学文化做出了较大贡献。他是乌克兰教育学史上第一个提出语言和教育本质问题、提倡重视儿童演讲意义的人。

索菲亚·鲁索娃被公认为乌克兰杰出的教育家和国民教育的倡导者，她是乌克兰妇女运动的创始人之一，长期致力于乌克兰的民族复兴工作。鲁索娃的教学理念主要包括人本主义、民主、民族性、自然性和文化整合。鲁索娃的教育学研究不仅涉及教学法、学前教育，还涉及文学和艺术。她认为，教育应按照自然教育的原则进行，应基于对自然和社会的科学理解，并符合自然和人的一般规律。

格里高里·瓦申科是乌克兰当代教育学家、民族主义者，是当代乌克兰教育学的创始人之一。他因民族主义立场在二战后被迫流亡海外，他的教育学思想在苏联时期并未得到广泛传播。格里高里·瓦申科出版了《教师通用教学法》《教育理想》等教育学著作。他认为教育应该始终坚持民族性，并根据民族传统和宗教信仰培养年轻人的价值观。他的教育学思想受到斯科沃罗达的哲学思想、乌申斯基的民族主义教育观和舍甫琴科的爱国主义思想的影响，他对乌克兰民族学和民族心理特征进行了深入的研究，并始终坚持发展民族教育学传统。瓦申科将家庭教育作为国民教育体系的有机子系统，十分重视作为教育目标的教育理想问题。他在著作《教育理想》中分析了各种教育理想，包括布尔什维克国家社会主义者，并将其与乌克兰理想进行了对比。瓦申科认为乌克兰教育理想基于两个原则：根据基督教道德和成就对人进行教育。在《教师通用教学法》中，他分析了教育和认知活动的哲学和心理基础，以及其激活方式、教学原则、教学方法和分类。

鲍里斯·格林琴科是乌克兰散文作家、政治活动家、历史学家、民族教育家和民族志专家。格林琴科在 19 世纪后期至 20 世纪初的乌克兰文化复兴中发挥了重要作用。他为乌克兰教育学的发展做出了重要贡献，他总结了自己在学校的经验并发展了乌申斯基的教育思想。[1] 格林琴科认为，只有用母语教学，国民教育才能使人民受益。他认为，在俄语学校学习的乌克兰族孩子比俄罗斯族孩子接受的知识少。格林琴科也是沙皇俄国时期乌克兰民粹主义最杰出的代表之一，他主张在乌克兰开展本土化教育。1905 年，在格林琴科等人的倡议下，全乌克兰教师联盟（VUUS）成立，这是一个由乌克兰教师和公共教育工作者组成的专业组织。格林琴科的教育活动对乌克兰民族主义教育思想的发展产生了重大影响。

---

[1] 乔桂娟，原芳. 乌申斯基比较教育思想探析 [J]. 外国教育研究，2010（11）：58-63.

三、苏联时期的教育家

安东·马卡连柯是 20 世纪 20—30 年代乌克兰裔的苏联教育学家、社会工作者和作家，是苏联最有影响力的教育理论家之一。他创造了一种对儿童进行集体教育的方法，将培训与生产性工作相结合。作为苏联教育学的奠基人之一，他阐述了儿童在自治的集体中养育的理论和方法，并将生产劳动的概念引入了教育体系。[1] 马卡连柯被认为是世界上伟大的教育家之一，他的著作已在许多国家出版。马卡连柯主要教育文艺著作有《教育诗》《塔上旗》《父母必读》，主要教育理论著作有《教育过程的组织方法》《儿童教育讲座》《普通学校的苏维埃教育问题》。20 世纪 50 年代苏联出版了 7 卷本的《马卡连柯教育文集》，80 年代出版了 8 卷本的《马卡连柯教育文集》。马卡连柯在《劳动教育》一文中写道：只有参与集体工作，一个人才能养成正确的道德观。他认为，劳动教育是人的全面发展和培养积极的社会主义建设者的重要手段。马卡连柯的教育思想促进了苏联教育学的发展。他十分重视培养年轻一代的社会责任感，对世界教育学的理论和实践具有重要意义。1988 年，联合国教科文组织将马卡连柯、约翰·杜威、乔治·凯兴斯泰纳和玛丽亚·蒙特梭利誉为"决定了 20 世纪世界教育思想的四位教育学家"。

苏霍姆林斯基是苏联著名的教育家和教育理论家。他的一生写了大约 40 部教育著作和 300 篇教育文章，他的作品和教育思想至今仍然具有重要意义。他的主要代表作有《和青年校长的谈话》《帕夫雷什中学》《小学生的精神世界》《公民的诞生》《把心灵献给儿童》《给教师的 100 条建议》《怎样培养真正的人》等。人文主义思想与苏霍姆林斯基提倡的教育思想密不可分。他认为，人文主义的培养是通过为人民创造利益来进行的。

---

[1] 陈时见. 马卡连柯的德育思想及其现实意义 [J]. 西南大学学报（社会科学版），1989（4）：12-16.

　　苏霍姆林斯基教育思想的主要特征是重视个体全面和谐发展。他认为学校教育的理想是培养全面和谐发展的个人和社会进步的积极参与者。为了培养全面和谐发展的个人，必须在整个教育过程中实施和谐的教育，即把人对客观世界的认识和个人的自我表现结合起来，使二者达到平衡。在专著《小学生的精神世界》中，他使用了大量的事实材料分析了人在童年、青春期早期和青春期的智力、道德和审美理念的形成过程。他通过大量的例子揭示了不同年龄和不同生活环境的男孩和女孩的心理，描述了他们的直觉、思维、兴趣、需求、志向和言语活动的发展特征。

　　苏霍姆林斯基认为，教育的成功在很大程度上取决于情感领域的发展。首先，他把培养学生美感的审美教育称为"情感教育"。他反复强调，没有审美教育，就没有任何教育。美是人道主义的源泉。美育通过各种特有的手段和途径，对学生施加潜移默化的影响，教会学生认识美，培养美的情操、美的修养，塑造美的心灵。其次，道德教育是全部教育理论的灵魂。他明确指出，和谐全面发展的核心是高尚的道德。苏霍姆林斯基的教学体系中最重要、最深远和最持久的基石是对学生自尊的教育。他将学生的公民意识教育和科学观教育放在学校工作的第一位，他认为，道德信念和情感首先是在为社会造福的活动中形成的，将知识转化为信念是形成世界观的过程中最困难的问题之一。

第四章 学前教育

苏联时期的乌克兰教育家、作家安东·谢描诺维奇·马卡连柯曾说："现今的父母教育孩子就是缔造祖国未来的历史，因而也是缔造世界的历史。"这句话反映了教育对于一个国家和世界未来发展的重要意义和深远影响。学前教育是乌克兰教育系统的第一阶段，优质的学前教育将为学龄前儿童未来的学习和发展奠定重要的基础。

第一节 学前教育的发展和现状

学前教育作为一个人身体、心理和人格发展的基本阶段，是最重的教育阶段之一，是对从出生到入小学前的儿童实施的、旨在促进儿童健康全面和谐发展的各种活动与措施的总和。学前教育包含保育和教育两方面的内容。它作为人类教育活动的一部分，是由学前儿童、学前教育者、学前教育措施三项基本要素及其有机联系而构成的。

一、学前教育的基本情况

1871 年，乌克兰在基辅建立了第一所幼儿园，接收来自乌克兰知识分子家庭的孩子。十月革命前，基辅是乌克兰学前教育发展的中心，有各种各样的组织开展教育活动，主要目的是帮助无家可归的儿童。当时存在两种儿童教育机构：一是针对有钱人家庭儿童的收费教育；二是针对穷人家庭儿童的免费教育。当时由于缺乏统一的组织和管理，且缺少政府资金的援助，学前教育发展十分缓慢。

1991 年乌克兰独立之后，对苏联时期的大一统教育机构进行了改革。一是在新成立的乌克兰教科院重新组建了学前教育研究院，统领全国的学前教育理论研究和实践运作；二是拟定全国的学前教育大纲，规定学前教师的学历和学位资格，并在乌克兰各地设立了八大分院，负责研究和实施地方学前教育大纲。另外，每两年举行一次全国性学前教育研讨会，并邀请国外同行专家出席。

（一）学前教育理念

乌克兰的学前教育理念包括：每个公民都可以接受学前教育系统提供的教育服务；为实现每个儿童的全面发展创造平等条件；促进儿童的健康成长，提倡学习与健康相统一；确保家庭和学前教育机构的教育行为相统一；学前教育与基础教育之间保持衔接性和连续性；保障公立学前教育机构的世俗性；以学习者为中心，促进儿童的个性发展；保证教育过程中的民主化和人性化；学前教育的内容应符合学龄前儿童的身心发展特征；乌克兰公民，以及在乌克兰合法居住的外国人和无国籍人士拥有平等获得免费学前教育及在家庭环境中接受学前教育的权利；所有儿童，不受种族、肤色、政治、宗教信仰、性别、民族、社会背景、财产状况、居住地、语言或其他特征限制，均享有接受学前教育的权利。

（二）学前教育目标

乌克兰学前教育的目标是：（1）保护儿童的生命，促进儿童身心健康和发展；（2）培养儿童对国家的热爱和社会责任感，以及对家庭、民间传统和习俗的尊重；（3）为儿童提供安全的环境，使儿童免受一切生理、心理的伤害；（4）学习官方语言和母语；（5）逐渐形成乌克兰人民的民族价值观并尊重其他国家和民族的价值观；（6）培养儿童的独立人格，发展儿童的创新能力，帮助他们获取社会经验；（7）满足学前教育的需求，确保儿童能形成良好的社会适应能力，并为继续接受基础教育做准备；（8）所有乌克兰公民应不受性别、社会出身、种族、肤色、政治、宗教信仰、财产状况、居住地、语言或其他特征限制，根据平等原则在学前教育机构获得学前教育。

（三）学前教育的基础性文件

国家教育政策和法规是规范引导、监督控制、改善提升学前教育质量的重要管理举措，是学前教育管理的基础性制度，也是现代学前教育治理体系的重要组成部分。《学前教育教学大纲》《教育法》《学前教育法》《儿童保护法》为乌克兰建设完善的学前教育质量评价监测体系提供了坚实的法律基础，有利于深化学前教育评价监测制度的改革与创新，可促进安全优质的学前教育公共服务体系的构建，切实保障适龄儿童接受学前教育的权利，满足人民群众对优质学前教育的需求。

《学前教育教学大纲》是一项包括一系列针对学前教育的规范和法规的政策文件。这些规范和法规确定了国家对学龄前儿童成长和教育水平的要求，以及达到这种要求的条件。乌克兰学前教育的内容是基于《学前教育教学大纲》《联合国国际儿童权利公约》、乌克兰《教育法》《学前教育法》《儿童保护法》，以及其他与儿童相关的法规内容确定的。《学前教育教学大纲》至少每十年修订一次。学前教育机构不受所有制形式和隶属关系的限制，必须执行《学前教育教学大纲》的要求。《学前教育教学大纲》的编制标准包括：重视学前儿童的自我价值培养和其在个体发展中的特殊作用；尊重儿童家庭的亚文化属性；为儿童的个体成长和基本素养的形成创造有利条件；重视培养儿童的生活能力；关心学前儿童独特的个性发展；培养儿童的认知能力，使其在获得知识、能力、技巧与培养兴趣、意识、个人素质、意志之间保持平衡；重视塑造儿童的道德观，培养其正确处理个人与集体关系的能力；塑造儿童正确、全面的世界观。

2019 年，乌克兰内阁批准了一项为期 5 年的《学前教育行动计划》，提出学前教育最主要的目标是使每个儿童都能够接受优质学前教育。该计划强调每年增加城市及农村中 3—5 岁学前儿童的入学率；增加学前教育机构中 5—6/7 岁学前儿童的比例。根据《幼儿学习环境评量表》（Early Childhood Environment Rating Scale，简称 ECERS）标准来评估学前教育的质量。该计划以人本主义为基础，旨在解决人们在社会生活中遇到的具体问题。用教育科研统领全乌学前教育，为所有学龄前儿童提供优质学前教育，提高该国的人才素质，是乌克兰科教兴国的创新举措之一。"从学前教育做起"已成为乌克兰教育改革的口号。

（四）学前教育类型

目前乌克兰的学前教育主要指完全幼儿园和不完全幼儿园两大类，还有与学校教育相衔接的学前教育班。完全幼儿园或学前班只招收 1 岁幼儿读到 6 岁入小学，而不完全幼儿园或学前班招收 3 岁幼儿读到 6 岁入小学，并有全托或日托两种形式的幼儿园。城市小学入学年龄大多为 6 岁，而农村小学入学年龄一般为 7 岁，因此幼儿园或学前班在农村要上到 7 岁，以满足民众不愿缩短孩子幸福童年的要求。也有靠近城市的乡村儿童 6 岁入学。全托幼儿园即在双休日时把孩子接回家，这种情况主要集中在城市。另外还有寄宿幼儿园，只是放寒假才把孩子接回家的全托形式，日托是天天接回家的幼儿园或学前班，这种情况在农村多一些。

（五）学前教育机构

学前教育机构是为了满足适龄儿童的文化教育需求而建立的。学前教育机构的运营需要具备相应的物质技术条件与合格的教育工作者，并符合国家规定的卫生安全要求。

乌克兰有多种类型的学前教育机构，可以满足孩子和家长的个性化需求。乌克兰《学前教育法》第十二条[1]明确了学前教育机构类型，其中包括：①托儿所（1—3 岁），根据《学前教育教学大纲》的要求，对儿童进行照护和教育；②育婴学校（1—6/7 岁），对儿童进行照护、抚育和教学；③幼儿园（1—6/7 岁），对儿童进行抚育和教学；④特殊类幼儿园（2—7/8岁），根据儿童智力发育的不同情况，分为特长类（针对智力超常儿童）和治疗类（针对智力发育迟缓儿童）；⑤育婴孤儿院（3 岁内儿童，患病儿童可 4 岁），是卫生保健系统内的学前教育机构，针对孤儿和家长监护权被剥夺的儿童，或具有身心缺陷或智力障碍的儿童而设立；⑥寄宿制孤儿院，针对孤儿和家长监护权被剥夺的儿童，以及由亲戚或政府监护的学龄前或学龄儿童设立，培养其适应社会的能力；⑦家庭式幼儿学院（2 个月—6/7岁），主要是为亲属的孩子提供照护和教育服务；⑧混合学前班（1—6/7/8岁），教育内容包括普通教育、补偿教育、全纳教育和家庭式教育。这些机

---

[1] 资料来源于乌克兰最高拉达（国家议会）官网。

构在综合分析儿童身体状况、智力水平、心理发展水平的前提下，为其提供学前教育服务。此外，乌克兰学前教育机构还包括儿童发展中心。这些中心建设的目的是促进儿童的生理、心理和智力发展，保障入读其他教育机构或在家中接受教育的儿童的身心健康。

从学前教育机构的入学年龄可以发现，学前教育不同于有严格时间要求的其他阶段的教育，它具有较大的灵活性。乌克兰的主流学前教育通常可以分成两部分：第一部分是早教，主要针对0—2岁婴幼儿；第二部分是学龄前教育，针对3—6/7岁的儿童。乌克兰的主流学前教育机构以幼儿园为主，与基础教育相衔接。学龄前教育通常是从儿童满3岁开始，但由于家庭经济条件、地理位置或个人情感等原因，很多家长会选择较晚送孩子接受学龄前教育（4岁或5岁），有的甚至不让孩子接受学龄前教育。依法自由选择孩子接受学龄前教育的时间，是家长/监护人的权利。

虽然家长有权决定孩子送入学前机构的时间，但儿童接受基础教育的年龄有专门的法律规定。乌克兰《教育法》（2017年）规定，在新学年开始（9月1日）满7岁的儿童必须进入基础教育机构接受教育。

2019年，乌克兰共有1.48万所学前教育机构，招收学龄前儿童的名额有115.5万人，但真正就读的儿童有123万人。学前教育机构的入学名额十分紧张。1990—2019年乌克兰学前教育机构及儿童的数量见表4.1。

表4.1　1990—2019年乌克兰学前教育机构及儿童数量 [1]

年份	学前教育机构数量（万）	学前教育机构的入学名额（万）	学前教育机构的学生人数（万）	学前教育机构儿童占适龄儿童的百分比（%）
1990	2.45	227.7	242.8	57

[1] Державна Служба Статистики УкраЇни. Статистичний щорічник україни (за 2018 рік)[M]. Київ: ДП Держаналітінформ, 2019.

续表

年份	学前教育机构数量（万）	学前教育机构的入学名额（万）	学前教育机构的学生人数（万）	学前教育机构儿童占适龄儿童的百分比（％）
1991	2.44	224.3	226.8	55
1992	2.38	221.6	206.3	51
1993	2.32	218.9	191.8	49
1994	2.23	210.1	173.6	47
1995	2.14	201.4	153.6	44
1996	2.02	185.6	134.2	41
1997	1.84	177	117.2	38
1998	1.76	163.8	110.3	38
1999	1.72	121.6	105.5	39
2000	1.63	111.7	98.3	40
2001	1.57	107.7	96.8	41
2002	1.53	106	97.3	48
2003	1.50	105.3	97.7	49
2004	1.49	104	99.6	50
2005	1.51	105.6	103.2	51
2006	1.51	106.3	108.1	53
2007	1.53	108.4	113.7	54
2008	1.54	111	119.5	54
2009	1.55	112.1	121.4	53
2010	1.56	113.6	127.3	53
2011	1.61	117.1	135.4	55
2012	1.64	120.4	142.8	57

续表

年份	学前教育机构数量（万）	学前教育机构的入学名额（万）	学前教育机构的学生人数（万）	学前教育机构儿童占适龄儿童的百分比（%）
2013	1.67	123.6	147.1	61
2014[1]	1.50	107.7	129.5	55
2015	1.48	110.5	129.1	55
2016	1.49	112.5	130	57
2017	1.49	114.1	130.4	59
2018	1.49	115.6	127.8	61
2019	1.48	115.5	123	58

学前教育机构中的班级按照年龄划分。教育法明确规定了各类班级的儿童人数：1岁以内的儿童，班级人数不得超过10人；1—3岁儿童，班级人数不得超过15人；3—6/7岁儿童，班级人数不得超过20人；混合年龄班级的人数不得超过15人；住宿班级的班级人数不超过10人；全纳班级中，有特殊教育需求的儿童不得超过3人。位于农村地区的学前教育机构属于单独的机构类别，当地班级的数量取决于该地区的人口状况。

有特殊教育需求的儿童接受学前教育方式有多种：（1）在不论隶属关系、类型和所有制形式的学前教育机构中接受学前教育；（2）在公、私法人的实体机构分支中，包括教育机构接受学前教育；（3）采用居家（家庭）模式接受学前教育；（4）在具有师范教育文凭或教育工作者职业资格的自然人辅导下接受学前教育；（5）在主要活动是教育工作的个体企业的帮助下接受学前教育。

以前，乌克兰大部分地区除了使用官方语言乌克兰语进行授课外，部

---

[1] 2014年乌克兰东部发生了战争，导致学前教育机构的入学人数锐减。

分学前教育机构使用俄语教学。针对这种情况，乌克兰《学前教育法》规定，自 2018 年起，学前教育机构必须使用官方语言乌克兰语进行教学。

二、学前教育与基础教育的衔接

乌克兰比较重视学前教育和基础教育的衔接。学前教育主要培养儿童的好奇心、主动性、责任感、创造力和沟通技巧，而这些往往是基础教育的基础。在由学前教育向基础教育的过渡中，儿童往往需要有一个适应的过程。通常在基础教育的第一学年，教师将保留儿童在学前教育中已接受的教育活动，将其作为延续和过渡，确保儿童尽快适应新的学习环境。学前教育活动主要是围绕儿童的成长发育、德育、科学知识学习展开的，包括体育、认知、日常生活技巧、绘画、手工、音乐、跳舞、戏剧等内容，既保证了教育过程的整体性，又兼顾了儿童的生理和心理健康发展。2018年，乌克兰教育科学部发布了保障学前教育和初级教育之间连续性的教学建议，对 2029 年之前的普通中等教育进行改革，最大程度地考虑每个年龄段儿童特殊的身体、心理、智力特征。

第二节 学前教育的特点

学前教育是乌克兰终身教育系统的重要组成部分。乌克兰 2001 年通过了《学前教育法》，开启了乌克兰学前教育的新阶段。自此，学前教育被视为一个独立完整的教育过程。如今，随着乌克兰教育改革的逐渐深入，学前教育也呈现出了新特点。

一、重视身体素质教育

身体素质教育是乌克兰学前教育特别重视的一部分。乌克兰学前教育的主要任务之一就是促进儿童身体素质的全面发展。儿童在学龄前需要通过体育锻炼来提高身体素质，增强对各种疾病的抵抗力，为未来健康的生活奠定基础。

乌克兰教育科学部为学前教育机构的体育健康工作组织制定了指导性建议，要求教育机构在组织儿童学习生活时要综合考虑多种因素：（1）卫生因素，保障儿童良好的饮食、睡眠、活动和休息，确保衣、食、住、行、设施环境的卫生；（2）体育锻炼因素，采用体操、游戏、旅行、劳动等方式来提高儿童身体素质；（3）自然环境因素，有清新的空气、充足的阳光和洁净的水。

学前教育重视学龄前儿童的体育课程，除了开展游泳等课程外，也在日常学习生活中开展其他提高身体素质的活动，如晨操、午后体操等。乌克兰教育科学部规定：2—3 岁儿童，体育课时间为 15 分钟；3—4 岁儿童，体育课时间为 15—20 分钟；4—5 岁儿童，体育课时间为 20—25 分钟；5—6/7 岁儿童的体育课时间为 25—30 分钟。[1] 可见，重视儿童身体素质，是乌克兰学前教育的特色之一。

二、推行全纳教育

随着"人本主义"教育理念的逐渐盛行，各国对特殊教育的需求越来越重视。在教育系统中建立全纳教育，已经从学前教育开始。

---

[1] 资料来源于乌克兰教育科学部官网。

（一）学前教育机构中全纳教育的概况

乌克兰《教育法》规定，学前教育机构必须接收所有学龄前儿童进行教育，其中包括为有特殊教育需求的儿童提供学前教育。因此，乌克兰教育科学部正在致力于在幼儿园引入全纳教育模式。要创建全纳的班级或小组，需要由家长向机构负责人提交相关申请。机构负责人联合地方教育管理机关为有特殊教育需求的儿童提供适宜的教育条件。为了使这类儿童更好地适应幼儿园，还需建立教育心理救助队。此外，还需要为有特殊教育需求的儿童制定单独的个体发展方案。全纳学前教育团队的成员包括校长、教导员、助理教导员、社会教育者、缺陷纠正教师和康复治疗师。2018年，在国家预算的支持下，乌克兰约14 000名儿童接受了缺陷矫正服务，并成立了500多个全纳资源中心。2018—2019学年，2 359名有特殊教育需求的儿童在全纳班级中接受了学前教育。

2019年，乌克兰国家预算拨付了3 720万格里夫纳来保障幼儿园的全纳教育。除了补贴外，国家还对学前教育机构提出了明确的规定，明确了可以额外资助的课程，以及以国家出资方式为有特殊教育需求的儿童购买设备的清单，使儿童能在舒适的环境中获得优质的学前教育。在一个全纳班级中，有特殊教育需求的儿童不得超过3名，包括1—3名有肌肉骨骼系统疾病、心理发展障碍、视力受损、听力受损、轻度智力障碍的儿童，盲童、聋哑儿童、严重语言障碍儿童不超过2名，患有复杂发育障碍的儿童不超过1名。

（二）政府对全纳班级的支持

学前教育机构为有特殊教育需求的儿童提供教育服务的方式有：为全纳班级教导员提供教学咨询和心理援助；增设与全纳教育相关的额外的职

员；吸收高水平的专家（残疾儿童教育学家、言语治疗师）参与；定期组织教导员及助教参加职业资格提高培训；为教学活动提供优质的物质和技术支持。

学前领域的全纳教育，是学前教育重要发展方向之一。因此，乌克兰教育科学部联合学前教育机构的工作者、家长、公共组织代表共同努力来实现这一目标，这必然需要额外的资金支持，因为目前大多数教育机构并不具备必需的教育设施，无法达到让有特殊教育需求的儿童自由而舒适地接受教育的标准，而且具有职业资格的专家、残疾儿童教育学家和助教数量严重不足。乌克兰全纳教育才刚刚起步，要为有特殊教育需求者提供平等、优质的全纳教育环境，可谓任重道远。

三、重视学前教育机构评估

为了确保提供优质的教育，学前教育机构需要接受定期的评估和监督。目前乌克兰政府采用 ECERS 系统来开展评估工作。ECERS 评估是一种现代化的评估方式，同时也为学前教育提供科学教学法，其针对儿童、教育者和教育机构分别有不同的内容。

根据 ECERS 教学法，儿童可以根据自己的想象力自由创作作品，而非被动的复制已有的模型；可以建立独立的思考空间，形成自己的审美偏好；要独立解决问题，承担责任；观察自然现象并进行主动试验；提出自己的剧本，进行角色扮演；独立做出选择；灵活利用手中的多种资源；与他人交流、讨论，提出问题；阅读书籍，并记录自己的生活；逐步形成自己的社交边界意识和尊重他人的生活意识；学会处理自己的情绪。

ECERS 并非只是一套理论，而更倾向于实践研究。教师使用 ECERS 量表时，能够及时发现教育活动中应该解决的问题，履行教导员角色，在儿童个人素质形成的关键期指导和帮助儿童；找到针对每个儿童教育的单独切入点，为儿童的教学和娱乐活动营造安全舒适的环境，并以身作则，与学生相互尊重；执行教学方案时灵活把握课程的内容、模式、进度。

ECERS 对学前教学机构工作质量评估提出了 6 个标准，并对照执行。（1）教育空间环境评估：玩具的可用性，房间舒适、安全性，各种活动家具的可用性，以及儿童隐私空间的设置。（2）对儿童的护理和照顾进行评估，其中包括：环境的清洁度，团体气氛，机构对儿童的照料水平，教育课程中对健康的重视程度，以及教育者与儿童的互动情况。（3）对儿童的言语和读写能力进行评估，其中包括：儿童在互动中学习新单词，提问和回答问题，进行讨论，是否设有图书角，是否方便使用书籍。（4）认知活动评估：开展教学课程，包括组织魔方类游戏、阅读、自然学和数学知识教育。（5）教师与儿童互动进行评估，其中包括：机构举行体育活动的频率，儿童个人学习情况，师生间及儿童间互动，以及儿童纪律性的培养。（6）教学方案的结构合理化方面的评估，包括：教育课程中儿童的互动情况，以及机构对儿童自由游戏时间的充分保障。

ECERS 量表用于国家层面监督学前教育质量，也用于比较不同国家学前教学机构的运行情况。学前教育机构的评估，由乌克兰教育发展学院同乌克兰教育科学部改革支持小组、联合国儿童基金会联合组织开展。

四、发展私立学前教育机构

发展私立学前教育机构，既丰富了教育机构的类型，为孩子提供了不同种类的教育选择，又解决了乌克兰学额不足的问题。为了吸引私人投资学前教育领域，乌克兰教育科学部鼓励个人或机构开设私立幼儿园来缓解国立、公立幼儿园的压力。

2017 年乌克兰私立学前机构有 19 所，2018 年有 70 所，2019 年有 135 所，总学额为 5 874 个，其中 103 所法人学前教育机构中设有 4 409 个学额，32 家个体企业中设有 1 465 个学额。为了进一步鼓励私立学前教育机构的设立，相关部门还出台了资金支持、优惠场所租金和贷款、提供职业培训等政策。教育科学部还简化了开设私立学前教育机构的程序和条件，努力为学龄前儿童提供更多的学习名额。

五、学前教育的国际化

（一）阿福童项目

在全球化趋势下，乌克兰非常重视教育领域的国际合作。学前教育国际合作的法律依据是乌克兰《教育法》《学前教育法》等法律法规，以及乌克兰签署的国际协议。

阿福童（Aflatot）项目是乌克兰广泛实施的国际教育项目之一。乌克兰教育科学部和位于荷兰的国际儿童储蓄基金会于 2016 年 11 月签署了学前教育领域的合作备忘录。该项目在乌克兰的 16 个地区实施，旨在保障学龄前儿童的社会权利，对儿童教育进行资助。提倡从幼儿时期就开始培养儿童的独立性，重视个体的教育方式，从学龄前开始教儿童财务基础知识，认识其社会权利。为了预防和解决教育过程中可能出现的问题，该项目还设置了咨询机构、流动工作小组和创作协会，同时还专门成立了门户网站，定期举行社会和金融教育周活动，举办针对教育工作者和家长的咨询会、阿福童项目推介会，制作宣传册，举办展览，在学前教育机构网站和教育媒体中发布相关信息等。

（二）乐高"促进教育"项目

乌克兰教育科学部与丹麦乐高基金会发起的以"促进教育"为主题的联合项目是乌克兰学前教育又一个大型国际合作项目。该项目从 2010 年开始，在乌克兰的基辅州、日托米尔州、文尼察州、扎波罗热州、利沃夫州、哈尔科夫州、第聂伯罗彼得罗夫斯克州和敖德萨州等八个地区内实施。该项目主要通过全面发展儿童终身教育所需要的能力来提高教育质量，反对强加给儿童唯一正确答案的教学方法，倡导在"寓学于乐"中对儿童进行教育。

2014 年，乌克兰技术创新与教育研究院开展的一项研究表明，乐高玩具作为教育工作者与儿童互动的一种教具，对儿童的思维、语言、团队合作能力的培养有积极影响。迄今为止，已有 200 所学前教育机构、75 000 名儿童、3 000 名教育工作者参加了乐高"促进教育"项目。基金会为学前教育机构提供乐高积木玩具，并为学前教育教师提供教育培训。[1]

如今，为了满足人们日益增长的学前教育需求，教育机构采取灵活的工作模式，教授适合不同年龄和需求的教学内容。根据家长的意愿，儿童可以选择全天、日间或其他形式在学前教育机构接受教育。目前，得益于各种学前教育模式的推行，5 岁儿童接受学前教育的比例已经明显增加。

第三节　学前教育的挑战和对策

学前教育是整个教育系统的起点，对下一阶段教育的质量有较大的影响。所有乌克兰儿童享有在国立或公立学前教育机构接受免费学前教育的

---

[1] 资料来源于乌克兰教育科学部官网。

权利。尽管学前教育对学龄前儿童是不可缺少的环节，但是当前学前教育存在的问题和挑战不容忽视。

一、幼儿园学额不足问题

幼儿园学额不足是乌克兰学前教育的一个严重的问题。2019 年，乌克兰有超过 40% 的儿童无法入读幼儿园，当时的学前教育机构仅能覆盖 58% 的学龄前儿童，尤其是在城市，约有 34 000 名儿童在排队等待入读幼儿园。城市地区幼儿园名额不足，而农村地区幼儿园的入园名额远超过学龄前儿童实际数量。

长期以来，这种学前教育机构中名额不足和农村与城市学前教育名额失衡的情况也成了学前教育系统腐败的根源之一，引起了包括学生家长在内的整个社会公众的严重不满。

为了避免在儿童登记进入幼儿园过程中出现教育机构腐败现象，为所有儿童创造平等的入学机会，乌克兰教育科学部在所有地区实行"电子排队"规则。这是一种开放透明的服务程序规则，家长在公开、平等的条件下在网上为儿童办理入学申请。家长在教育管理网站上登记进行电子排队，选择学前教育机构，提交申请并跟踪其状态。在名额充足的情况下，状态变更为"有入学可能"，家长须在规定期限内提交必要材料。电子排队的引入缓解了儿童入园工作的部分压力，比如 2015 年利沃夫州的学额与学生数量比例是 100∶144，学额严重不足，但在 2017 年实行电子排队后，学额和学生比例提高到 100∶129。这意味着仍有大量儿童无法获得学前教育机会，大多数地区仍然存在学额紧缺的问题，部分家庭甚至在婴儿出生后就进行电子排队。而在人口不稠密的地区，却存在幼儿园学额浪费的情况。

要解决学额不足的问题，须对儿童数量进行统计跟踪，制定学前教育发展计划，严格遵守班级人数标准，组织各地区儿童通过正常途径入学。现有的学前教育机构网络还不够发达，需要进一步引入和发展其他学前教育模式。

缓解学前教育入园压力的办法之一是远程教学。乌克兰的学期通常从9月1日到次年5月31日，6月1日至8月31日是假期。2020年新冠肺炎疫情暴发，所有的学前教育机构从3月12日起转为远程教学。乌克兰教育科学部的官方网站上发布了针对儿童远程教学的资源清单，以及如何上课、如何减轻学龄前儿童焦虑感等信息。

开设私立学前教育机构也是解决学额不足的另一手段。2020年，乌克兰通过重组教学机构建立的4个学前机构分支增加了301个名额，通过开设31个私立幼儿园增加了1 439个名额，通过改制8个幼儿园增加了420个名额，通过开设7个新的幼儿园增加了151个名额，通过在幼儿园增设23个班级增加了465个名额，通过开设5个短期儿童班增加了70个名额。学额不足是乌克兰学前教育中持续了多年的问题，要从根本上解决这一问题远不是几个规划或政策可以立竿见影的事情，改革之路还很长。

二、资金不足问题

公众对学前教育关注的焦点还包括资金短缺问题。乌克兰《预算法》第八十九条规定，学前教育的经费可以由地区级城市预算、城镇预算和社区预算资助，具体资助比例则根据教育机构所在社区的长期计划来划分。但是，乌克兰城市协会的资料显示[1]，只有18%的学前教育机构能够获得地

---

[1] 资料来源于乌克兰教育科学部官网。

区级城市的全额预算拨款，其余 82% 的学前教育机构则需要由地区级城市、城镇和社区共同资助。而城镇和社区经常由于预算资金不足导致无法足额拨款，或者拨款经常延迟，因此导致学前教育机构的资金长期不足，引发很多社会问题。

一是政府预算资金不足，无法保障学前教育机构硬件设施的建立和维护。政府预算资金不足导致学前教育机构无法正常运转，无法进行教学场所的维修翻新。这不仅会影响机构教职人员的正常工作，也会影响学前教育的质量和机构的稳定性。政府应该提供更多的资金补助，为教育提供优质的教学设备，以保障学前教育机构的稳定运行。为了克服国家教育基础设施建设资金不足的困境，乌克兰开始采用联合资助或吸引社会捐款的方式，允许学前教育机构将部分设施对外出租，允许学前教育机构提供收费服务，通过公私合作经营的方式筹措资金。乌克兰教育科学部规定，组织付费教育服务须符合乌克兰《学前教育法》、乌克兰内阁和乌克兰教育科学部的规章制度。学前教学机构可根据自己的办学宗旨，在和家长签署协议基础上，提供额外的收费教育服务，额外的教育服务内容须得到地方教育管理机关的批准。

二是资金不足导致学前教育专业资格人员不足。美国历史学家、散文家杜兰特曾经说："教育传播文明。"那么，教师则毫无疑问是文明火种的传播者。想要提供优质的学前教育，就必须有高水平的学前教育工作者。乌克兰教育科学部为了保障学前教育工作者的专业素质，要求教育工作者 5 年内必须进行一次认证，并根据认证结果来确定职业资格级别：专家、二级专家、一级专家和高级专家。[1]

教育工作者须不断提高个人能力和教学技巧，熟悉学前教育领域的国际趋势和教学方法，还须有自学、参加学术会议的时间。教育工作者的工

---

[1] 资料来源于乌克兰最高拉达（国家议会）官网。

作负荷，不论所属的教育机构的所有制模式如何，必须符合乌克兰《学前教育法》的规定。根据 2019 年的数据，乌克兰约有 13.75 万名学前教育工作者，但大多数在城市工作。其中，约 29% 的学前教育工作者年龄低于 35 岁，62% 的学前工作者在 35—59 岁之间，9% 的教育工作者年龄大于 60 岁。学前教育机构的年轻教育工作者比例不高，主要和工资较低有关。[1]

2017 年，乌克兰《教育法》规定增加教育工作者的薪酬。2019 年，乌克兰教育科学部宣布进行教师薪酬改革，提高教育工作者工资。时任教育科学部部长安娜·诺瓦萨德表示[2]，必须解决造成年轻教师与有经验教师之间、幼儿园的保育员和基础教育教师之间巨大工资差异的问题。教育领域的薪酬改革的实质，不仅在于提高教师工资，还在于改变学前教育工作者的工资很低但工作强度高于基础教育教师的不公平现象。例如，从 2020 年 1 月 1 日起，乌克兰内阁将幼儿园教导员的年假从 42 天增加至 56 天，享受与基础教育教师相同假期。

三是资金不足可能导致校园安全问题。学前教育还存在着与资金相关的另外一个重要问题，那就是学前教育机构的环境安全问题，主要体现在儿童的饮食方面。资金不足，可能会导致学前教育机构无法提供足够保障儿童身体发育所需要的健康食材和合理的营养配餐。乌克兰《学前教育法》规定，国立或公立学前教育机构中儿童饮食的组织和责任被分配给各州和地方行政机关、地方自治机关和学前教育机构的负责人，而在私立学前教育机构中，由机构的所有者和负责人负责。家长按地方政府或有关管理机构规定的数额支付膳食费用。多子女家庭和低收入家庭有权享受一定条件的优惠。为了保障儿童的健康饮食和身心健康发展，给儿童营造安全的教育环境，政府需要增加资金投入，或采取其他措施为学前教育机构争取更多的资金来源。

---

[1] 资料来源于乌克兰教育科学部官网。

[2] 资料来源于乌克兰 UKRA 新闻网。

三、学龄前儿童接种疫苗问题

为儿童注射疫苗是大多数国家必备的医疗安全保障之一，然而在乌克兰，学龄前儿童是否接种疫苗问题引发了持久的争论。乌克兰卫生保健机构同教育管理机关一起，依法监督学前教育机构卫生标准的执行情况，每年为儿童提供免费医疗检查，改善其健康状况。不论学前教育机构的所有制模式如何，必须向机构内的儿童提供持续的免费医疗服务。同时，教育机构的管理人员须在儿童递交入学文件时检查儿童是否按照国家免疫时间表进行疫苗接种。

乌克兰教育科学部明确规定，儿童在入读幼儿园前必须接种疫苗。乌克兰卫生部规定了需要接种的 10 种疫苗，包括乙肝、结核、麻疹、腮腺炎、风疹、白喉、破伤风、百日咳、小儿麻痹症和 B 型流感嗜血杆菌。然而，很多家长不信任疫苗质量，或出于其他原因，拒绝为孩子接种疫苗，这给学前教育机构的招生和运行造成了很大的困扰。根据乌克兰《关于保护人群免受传染病感染》法第十五条规定，未按照国家规定日期接种疫苗的儿童不得进入教育机构。幼儿园、学校有权拒绝接收未接种疫苗的儿童。

2019 年 8 月 13 日，时任卫生部部长乌里亚娜·苏普伦表示："看起来还有很多人不明白，接种疫苗与向军事人员提供武器或执行北约标准一样重要。如果我们不能把注射疫苗作为国家优先事务，我们就无法捍卫乌克兰。如果政府不能在国安会议上做出相应决议并付诸行动，那么关于所谓人类生活价值的论点就只不过是一纸空文。"[1] 不愿为孩子接种疫苗的家长也针锋相对地指出，乌克兰多部法律如《乌克兰宪法》《教育法》《学前教育法》《儿童保护公约》明确规定所有人都享有接受教育的权利。因此，国家必须保障所有儿童接受学前教育的权利，即使不接种疫苗的儿童的教育权也必

---

[1] 资料来源于乌克兰 TODAY 新闻网。

须得到保护。

2019 年，乌克兰最高法院做出决议，禁止未接种疫苗的儿童入读幼儿园。决议中指出：国家必须确保儿童接受学前教育的权利与乌克兰儿童及公民的其他权利之间的平衡。为此，时任教育科学部部长莉莉娅·格里涅维奇表示，"如果儿童家长明确拒绝接种疫苗，他们可以致函给教育机构负责人要求按照个人计划进行学习或远程学习，校长可以提供个体化学习模式。"但他同时提醒家长说，"不要因为拒绝疫苗接种将自己的孩子置于被正常社交和学习环境隔离的境地，这种立场既不合理，也可能对孩子的健康造成威胁。"[1] 因此，如何从源头保障疫苗的安全性，并加强对家长的引导，还是一项长久的工作。

此外，乌克兰学前教育还面临着一系列其他问题。比如，城市幼儿园学额不足，而农村地区学额过剩；学前教育机构的教导员社会地位低导致从业人员积极性不高的问题；还有私立学前机构收费较高等问题。当前，乌克兰相关部门正以立法的形式解决学前教育中存在的一系列问题，并采取多种措施为儿童创造现代化的教育环境。2020 年 12 月 21 日，乌克兰教育科学部在基辅举行了会议，批准了新的《学前教育教学大纲》，旨在强调学前教育与基础教育的连续性，引入国外学前教育的先进经验，完善教育内容，提高教育工作者的积极性，在乌克兰建立现代、安全而舒适的学前教学环境。

[1] 资料来源于乌克兰第五新闻网。

第五章 基础教育

乌克兰《教育法》规定，"中等教育"是乌克兰的基础教育，在乌克兰国家发展的道路上起着至关重要的作用。乌克兰没有"小学"这个单独的概念，小学属于初级中等教育阶段；"初中"叫做基础中等教育；"高中"叫专业中等教育。小、初、高的衔接也没有入学考试和中考。为了便于与世界大多数国家的基础教育进行对照，本书把乌克兰的初级中等教育（大致对应我国的小学）、基础中等教育（大致对应我国的初中）和专业中等教育（大致对应我国的高中）合称为乌克兰基础教育。

第一节 基础教育的发展和现状

一、基础教育历史

从 20 世纪 20 年代起，乌克兰的教育系统就同苏联教育系统保持一致。1949 年开始，乌克兰实行七年制义务教育。1958 年，苏联通过了一项名为《关于巩固中学同生活的联系与苏联教育系统进一步发展》的法律。根据该法律，乌克兰基础教育为 7—15（16）岁儿童提供八年制义务教育，为 15—

18 岁青少年提供全面基础教育，并为接收有身体或心理问题的儿童的寄宿中学和特殊寄宿中学制定了新的教育机制。[1]

1991 年，乌克兰获得独立，基础教育也开始进行教育改革。基础教育的目的是通过教育培养个体参与社会生活和同自然文明互动的能力、自我完善和终身学习的能力、具备生活选择意识和自我实现的能力，以及责任感和主动性。根据乌克兰《全面普通中等教育法》规定[2]，每个乌克兰公民都享有接受免费的 12 年基础教育的权利。

二、基础教育的三个阶段

根据乌克兰《教育法》规定，基础教育分为三个阶段：初级中等教育阶段、基础中等教育阶段和专业中等教育阶段。每个阶段结束后，学生可以获得相应的教育证书。

初级中等教育阶段共 4 年（小学 1—4 年级），基础中等教育阶段共 5 年（初中 5—9 年级），专业中等教育阶段共 3 年（高中 10—12 年级）。[3] 每个阶段教育的时间因学生个体差异而有调整，取决于学生接受教育的模式、学习成绩等因素。在乌克兰，初级中等教育、基础中等教育和专业中等教育的教学通常在同一所教育机构进行，这一点可能与我国有所不同。

基础教育的每个阶段是按照一定的周期来组织的：初级中等教育第一周期为适应性娱乐阶段（1—2 年级），第二周期是基础性阶段（3—4 年级）；基础中等教育第一周期是适应性阶段（5—6 年级），第二周期是基础学科学习阶段（7—9 年级）；专业中等教育第一周期是适应性阶段（10 年级），第

---

[1] ЛЕВКІВСЬКИЙ М В. Підручник історія педагогіки[M]. Київ: Центр Навчальної ЛІТератури, 2003.

[2] 资料来源于乌克兰最高拉达（国家议会）官网。

[3] 乌克兰中学从 2018—2019 学年开始的一年级的学生已转为十二制。

二周期是专业性周期（11—12 年级）。

三、基础教育内容

乌克兰基础教育阶段学生需要掌握的主要能力包括：语言能力，即流利掌握官方语言，能够以母语进行交流；数学能力；自然科学能力；工程和技术能力；创新能力；信息通信能力；终身学习能力；公民与社会能力；文化能力；企业家精神与金融素养。在基础中等教育阶段，还要掌握外语能力。

乌克兰教育科学部规定了基础教育的内容、结构、总学时，以及各教育科目间的关系。教育科目包括文学、语言、数学、自然、社会、卫生保健、技术、信息、艺术和体育。学习科目取决于具体的教育阶段，包括固定科目和可选科目。

初级中等教育的固定学习科目包括乌克兰语、授课语（教学使用语言如俄语）、文学阅读、外语（包括作为学习科目的少数民族语言）、数学、自然、"我和世界"（关于世界和乌克兰的基本知识）、音乐、美术、劳动（手工制作简单的纪念品和工艺品）、信息、物理、健康基础。

基础中等教育的固定学习科目包括生物（从 6 年级开始学习）、乌克兰语、外语、乌克兰历史、健康基础、自然课（在 5 年级完成后结束）、体育、化学（从 7 年级开始学习）、物理（从 7 年级开始学习）、艺术、信息、外国文学、乌克兰文学、数学、地理（从 6 年级开始学习）、劳动教育（学习必要的生活技巧）。

专业中等教育固定的学习科目包括乌克兰语、外语、乌克兰历史、世界史、乌克兰文学、外国文学、经济、公民教育、信息、数学（代数和几何）、艺术、法律、自然科学（自 2018—2019 学年起开设的综合课程）、技术、物理和天文学、化学、生物和生态、地理、体育。

每所学校根据学生需求、地区特点、师资保障和物质技术基础等因素，在标准教学方案基础上调整自己的教学计划，包括基础课程名单、最低周课时，并由乌克兰教育科学部批准。教学活动一般从每年的 9 月 1 日开始，每个初级中等教育班级学生数量不得少于 5 人，不得超过 24 人，基础中等教育和专业中等教育班级人数则不得超过 30 人。[1]

四、基础教育教学模式

学生可以通过全日制面授、远程、网络、校外考生、居家或教师访视等模式接受基础教育，也可以通过夜校面授和函授（基础中等教育和专业中等教育）模式进行。如果学生在专业教育机构接受基础教育的同时还在企业工作，则其职业方向的专业中等教育可以通过混合模式获得。

采用校外考生模式的学生需要独立学习所有必需的材料，然后在学校接受知识评估。转至校外考生模式的理由包括不具备到学校进行学习或不具备参加年度评估考试的条件。校外考生模式还适合那些比同龄人更快掌握了学习内容或水平更高的学生。

在居家模式学习中，学生的整个教育过程由家长组织，他们承担使儿童获得不低于国家标准规定的知识水平的责任。在这种学习模式下，如果学生的学习效果不佳，其所隶属的教学机构教育委员会则会建议家长把儿童转至体制内教学（针对 1—4 年级的初级中等教育机构），或转入 5—12 年级的中等教育机构。

在教师访视模式中，教师负责开展教育活动使儿童获得知识。该模式

---

[1] 资料来源于乌克兰最高拉达（国家议会）官网。

针对的是那些因健康状况而无法每天到校上课，或在医疗机构中接受治疗，或需要在病床上接受教育的学生。该模式也适用于因学校集中性不足（班级低于 5 个学生）而无法在教育机构接受教育的农村地区的学生。

儿童只有在具备正当理由，且必须获得当地教育部门许可的情况下，才能够以单独教学模式接受教育。从 2019 年 8 月起，学生入学或转学到任何一种单独教育模式均不需要额外的许可，但是必须由家长或学生本人提交申请，同时还需要出示学生具备校外考生或教育访视模式条件的证明，如健康状况、难民身份等。

在具备必需资源的前提下，教学机构可以组织符合现行法律的多模式教育。网络和远程教育模式是吸引和利用额外资源的方式。教学机构应提供符合学生需求的教育服务，发展多种教育方式。所有学生不受教育模式的限制，通过学习成绩评估和认证，根据学习结果进入下一个年级。采用个人模式获得教育的学生，可以参加奥林匹克比赛、体育比赛，以及其他竞赛类活动，获得的成绩同样被认可，在完成基础教育后也可获得"卓越学业成绩"金奖和"学业成绩"银奖等奖励。

网络教育模式提高了获得优质教育的可能性。2019 年 6 月，《关于获得普通中等教育模式条例》生效。根据该条例，学校可以为学生提供网络教育。网络教育模式可以针对所有班级学生，如果教育机构师资力量不足，课程还可以由专业组织的资深专家提供。网络教学模式可以为学生和教师提供开放的资源和多样化选择。

五、基础教育机构类型

乌克兰基础教育的宗旨，是全面教育、培养学生，挖掘学生的潜力和天赋，使之顺利适应社会，并能够与自然进行文明互动，成为一个致力于自我完善和能够终身学习的个体。教育管理机关包括乌克兰内阁、乌克兰教育科学部、地方国家行政机关和地方自治机关。

乌克兰普通教育机构按所有制分为国立（由国家政权机关管理）、公立（由村镇、城市或州委员会管理）、私立（由自然人或法人管理）和集体制。无论教育机构属于何种所有制模式，均拥有平等开展教育活动的权利和义务。

按照不同教育内容，基础教育机构分为三种类型：初级中学，提供初级中等教育；古典中学，提供基础中等教育；专业中学，通常提供专业中等教育，也可以提供基础中等教育。此外，学生可以在职业教育系统中获得全面基础教育，如艺术类专业中学、体育类专业中学、军事类专业中学和科学类专业中学。

基础教育机构由机构创办人、负责人（校长）、教育委员会、教学机构高级合议公共自治机关进行管理。基础教育进行改革后，校长通过选拔产生，且任职不超过两届，在一所基础教育机构担任两届后，可参加其他学校的选拔考试竞选校长职位。教学机构管理体系还包括公共自治，也就是教育参与者可以直接参加或通过公共自治机关参加教育机构的决议，保护自己的权利。教学机构还可以设置教育工作者自治机关、学生自治机关和家长自治机关。

基础教育的普及由国家政权机关和地方自治机关负责，以上机关必须建立教育机构网络，必要时为学生和教育工作者提供便利的交通条件，要求儿童必须入读初级中学，且禁止举行任何限制性的选拔活动。只有专业类教育机构和私立教育机构才需要举行入学选拔考试。

六、基础教育机构规模

乌克兰教育科学部资料显示，截至 2020 年 4 月 21 日，乌克兰共有 1.52 万所基础教育机构在运行，有 413.8 万名学生和 44 万教育工作者。[1]

表 5.1 2015—2020 年乌克兰基础教育机构、学生和教师数量

学年	基础教育机构数量（万）	学生数量（万）			毕业生（万）		教师数量（万）
		总数量	全日制模式	夜校模式	获得证明（11 年级毕业）	获得毕业证书（9 年级毕业）	
2015—2016	1.73	378.3	375	3.3	33.6	22.9	44.4
2016—2017	1.69	384.6	381.5	3.1	32.9	21.1	43.8
2017—2018	1.62	392.2	389.4	2.8	32.9	20.3	44
2018—2019	1.55	404.2	401.7	2.5	34.5	19.5	44.1
2019—2020	1.52	413.8	411.6	2.2	35.2	19.8	44

乌克兰基础教育阶段的学校大多数是国立学校，少数为私立教育机构。表 5.2 是乌克兰不同地区的基础教育机构数量、学生数量和教师数量。

---

[1] 资料来源于乌克兰国家统计局官网。

表 5.2 2018—2019 学年乌克兰各地区基础教育机构数量、学生数量和教师数量[1]

	机构总数量（个）	学生总数（人）	教师总数（人）	国立			私立		
				机构数（个）	学生（人）	教师（人）	机构数（个）	学生（人）	教师（人）
全国	15 521	4 041 652	441 394	15 293	4 008 820	436 352	228	32 832	5 042
文尼察州	795	161 821	19 890	789	161 161	19 766	6	660	124
沃伦州	629	138 811	17 904	628	138 698	17 884	1	113	20
第聂伯罗彼得罗夫斯克州	906	330 038	28 089	897	329 309	27 931	9	729	158
顿涅茨克州	521	162 374	14 965	518	162 140	14 921	3	234	44
日托米尔州	667	134 976	17 341	662	134 362	17 261	5	614	80
外喀尔巴阡州	665	164 834	19 063	658	164 075	18 942	7	759	121
扎波罗热州	557	167 752	17 131	550	167 288	17 010	7	464	121
伊万诺-弗兰科夫斯克州	705	155 476	21 656	701	154 789	21 568	4	687	88
基辅州	706	212 408	20 419	678	210 098	19 961	28	2 310	458
塞洛沃格勒州	325	95 035	11 195	325	95 035	11 195	—	—	—
卢甘斯克州	280	54 490	6 245	280	54 490	6 245	—	—	—
利沃夫州	1 208	276 585	35 121	1 192	274 460	34 744	16	125	377

[1] Державна Служба Статистики України. Статистичний щорічник України (за 2018 рік)[М]. Київ:ДП Держаналітінформ, 2019.

续表

	机构总数量（个）	学生总数（人）	教师总数（人）	国立			私立		
				机构数（个）	学生（人）	教师（人）	机构数（个）	学生（人）	教师（人）
尼古拉耶夫州	500	116 912	11 598	498	116 705	11 554	2	207	44
敖德萨州	809	265 341	24 365	777	259 764	23 558	32	5 577	807
波尔塔瓦州	619	133 966	15 354	616	133 752	15 300	3	214	54
罗夫诺州	608	159 060	19 663	607	158 979	19 656	1	81	7
苏梅州	443	96 078	11 037	441	95 870	11 016	2	208	21
捷尔诺波尔州	726	109 618	16 589	726	109 618	16 589	—	—	—
哈尔科夫州	746	246 342	22 434	725	240 251	21 879	21	6 091	555
赫尔松州	428	110 909	11 355	427	110 867	11 333	1	42	22
赫梅利尼茨基州	682	134 269	16 786	677	133 799	16 719	5	470	67
切尔卡瑟州	577	114 796	14 334	572	114 416	14 255	5	380	79
切尔诺夫策州	406	103 184	11 995	403	102 731	11 938	3	453	57
切尔尼戈夫州	508	95 384	12 230	507	95 342	12 212	1	42	18
基辅市	505	301 193	24 635	439	290 821	22 915	66	10 372	1 720

七、拓展性活动

（一）STEM 项目

2020 年 4 月，随着基础教育改革的深入，乌克兰教育科学部批准了在教学办公室和 STEM（科学、技术、工程、数学）实验室配备新的教学用具及教学设备清单，为学生接受基础教育提供了保障，充分满足了基础教育对新的教育技术和教学方法的需求。

乌克兰每年举行 STEM 行业女子技能竞赛。2020—2021 学年，基辅市和基辅州还针对 15—17 岁的青少年组织了年度教育项目 "Generation+"。该项目通过职业培训课程和研讨来培养参赛者的职业技能，参赛者将在一周内在大学生个人在线中心网站上获得工作信息。此外，该项目还为学生提供和专家会面、去公司参观，以及短期实习的机会。[1]

（二）组织入学咨询和就业指导

乌克兰教育部门每年会组织一系列有助于学生未来职业选择的活动。2019 年 6 月，乌克兰教育科学部同乌克兰信息政策部、青年与体育部、国家就业局签署了备忘录，旨在加强学生的职业导向，为教育机构制定教材，在高等职业教育机构或职业技术教育机构创建人才培养中心，引入毕业生就业追踪系统。国家就业局已在相关平台上发布了职业导向的测试，学生可以在该平台获得一系列介绍职业方向和就业机会的宣传材料和建议。目前该平台中已增加了农业、银行业、法律、贸易和信息技术领域的宣传册。通过 "2020 青年公约" 倡议，学生可以获得研修和实习方案。每年 10 年级

---

[1] 资料来源于乌克兰教育科学部官网。

的学生可以"我未来的职业：规划与发展"为主题发表文章，优秀文章的作者可参加地区性学术会议，还有机会受邀参加在基辅举行的"全乌克兰职业规划学术会议"，同各领域成功的管理者交流。

乌克兰的高等教育机构在假期还会组织针对中学生职业导向的各种活动。例如，哈尔科夫理工大学在寒假组织主题为"与理工学院在一起的假期"活动。2019 年，有近千名中学生、家长和教师参加了该活动，在活动期间举行了大师班、科普讲座，以及各种研究方向的实验，如机电一体化、3D 打印、化学、太阳能、管理等；针对高年级学生还开展了乌克兰语、英语、数学、物理、生物、化学、历史的快速测试，使学生们有机会通过详细的外部独立评估测试来了解大学的入学程序。

因此，现代乌克兰的基础教育具有义务性和普遍性，允许每个孩子选择最适合的教育模式。但是无论采取何种教育模式，前提是必须将儿童分配至相应的学区内，国家要确保儿童接受教育的权利不受侵犯，并且保障其获得的知识不低于国家标准的要求。

（三）鼓励学生参加国内外竞赛

为了鼓励学生将知识转变为能力，提高学习兴趣，发展创作能力，并提高对研究活动的兴趣和认识，乌克兰教育机构每年组织全乌克兰奥林匹克比赛，并鼓励学生积极参加国际竞赛。目前，乌克兰的奥林匹克比赛包含的学科有：乌克兰语言与文学，外语（英语、西班牙语、法语、德语），法学，历史，经济，数学，生物，地理，物理，天文，化学，生态学，计算机科学，信息技术，劳工培训（技术），少数民族语言和文学。竞赛分为四个级别：学校级、地区（城市）级、州级、国家级。为了给那些生活和学习在农村地区，以及远离教学和科学中心的学生提供平等的机会，国家还特别设置了全乌克兰网络奥林匹克大赛，包括数学、物理、化学、生物、地理、经济、信息学、信息技术。教育部门还组建了乌克兰奥赛国家队，并以团队形式参与国际奥赛。学生每年都会在国际大赛中取得优异的成绩。2019 年，乌克兰国家队在第八届欧洲女子数学奥赛团体比赛中赢得了 3 枚金牌和 4 枚铜牌，在肯尼亚的国际生态奥赛中获得了 2 枚金牌，在以色列举行的国际物理奥赛中获得了 4 枚奖牌，在法国举行的国际化学奥赛中获得了 4 枚奖牌，在韩国国际地理奥赛中获得了 1 枚铜牌。

第二节 基础教育的特点和经验

一、重视素质教育

为了保障优质的现代教育，乌克兰基础教育机构从 2017 年开始进行了一系列改革，建立"新乌克兰学校"就是其中一个重要项目。[1] 该项目旨在建立一种不仅传授学生知识、培养其能力，还为学生提供实践机会的学校。2017—2018 学年，初级中等教育实行"新乌克兰学校"标准在 100 所乌克兰中学获得批准；2018—2019 学年，乌克兰所有一年级开始按照新标准开展教学工作。为了使教师掌握新的教学方法，2018—2019 学年，教育管理部门通过远程模式和面授形式，对初级中等教育教师进行了大规模的培训。

"新乌克兰学校"的推行对学生产生了根本的影响，学生的学习重点由此前的记忆知识变成了掌握能力。这种模式的内涵是知识、能力、技巧、思维方式、态度、价值观等素质的有机结合，这些素质恰恰是一个人成功

---

[1] 资料来源于乌克兰教育科学部官网。

社会化、进行职业活动和学习活动所需要的能力。"新乌克兰学校"模式下，学生以一种积极主动的方式进行学习。"新乌克兰学校"还建议推行综合性和项目型学习。例如，在专业中等教育阶段，自然科学作为一种综合课程，不是该专业的学生也可以学习。

乌克兰教育科学部也推出了针对"新乌克兰学校"学生的新评估标准。此前，学生在学年底才能拿到成绩单，如今，一年级的学生就可以获得综合成绩证明，如表 5.3 所示。新的模式可以对学生的学习过程做出反馈，而非仅仅针对学习结果。

表 5.3 乌克兰一年级学生在学年末获得的成绩证明 [1]

个人成绩参数	成绩斐然	进步显著	在教师帮助下获得成果	需要特别关注和帮助
学习兴趣				
课堂活跃度				
对新事物或不懂的事物提出问题				
学习勤奋性				
学习精力的集中性				
学习的独立性				
对周围人的亲善度				
同其他儿童的协作能力				
以和平方式解决冲突				
找到解决问题的正确途径				
上课、休息时遵守规则				
能为自己的行为负责				

[1] 资料来源于乌克兰教育科学部官网。

续表

个人成绩参数	成绩斐然	进步显著	在教师帮助下获得成果	需要特别关注和帮助
数学				
对空间基本了解，能够描述物品所在位置				
会 10 以内的加减法（技能）				
会 10—100 范围内的查数和书写（认识）				
会 10—100 范围内数字的书写和计算				
会比较 10 以内数字的大小				
能完成简单任务				
能区分事物的几何形状				
会使用测量工具				
体育				
对运动类活动和游戏的兴趣				
遵守游戏规则				

此外，教师还会以类似的方式评估一年级学生在乌克兰语言、技术、艺术等科目的表现。教师在表格的底部写上评语，注明学生的缺勤天数，家长则写出自己的期望和需求，并将之反馈给学校。相对于以往的成绩单仅能从整体上简单评估学生的学习情况，新的学习证明则能全面展示学生在学习过程中的亮点和不足，使学校、教师和家长能够针对性地对学生进行纠错和辅导，并及时获得学生的反馈。此外，该模式关注的也不再仅仅是学生的学习成绩，而更关注儿童的心理健康。乌克兰教育科学部提供标准教学方案，但教师可以在符合国家标准的基础上调整自己的方案，他们获得了更多的自由。

"新乌克兰学校"改革是一个长期的过程，分为三个阶段。第一阶段（2016—2018 年）：重申教学计划与方案，贯彻能力教学和反歧视原则；在农村地区创立示范性中学；通过新的乌克兰《教育法》；制定"新乌克兰学校"行动计划；举行针对中学教师的职业资格提高培训；创建国家网上课程和电子教科书网络平台；制定新的乌克兰《全面普通中等教育法》；从 2018 年开始，初级中等教育按照新的教育标准来开展教学。第二阶段（2019—2022 年）：规划专业中等教育机构网络；制定新的初级中等教育和基础中等教育活动专业标准；根据乌克兰《教育法》，2022 年开始推行基础中等教育新标准。第三个阶段（2023—2029 年）规定，专业中等教育须在不迟于 2027 年推行新的教育标准。

二、优化教育网络

自波罗申科就任总统以来，乌克兰在政治上推行了权力下放改革，将各个行政区进行拆分和合并，形成了新的统一地方社区。对教育机构进行了优胜劣汰的重新合并，新的教育区与示范性教育机构也因此形成。示范性普通教育机构的创建，是为了保障所有儿童获得优质教育和合理使用资源，这是基础教育改革和简化学校的机制之一。由于人口问题，很多农村地区的学校因规模较小而无法提供合格的教育，这类学校将成为示范性学校的教学点，通常只能履行初级中等教育的功能。示范性学校的学生数量（不包含教学点学生）不得低于 200 人，基础设施和资金由国家和地方自治机关资助提供。截至 2020 年 6 月 1 日，乌克兰共有 867 所示范学校，其中包括 1 302 个教学点，详见表 5.4。[1]

---

[1] 资料来源于乌克兰教育科学部官网。

表 5.4 2020 年乌克兰示范性学校数量和学生数量

	示范性学校数量（所）	教学点数量（个）	学生数量（人）	
			示范性学校本部	教学点
乌克兰	867	1 302	338 269	64 235
文尼察州	53	70	20 096	3 256
沃伦州	34	73	15 230	3 558
第聂伯罗彼得罗夫斯克州	47	88	16 794	6 287
顿涅茨克州	21	32	11 235	1 549
日托米尔州	69	70	25 586	2 822
外喀尔巴阡州	3	4	1 779	125
扎波罗热州	32	29	10 382	2 368
伊万诺-弗兰科夫斯克州	14	45	4 387	1 139
基辅市	53	62	19 388	2 724
基洛沃格勒州	77	190	23 047	11 843
卢甘斯克州	17	21	5 680	635
利沃夫州	21	37	32 112	3 674
尼古拉耶夫州	22	43	8 372	2 021
敖德萨州	40	64	15 183	2 603
波尔塔瓦州	62	57	22 371	2 876
罗夫诺州	28	66	11 346	3 347
苏梅州	54	60	16 173	2 296
捷尔诺波尔州	34	71	12 056	2 268
哈尔科夫州	53	60	18 375	2 614
赫尔松州	25	40	9 678	2 117
赫梅利尼茨基州	29	26	9 919	1 061

续表

	示范性学校数量（所）	教学点数量（个）	学生数量（人）	
			示范性学校本部	教学点
切尔卡瑟州	19	46	5 677	1 658
切尔诺夫策州	15	26	6 217	700
切尔尼戈夫州	45	22	17 186	694

乌克兰基础教育机构的重组主要是通过合并来实现的。即，确定一个基础教育机构（法人实体）作为示范性学校，而其他教育机构则作为其结构分支——教学点（该类机构不再具有法人资格）。地方行政机关来确定示范性学校及其教学点的主要活动，包括批准条例文件、任命学校的负责人。

总体而言，2014—2020 年，基础教育机构网络得到了优化，教育机构数量缩减，全日制教学机构减少了 13.5%，夜校模式减少了 39.3%，全乌克兰基础教育机构总体上减少了 13.7%，详见表 5.5。

表 5.5 2014—2020 年乌克兰基础教育机构的数量及变化 [1]

地区 / 机构类型	基础教育机构的数量（所）						6 年内的变化（%）
	2014—2015	2015—2016	2016—2017	2017—2018	2018—2019	2019—2020	
文尼察州	891	882	872	860	795	772	−13.4
沃伦州	770	750	705	653	626	611	−20.6
第聂伯罗彼得罗夫斯克州	998	987	952	922	894	869	−12.9
顿涅茨克州	552	556	553	542	518	512	−7.2

---

[1] 资料来源于乌克兰学前教育工作者协会编《乌克兰教育的挑战与展望：2020》。

续表

地区 / 机构类型	基础教育机构的数量（所）						6 年内的 变化（%）
	2014— 2015	2015— 2016	2016— 2017	2017— 2018	2018— 2019	2019— 2020	
日托米尔州	794	754	740	706	661	632	−20.4
外喀尔巴阡州	668	667	665	666	663	664	−0.6
扎波罗热州	603	595	577	563	553	534	−11.4
伊万诺−弗兰 科夫斯克州	735	731	718	710	700	685	−6.8
基辅州	738	738	711	705	700	696	−5.7
基洛沃格勒州	540	531	456	346	323	318	−41.1
卢甘斯克州	315	307	299	292	279	272	−12.7
利沃夫州	1392	1379	1359	1259	1205	1193	−14.3
尼古拉耶夫州	548	546	534	518	494	479	−12.6
敖德萨州	875	869	855	844	800	794	−9.3
波尔塔瓦州	702	688	669	638	615	602	−14.2
罗夫诺州	676	673	655	637	605	587	−13.2
苏梅州	531	524	507	470	437	416	−21.7
捷尔诺波尔州	847	835	826	760	724	699	−17.5
哈尔科夫州	830	812	784	765	741	735	−11.4
赫尔松州	474	465	451	436	423	415	−12.4
赫梅利尼茨基州	796	778	752	727	680	648	−18.6
切尔卡瑟州	642	629	621	605	577	556	−13.4
切尔诺夫策州	435	431	427	421	405	402	−7.6
切尔尼戈夫州	612	589	557	531	507	486	−20.6
基辅市	495	485	483	484	496	526	+6.3
全日制	17 459	17 201	16 728	16 060	15 421	15 106	−13.5
夜校	145	136	130	120	100	88	−39.3
总计	17 604	17 337	16 858	16 180	15 521	15 194	−13.7

三、引入外部独立评估

评估考试是检查教育质量的重要手段。乌克兰基础教育阶段教学成果的评估方式主要有日常评估，总结性（专题、学期、年度）评估，国家结业认证和外部独立评估。

2006 年，为了评估中学毕业生的学业成绩，规范高等教育机构的入学程序，乌克兰开始推行外部独立评估，评估结果计入国家结业证明中。外部独立评估的公开性通过国家监管和社会监督来保障，考生可及时获得关于评估标准、题目、模式、时间、地点和程序的通知。

每位参与外部独立评估的学生从以下科目中选择不超过四门科目进行考试：乌克兰语言与文学、乌克兰历史、数学、生物、地理、物理、化学、英语、西班牙语、德语、法语。行政部门每年都会设置"阈值分数"，即准备读大学的学生在外部独立评估考试中必须达到的最低分数。如果学生得分低于"阈值"，则不能使用该科目的外部独立评估考试成绩作为申请高校的分数，也无资格参加入学选拔考试。

四、重视公民教育

乌克兰的教育改革重点之一就是加强对公民教育的关注。2018 年，乌克兰内阁批准了《2030 年前公民教育发展战略》。公民教育旨在使个体形成公民能力和积极的公民立场，正确行使公民权利和履行公民义务，建立伙伴关系，并在工作中努力践行民主和法制原则。根据瑞士-乌克兰的"在乌克兰发展公民能力"（DOCCU）项目 2018 年的调查，三分之一的受访教师没有在自己的职业活动中进行公民教育，他们认为公民教育是其他科目教师的责任；25% 的教师认为"爱国主义"是最宽泛的公民教育概念，20% 的教师认为道德和伦理是公民教育，只有 25% 的教师意识到了自己对国家和社会的权利和义务。

2020 年 7 月 30 日，基辅市议会在 64 名议员支持下通过了一项决定，要求基础教育机构的学生和教师必须在课前唱乌克兰国歌，培养青少年的国民意识和社会意识，尊重乌克兰官方语言和国家象征的精神，尊重乌克兰国家和历史，加强学生的公民教育。

在中央层面上，乌克兰内阁计划采用多种方式来加强公民教育，如为公民教育系统提供保障，开发相关教学资料，对人才进行职业技能提高培训等。乌克兰教育科学部认为，公民能力的获得有助于公民更清楚地了解和维护自己的各种权利，积极参加社会建设，捍卫乌克兰的民主，这也是乌克兰基础教育重点发展方向之一。

五、重视国际合作

在现代科技、网络信息发展迅速的今天，国际合作已经成为现代教育发展的重要途径。乌克兰行政机关在基础教育的国际合作方面一直表现积极，通过参与双边或多边交流计划，不断促进国际合作和教育交流。

此外，乌克兰还积极参加有关教育质量的国际研究，如 TIMSS、PISA、PIRLS 等国际项目。2018 年，乌克兰首次完整参加了评估学生教育水平的国际项目（Programme for International Student Assessment，简称 PISA）。该项目于 1977 年由经济合作与发展组织发起，从 2000 年开始每三年举行一次。该项目的参与者是 15 岁的青少年，因为在大多数国家中，该年龄段学生基本完成了基础中等教育。PISA 通过测试评估中学生是否具备在生活中使用所学知识的能力，以及是否掌握了阅读、数学和自然科学方面的知识。每个周期的评估侧重其中一种能力，2018 年的 PISA 考察的是阅读能力，2021 年将考察数学能力，2024 年将考察自然科学能力。因此，一个完整考察三种能力的周期将持续 9 年。该评估涵盖了近 90 个国家和经济体，这有利于总结各国青少年存在的共性挑战，通过对比发现本国教育中存在的问题，也可以通过借鉴其他参与国的经验来优化本国基础教育体系。2018 年的 PISA 评估结果显示乌克兰中学生在数学方面表现不佳，因此乌克兰政府立即决定将 2020—2021 年定为乌克兰的"数学年"。PISA2021 年的准备工作正在进行，乌克兰准备参加"创意思维"比赛，并吸纳有特殊教育需求的学生参加该项目。

如今，乌克兰基础教育改革仍在继续，教学方式也在发生变化，这就需要学校配备现代化教学设备，需要教育参与者进行更紧密的合作，需要管理者和教师提高职业技能。

乌克兰的教育发展历程充分反映了整个国家的发展轨迹。乌克兰教育虽脱胎于苏联教育体系，但在独立后逐渐向西方，尤其是向西欧、北欧的现代化标准看齐，近年来更是加快了"欧洲一体化"的速度。通过引入外部独立评估来统一高等教育入学标准，以消除教育腐败；通过竞赛来提高学生的竞争意识；通过公民教育培养个人对国家的责任感和使命感；通过 STEM 教育项目体现乌克兰对自然科学、技术的重视；通过国际交流合作引进国际先进教育理念和教育手段。总之，乌克兰政府多措并举，来优化乌克兰的基础教育。

第三节 基础教育的挑战和对策

乌克兰独立后在教育领域进行了重大改革。但迄今为止，苏联时期的教育体制、观念仍然影响着乌克兰。2014 年，乌克兰提出了新的教育发展方向，旨在向欧洲标准大步迈进，但教育在对政治、经济产生积极影响的同时，也常常受制于后者的约束。乌克兰教育在新、旧体制间的转换过程中难免遭遇改革的阵痛，基础教育同样面临着一系列问题和挑战。

一、政局变化影响教育的发展

从苏联时期至今，乌克兰的教育政策紧跟政治政策走向。但乌克兰政局的不稳定使其非但没有促进教育的进步，反而极大束缚了教育的进一步发展。乌克兰教育政策多次出现反复转向，在基础教育领域表现得最为明显。

2004 年，乌克兰发生了"橙色革命"。2005 年尤先科上台后，乌克兰开始了从根本上的"去俄化"进程，大量的用俄语授课的学校被削减，政府开始在基础教育领域大力推广乌克兰语。2010 年上台的亚努科维奇并没有如其选前承诺的那样充分保障东部人的利益，俄语地位并未得到明显恢复。2014 年，乌克兰第五任总统波罗申科上台，其主政方向是"反俄入欧"。其在任期内，先后于 2017 年、2019 年通过了近几十年来对乌克兰教育领域影响最深远的《教育法》和《语言法》，前者严格规定了基础教育授课必须使用官方语言乌克兰语，后者则要求包括教学机构在内的官方组织活动中必须使用官方语言，少数民族语言生存空间被挤压到最小。据统计，波罗申科上台的 2014 年，乌克兰约有 621 所俄语学校，2019 年其卸任时，俄语学校只剩下了 194 所。[1]

大量裁撤俄语学校，重新编写教学大纲、印刷乌克兰语教材，对教师进行乌克兰语教学培训，消耗了大量的物质、时间和精力，不可避免地对基础教育产生了负面影响。

---

[1] Державна Служба Статистики УкраЇни. Статистичний щорічник україни (за 2018 рік)[M]. Київ: ДП Держаналітінформ, 2019.

二、远程教育发展缓慢

2020 年新冠肺炎疫情的蔓延是乌克兰基础教育面临的又一个严峻挑战。乌克兰内阁于 2020 年 3 月 11 日宣布全国进入检疫隔离阶段，基础教育机构全部进入停学状态。学生在 2020 年 9 月初的新学期才返回校园，然而随着 9 月疫情的再度恶化，开学没多久，有的班级就处于自我隔离状态，基辅地区的不少学校被迫转为远程教学模式。为此，时任乌克兰代理教育部部长的谢尔盖·什卡莱特发出呼吁，敦促各中学将面授改为远程学习，其在社交平台中写道："这不只是作为乌克兰教育科学部负责人的呼吁，也是作为一个父亲的请求。"[1]

从组织远程教育的角度来看，一个严重的问题是城乡之间在技术支持方面存在巨大差距，计算机的可用性和互联网的覆盖范围导致了获得远程教育的机会的不平等。截至 2020 年 8 月 31 日，有 2 531 所乌克兰中学没有互联网供应商提供稳定网络服务。因此，这些中学，自然也不具备远程教学的条件。对此，乌克兰教育科学部采取了一系列措施来解决该问题。

为了及时通知教师及家长关于检疫隔离期间可能出现的教育变化，乌克兰教育科学部专门创建了单独的信息资源门户（mon-covid19.info）。同时，为了使学生更多地了解新冠病毒及其带来的危险，更好地保护自己和家人，联合国儿童基金会驻乌克兰机构（UNICEF）与公民组织"智能教育"在乌克兰教育科学部的支持下，于 2020 年 5 月开发了远程生物课程，使学生了解新冠肺炎及其传播途径等知识。

2020 年 4 月，乌克兰国家教育质量保障局针对基础教育机构负责人、教育工作者、学生家长以及 9—11 年级的学生进行了在线咨询调查，以研究解决在检疫隔离期间的远程教育问题。调查问题包括教育过程参与者的

---

[1] 资料来源于《乌克兰真理报》。

技术保障、教育心理支持和方法论支持，组织远程教学的必备条件。此外，还对受访者关于改善远程教育模式的建议进行了归类，包括开发免费的远程学习平台，在官方网站上发布线上教学的健康标准，为远程教育模式的参与者制定明确规则等。

远程教育中网络和设备难题引起了乌克兰教育科学部的高度重视。在检疫隔离期间，乌克兰教育科学部推出了一个面向5—11年级学生的"全乌克兰在线学校"项目。从2020年4月6日起，乌克兰电视频道和乌克兰教育科学部的官方自媒体频道播放了11个科目的课程（乌克兰语言、乌克兰文学、乌克兰历史、世界历史、英语、物理、代数、几何、地理、化学、生物）。课程最后还布置了家庭作业，以强化课上的学习内容。从4月28日开始为1—4年级的学生直播线上课程，为期5周，包括4门课程：乌克兰语言、数学、科学与艺术。有些课程的内容是在基辅的一所学校实景拍摄的，并有乌克兰主持人、音乐家、演员和运动员参加，他们同学生一起学习、做实验。直播课持续了10个星期，直到乌克兰进入暑假考试期才结束。所有的视频资料都可以在网站上自由访问，这些视频资源可以在以后发生其他突发状况时继续使用。

三、校园霸凌问题

乌克兰的基础教育中存在的另一个问题是校园霸凌。联合国儿童基金会调查显示，乌克兰67%的11—17岁儿童遭遇过校园霸凌行为，24%的儿童是校园霸凌的受害者，其中48%的儿童没有告诉过别人，还有44%的儿童是霸凌行为的目击者，但因为害怕而成了旁观者，同时也成了间接受害者。[1]

---

[1] 资料来源于《记者报》。

2019 年，乌克兰最高拉达通过了《关于打击霸凌行为法案的修正案》，规定了霸凌行为将承担的行政责任。针对有霸凌行为的学生，将处以最高 200 倍非应税最低收入的罚金，并由其父母或监护人支付，或判以从事最高 60 小时的社会劳动。如果学校负责人没有向警察报告霸凌行为，将面临 50—100 倍非应税最低收入的罚金，或最多一个月的劳动教养。乌克兰教育科学部还公布了反霸凌主题的专门网站，包含安全教育常识、遇到霸凌行为的处理对策等信息。

四、教学语言的使用冲突

根据乌克兰《教育法》《全面普通中等教育法》规定，基础教育必须使用乌克兰语，乌克兰土著民族或少数民族有权在国立、公立和集体所有制的基础教育机构学习，或通过民族文化社区学习相应的土著民族语言或少数民族语言。基础教育机构允许同时使用英语或其他的欧盟官方语和乌克兰语来教授一门或几门学科。私立基础教育教学机构有权自由选择教学语言，但必须保障学生掌握的乌克兰语水平能达到国家标准。

2017 年 4 月，乌克兰拉祖姆科夫研究中心的一项调查显示，乌克兰超过 68% 的人以乌克兰语为母语，14% 的人以俄语为母语，17% 的人以乌克兰语和俄语两种语言为母语，另有约 0.7% 的人以其他语言为母语。[1]

2018—2019 学年，在部分州的基础教育机构中使用少数民族语言或外语授课，如匈牙利语（16 800 名学生）、罗马尼亚语（16 100 名学生）、摩尔多瓦语（2 600 名学生）、波兰语（1 800 名学生）、英语（400 名学生）、斯洛伐克语（200 名学生）、保加利亚语（69 名学生）、克里米亚鞑靼语（46

---

[1] 资料来源于乌克兰《镜报周刊》。

名学生）。[1]

2017 年 9 月 5 日，乌克兰最高拉达通过了《教育法》，9 月 25 日，时任总统波罗申科签署该法律。该法规定，从 2020 年 9 月 1 日起，乌克兰境内所有用俄语授课的学校，5—11 年级必须取消俄语，改用乌克兰语授课。这在乌克兰境内引起了以俄语为母语的少数民族人群的反对。

乌克兰通过修法强调学习官方语言的重要性，除了引起乌克兰境内俄罗斯、匈牙利等族群的不满情绪外，也激发了国内少数民族间的矛盾，还引起了其他国家的不满，其中反应最强烈的国家之一是匈牙利。

2020 年 2 月，乌克兰外交部部长、教育科学部部长分别会见了匈牙利对外经济与外交部部长西雅尔多，目的是解决用少数民族语言授课的学校在语言上的冲突问题。匈牙利表达了要求乌克兰保障在其境内的匈牙利族裔学习其母语（匈牙利语）的权利和诉求，而乌克兰官员则承诺，将在以官方语言（乌克兰语）为基础的前提下，最大限度地为乌克兰境内的匈牙利族裔提供学习和使用匈牙利语的机会。乌克兰《全面普通中等教育法》规定，如果接收到足够数量的学生家长的申请，学校则可以开设同时使用土著语言、少数民族语言和官方语言进行授课的单独班级。

乌克兰政府承诺对少数族群语言进行保护，虽然在一定程度上缓解了乌克兰基础教育所面临的语言问题，但无法从根源上解决以俄语为母语的人群对用俄语教学的需求未被满足与乌克兰政治"去俄化"之间的矛盾。可见，乌克兰基础教育中的教学语言问题仍然很尖锐。

---

[1] Державна Служба Статистики УкраЇни. Статистичний щорічник україни (за 2018 рік)[M]. Київ: ДП Держаналітінформ, 2019.

五、教材问题

　　乌克兰基础教育还存在另一个突出的问题是教材问题。近年来一直存在中央无法向地方学校及时提供教材的问题。随着基础教育改革，教材也需要进行更新。乌克兰基础教育机构使用的教材，需要由教育科学部审核、乌克兰内阁批准，并由最高拉达审计国家预算资金来资助印刷，这就意味着每年教材的印刷和发放与国家批准预算的时间直接相关。如果学校没有及时收到所需数量的教材，教学活动就无法顺利开展。乌克兰的基础教育机构不止一次出现过两名学生共用一本教材的情况。

　　2020 年 1 月 16 日通过新的《中等教育法》后，约有 20 万名学生从俄语教学转为用乌克兰语教学，教学语言的改变必然要重新印制教材，这更加剧了教科书缺乏的问题。2020 年 9 月的新学期，赫梅利尼茨基州的 7 年级教材保障率仅为 72%，第聂伯罗彼得罗夫斯克州为 82%，扎波罗热州、利沃夫州、罗夫诺州和沃伦州为 89%。[1] 据乌克兰教育内容现代化学院负责人叶甫盖尼·巴让科夫表示，乌克兰教育科学部预计到 2020 年 12 月底才能完全满足 2020 年新学年学生的教材需求。因此，不少地区不得不使用往年旧版本的教材来应急。

　　为此，乌克兰部分专家提出，要想解决教材交付延迟问题，就必须修改印刷教材的时间，下一学年的教材在本学年开始印刷，政府须分配专项预算资金，以保证学生在本学年期末就可以顺利拿到下一学年的教材。此外，乌克兰教育科学部还须在官方网站上公布更多的电子教材资源，供教师和学生自由下载使用。

　　此外，教材的质量问题也令人担忧。由于近年来教育改革的速度加快，教材的内容陈旧，经常跟不上改革的步伐。

---

[1] 资料来源于乌克兰学前教育工作者协会编《乌克兰教育的挑战与展望：2020》。

六、师资问题

师资问题也是乌克兰基础教育面临的挑战之一，一定程度上决定了乌克兰基础教育质量和教育发展前景。

（一）教师薪酬较低

乌克兰的教师薪水不高，是乌克兰基础教育存在多年的问题，直接影响人们从事教师行业的兴趣和动力。

2019 年 1—4 月乌克兰教师的最低工资为 2 800 格里夫纳，5—11 月最低工资为 3 000 格里夫纳。2020 年年初，教师最低工资标准提高至 3 300 格里夫纳。2020 年，乌克兰政府决定将最低工资提高至 3 700 格里夫纳，尽管涨薪法案已经通过，但由于多种原因，许多教师工资仍保持在 2017 年的水平。[1] 此外，乌克兰基础教育机构教师的薪资很大程度上取决于地区财政。2017 年，教师薪水最高的是基辅市和基辅州，平均薪资为 7 000 格里夫纳，而哈尔科夫市和哈尔科夫州则在 4 000—5 000 格里夫纳。为了留住基础教育工作者，并吸引新的人才加入，乌克兰最高拉达通过了一项旨在提高教师福利待遇的法案，规定：从 2021 年 1 月 1 日起，教师最低工资为劳动力最低生活保障的 3 倍；从 2022 年 1 月 1 日起，教师最低工资为劳动力最低生活保障的 3.5 倍；从 2023 年 1 月 1 日期，教师最低工资将是劳动力最低生活保障的 4 倍，此外还有额外补贴收入。

乌克兰的教师工资增长存在着一个"空头支票"陷阱。第一，通过的决议往往是由政府宣布，而政府存在不稳定性（乌克兰内阁更换频繁），且决议在提交至最高拉达批准之前并不具备实际的法律效力。第二，即便最

---

[1] 资料来源于乌克兰财经金融网。

高拉达通过决议，也存在无法立刻生效或延期执行的可能。在法律生效之前，由于最高拉达政治力量的变更，或者国家预算和地方预算出现赤字等原因，也可能会出现法律未能完全实行就被废止的情况。2018年，时任乌克兰教育科学部部长的莉莉娅·格里涅维奇接受媒体采访时表示："为了实施这项计划，还需要额外1 100亿格里夫纳，占整个乌克兰预算的很大一部分。显而易见，2019年的教育预算中并没有这一项。"[1]

（二）教师社会声望不高

乌克兰是一个基础教育比较普及的国家。然而，乌克兰的教师地位却不高。2020年乌克兰最受欢迎的职业依次是IT人士、医生、电信工作人员、律师、会计、HR、技工、建筑师、设计师、农业领域从业者、服务生。可见，乌克兰人重视教育，但并不看重教师这个职业。

此外，Varkey基金还进行了一项关于乌克兰人对教师的态度的社会调查。调查显示，只有46.3%受访者将教师视为能帮助学生的启蒙者和教导者；有一半的受访者不愿意自己的孩子未来从事教师行业；只有9.4%的受访者认为教师是受欢迎的职业，愿意自己的孩子将来从事教师行业，而其他受访者的态度比较模糊。[2]

另一个调查显示，城市越小，人们对教师的尊重程度越高，尤其是在一些小乡镇和农村，85%的受访者认为需要教师。[3]

2017年乌克兰《教育法》的通过，不仅对此前用母语进行学习的少数民族儿童带来了巨大的压力，同样也对教师带来了不小的挑战。2020年9月1日起，用俄语授课的数百所学校不得不转为乌克兰语。对此，乌克兰教

---

[1] 资料来源于乌克兰SEGODNYA新闻网。

[2] 资料来源于乌克兰奥斯维托里亚教育基金会官网。

[3] 资料来源于《基辅日报》。

育科学部部长安娜·诺瓦萨德在接受采访时表示，俄语学校的教师将参加语言进修培训，为使用乌克兰语教材做准备。

乌克兰基础教育还面临着其他的挑战。例如，各地区间、城乡间、学校间教育资源分配不平衡问题，学生的食品供应安全问题，人才培养与劳动市场需求存在差异问题等。为了应对这些挑战，乌克兰当局积极出台了相关政策，也取得了一定的成效。

教书育人为百年大计，需要的远不是短期的政策支持，而是稳定的政治环境、稳固的经济基础和长远的发展规划。乌克兰的基础教育最终走向何方，我们拭目以待。

第六章 高等教育

第一节 高等教育的发展和现状

接受高等教育有助于人们成功就业和实现职业的进一步发展。高等教育机构不仅发挥着教育作用，更扮演着重要的社会角色。在发展高等教育过程中，应当考虑每个国家的特征和全球的发展趋势，这样才能为国家培养高素质人才和具有竞争力的专业人员，进而巩固和提高国家在国际舞台的地位。

一、高等教育历史

作为苏联的加盟国，乌克兰的教育系统受苏联影响极大，高等教育系统同样如此。

苏联时期，乌克兰的高等教育系统被纳入苏联高等教育系统中。作为当时的超级大国和强国，苏联政府对科学教育十分重视，苏联教育普及率非常高，在全国实行十年制义务教育，高等教育水平也比较发达，国民教育遥遥领先，处于世界一流水平。苏联高校无论质量上还是数量上都位居世界前列。据统计，截至 1991 年解体前，苏联境内高校数量达到了 890 余所，其中 72% 以上集中在俄罗斯和乌克兰；在校学生达到 500 万，其中全日制普通高校学生 270 万；高校每年招生人数约 100—110 万，其中全日制学生 65 万左右；每年毕业生超过 80 万；高校教师和科研人员 50 多万，有学位和学术头衔者占半数以上。[1]

作为苏联第二大加盟国也是核心成员国，乌克兰有着举足轻重的地位。当时的乌克兰不仅是苏联的重工业基地，也是重要的科技教育中心，东部中心城市哈尔科夫更是苏联境内第三大教育文化城。乌克兰高等教育起步较早，境内很多高校建校历史长达数百年：国立大学奥斯特洛赫学院是东欧第一个高等教育机构，也是乌克兰最古老的科学和教育机构，其前身希腊拉丁学院成立于 1576 年，校史超过四百年；利沃夫国立大学成立于 1661 年 1 月，是欧洲最古老的高等学府之一，建校超过三百五十年；哈尔科夫国立大学建立于 1804 年 11 月，距今已有两百多年历史，是乌克兰最古老的综合性大学；基辅国立达拉斯舍甫琴科大学的前身——基辅圣弗拉基米尔帝国大学建立于 1834 年，有近两百年历史。

20 世纪 20 年代，在苏共中央的领导下，乌克兰高等教育体系发展迅速，新的社会秩序在一定程度上改变了教育机构的工作方式。为了适应高速发展的社会经济，大学更倾向于研究应用型学科，以培养工业型社会急需的人才。乌克兰高校注重学科的基础性和应用性，在数学、化学、造船、航空等工程机械制造领域技术领先，培养了大量的工程技术人才，为苏联工业发展提供了大力支持。

自 20 世纪 60 年代起，高等院校数量急剧增长，招生人数也大幅增加。为了适应这一情况，苏联中央政府在 1987 年正式公布《关于改革高等和中等教育的基本方针》，明确了科教兴国的发展道路，全力以赴发展教育，并提出培养国家需要的高质量专业型人才是高等教育的首要任务。苏联的高

---

[1] ЧОРНИЙ С. Національний склад населення України в ХХ сторіччі: Довідник. Серія «Україна на межі тисячоліть» [М]. Київ: ДНВП «Картографія», 2001.

等教育在特殊的政治环境下形成了独特的"苏联模式"。在以社会主义计划经济体制为基础的办学模式中，高等院校不允许私人办学，全部由国家管理，统一招生，统一调配。

20世纪90年代初期，高度集中的政治体制带来的弊端严重限制了社会经济发展和人民的创造力，经费不足、教资教材陈旧也阻碍了高等教育前进的脚步。虽然政府多次尝试改革，并在初期取得了一定的效果，但社会动荡、经济困难还是不可避免地使苏联走向了解体。

1991年乌克兰获得独立后，包括高等教育在内的教育系统发生了很大变化，陆续出现了非国有制形式的高等教育机构，私立教育模式迅速发展，教育机构面向劳动市场增设了新的专业。乌克兰著名教育家尼古拉·尼奇卡洛提出，独立后的乌克兰在高等教育发展初期需要注意两个最紧迫的问题：一个是全球化加剧带来的一些威胁到整个人类社会生存的问题（如生态问题）；另一个是现有的教育体系已无法满足社会发展的要求，也无法满足人们日益增长的教育需求。[1]

二、高等教育学位设置

随着乌克兰现代高等教育体系的形成和发展，高等教育结构也发生了变化，废除了专家、科学候选人学位结构，取而代之的是初级学士、学士、硕士、哲学/艺术博士、科学博士体系。高等教育学位的获得，以"欧洲学分转移和累积系统"（European Credit Transfer and Accumulation System，简

---

[1] НИЧКАЛО Н. Філософія сучасної освіти[J]. Педагогіка і психологія, 1996(4): 49-57.

称 ECTS）[1] 为基础。该系统普遍适用于欧洲高等教育界，适用于所有加入了"博洛尼亚进程"[2] 的国家。学生完成预期教学成果所需的学习任务即可获得 ECTS 学分。60 个 ECTS 学分相当于整个学年的任务量。通常，学生的课时为每年 1 500—1 800 个学时，因此，一个学分对应 25—30 个学时。在完成全部基础教育课程基础上，获得 180—240 个 ECTS 学分可获得学士学位；具有学士学位，并完成 90—120 个 ECTS 学分的课程后可获得硕士学位。教育科学类硕士的学位课程必须包含不低于 30% 的科研成分；在高等教育的第三级别可以获得哲学/艺术博士学位，前提是必须拥有硕士学位，同时在研究生院研修 30—60 个 ECTS 学分。研究生院学习时间为 4 年，哲学/艺术博士学位需要再通过由专业教育委员会组织的公开答辩方可获得。高等教育的第四级别（最高级别）是科学博士学位。科学博士学位需要个人具有最高级别的制定教学研究计划的能力，从事原创性研究，并获得相应的科学成果，该科学成果需要具有国家级甚至世界性意义，并在知名科学出版物中公开发表。科学博士学位，同样需要通过由专业教育委员会组织的公开答辩后才能获得。[3]

三、高等教育机构

进入 21 世纪后，乌克兰教育科学部大幅裁撤了一、二认证级别的高等

---

[1] 欧洲学分转移和累积系统（ECTS）是欧洲高等教育领域的一种工具，用于提高学习和课程的透明度。它可以帮助学生在不同国家之间来往，并认可其学历和出国留学时间。ECTS 允许在一所高等教育机构取得的学分计入另一所高等教育机构所学的学分。ECTS 学分表示基于定义的学习结果及其相关的学习结果的学习。2005 年 5 月，乌克兰加入欧洲的"博洛尼亚进程"，积极贯彻实施《柏林公告》和《里斯本公约》对高等教育现代化的要求，围绕欧洲学位体制、学分和学时互认、高等教育质量保障体系三方面对本国高等教育进行了深入的改革。

[2] "博洛尼亚进程"（Bologna Process）是 29 个欧洲国家于 1999 年在意大利博洛尼亚提出的欧洲高等教育改革计划，该计划的目标是整合欧盟的高教资源，打通教育体制。

[3] 资料来源于乌克兰最高拉达（国家议会）官网。

教育机构，并将其中一部分合并入三、四认证级别的高校之中。从表 6.1 可以看出，自 2010 年后，乌克兰的高等院校数量主要呈下降趋势，从 2010—2011 学年的 349 所减少至 2018—2019 学年的 282 所。同时，全日制高校的学生数量也相应地从 212.98 万人减少至 132.23 万人。

表 6.1　2000—2019 年乌克兰高等教育机构及学生数量 [1]

学年	2000—2001	2005—2006	2010—2011	2015—2016	2016—2017	2017—2018	2018—2019
高校数量（所）	315	345	349	288	287	289	282
学生数量（万人）	140.29	220.38	212.98	137.52	136.94	133.00	132.23

（一）乌克兰高校排名

2020 年，乌克兰知名教育网站"Освіта.ua"发布了乌克兰高等教育机构的综合排名。该排名汇总了乌克兰知名评测机构"乌克兰 Top200""合同生高考分数指南"和"Scopus"的原始数据得出排名，详见表 6.2。

表 6.2　2020 年乌克兰高等教育机构综合排名 [2]

教育机构名称	总排名	乌克兰 Top200	合同生高考分数指南	Scopus
基辅国立大学	1	2	4	1
基辅莫吉拉学院	2—3	7	2	19

[1] Державна Служба Статистики УкраЇни. Статистичний щорічник україни (за 2018 рік)[M]. Київ: ДП Держаналітінформ, 2019.

[2] Державна Служба Статистики УкраЇни. Статистичний щорічник україни (за 2018 рік)[M]. Київ: ДП Держаналітінформ, 2019.

教育机构名称	总排名	乌克兰Top200	合同生高考分数指南	Scopus
乌克兰国立技术大学	2—3	1	21	6
利沃夫国立大学	4	8	20	3
哈尔科夫国立大学	5	6	24	2
利沃夫国立医科大学	6	17	13	12
利沃夫国立理工大学	7	5	31	8
敖德萨国立大学	8	18	33	4
乌克兰国立医科大学	9	33	9	18
第聂伯罗彼得罗夫斯克医学院（乌克兰卫生部所属）	10	46	6	16

　　"乌克兰 Top200"评测机构是"Освіта.ua"使用的信息来源之一。该机构从 2006 年开始运行，是乌克兰唯一一家获得国际高校排名专家组（IREG）认可的学术评估机构。该排名依据以下公式计算得出：II= IAP（40%）+ IE（25%）+ IIR（20%）。其中，IAP 是科学教育潜力指标，IE 是教学质量指标，IIR 是国际认可指标。评估指标因素中考虑了以下内容：入学申请数量、高校网站信息、高校的国际协会数据、高校参加国际项目信息、高校在国际评估中排名、乌克兰教育管理部门数据、是否参加由北大西洋公约资助的"和平与安全科学（SPS）"计划、参加双边合作项目，以及高考录取的平均分数等，2020 年"乌克兰 Top200"高等教育机构排名情况如表 6.3 所示。

表 6.3 2020 年"乌克兰 Top200"高等教育机构排名 [1]

排名	高等教育机构	指数
1	乌克兰国立科技大学	3.75
2	基辅国立大学	3.81
3	苏梅国立大学	7.89
4	哈尔科夫国立技术大学	8.00
5	利沃夫国立理工大学	14.46
6	哈尔科夫国立大学	15.14
7	基辅莫吉拉学院	15.57
8	利沃夫国立大学	16.40
9	哈尔科夫国立无线电电子大学	17.07
10	文尼察国立技术大学	17.18

截至 2020 年，乌克兰共有 6 所高校进入世界权威高校评测机构 QS 世界大学排名当中，见表 6.4。乌克兰高校第一次参与 QS 世界大学排名是在 2015 年。进入 2020 年 QS 排名的乌克兰高校包括哈尔科夫国立大学、基辅国立大学、哈尔科夫国立技术大学、乌克兰国立技术大学、苏梅国立大学和利沃夫国立理工大学。

表 6.4 2020 年乌克兰高校在世界高校评测机构 QS 排名 [2]

排名	大学名称	城市
491	哈尔科夫国立大学	哈尔科夫
541—550	基辅国立大学	基辅

---

[1] 资料来源于乌克兰高等教育评估机构 OSVITA 公司官网。

[2] 资料来源于乌克兰 RBC 新闻网。

排名	大学名称	城市
651—700	哈尔科夫国立技术大学	哈尔科夫
701—750	乌克兰国立技术大学	基辅
701—750	苏梅国立大学	苏梅
751—800	利沃夫国立理工大学	利沃夫

（二）著名高校

在世界高校排名中最具代表性的乌克兰高校是哈尔科夫国立大学（已更名为卡拉金大学）。该校是东欧最古老的大学之一，根据俄国沙皇亚历山大一世的敕令，在杰出的教育家卡拉金倡议下于 1804 年 11 月建立，并于 1805 年 1 月 29 日正式运营。该校是乌克兰高校中唯一进入"QS 世界大学排名"前 500 的学府。作为一所综合性大学，其主要优势学科是自然科学，尤其是物理、化学、生物，多年来一直站在乌克兰高校的最顶端。

哈尔科夫国立大学是乌克兰唯一一所有过三位诺贝尔奖得主的大学，三位诺奖得主分别是生物学家梅契尼科夫、经济学家库兹涅茨、物理学家朗道。

哈尔科夫国立大学几乎是哈尔科夫地区大部分高等教育的起源，如哈尔科夫法学院、国家制药学院、哈尔科夫医科大学、哈尔科夫师范大学、哈尔科夫兽医学院、哈尔科夫文化学院、哈尔科夫经济大学等。如今，该大学拥有 21 个院系，校内约有 1.6 万名学生，约有 400 名在读博士生，在职教师和研究人员多达 1 500 人，其中包括 300 多名科学博士、教授、副教授和约 1 000 名科学候选人。此外，该大学有 20 名院士和 50 名国家奖获得者。

乌克兰高等教育与苏联时期的教育方向几乎相同，除自然科学外，艺术教育发展也比较突出，其中的佼佼者当属乌克兰柴可夫斯基国立音乐学院（简称柴可夫斯基音乐学院）。该校位于乌克兰首都基辅，于 1913 年建校，1995 年根据乌克兰总统法令获得了乌克兰国立音乐学院的地位。

柴可夫斯基音乐学院是乌克兰最好的音乐学院，同时在欧洲艺术发展中占有一席之地，多年来培养了许多优秀的音乐教育学家、音乐表演艺术家、作曲家。乌克兰著名的综合类大学有基辅国立大学、苏梅国立大学，航空类高校有哈尔科夫航空航天大学等。

四、高等教育专业设置

当前，乌克兰高等教育包含 121 个专业。乌克兰的高等教育系统中，申请人通过外部独立评估考试（类似于中国高考）后，可以向多个学校的多个专业提交申请文件。

2016 年，约有 43.6 万申请人向各个大学提交了 135 万个申请。攻读本科学位的申请人中，有 73 580 人选择了乌克兰语专业，70 684 人选择了法律专业，43 697 人选择了管理专业；攻读硕士学位的申请人中，选择医学、法律、牙医专业的人数最多，分别是 43 030 人、13 186 人和 12 536 人。[1] 2018 年，乌克兰语和法律专业继续在热门专业中保持领先地位。乌克兰语专业共收到了 79 500 份申请，法律专业共收到了 72 900 份申请，位居第三的管理专业共收到了 47 000 份申请。2019 年的最热门专业选择中，位居前三的仍是乌克兰语、法律和管理专业。

继承了苏联教育遗产的乌克兰高等教育至今有很多专业方向在世界上仍占有重要地位，如物理、化学、生物、航空航天、艺术等。

---

[1] 资料来源于乌克兰教育科学部官网。

五、高校招生录取程序

近年来，乌克兰高等教育机构录取要求一直在发生着变化。2006 年之前，毕业生首先要在中学通过所有科目的考试，然后参加报考高校的专业考试，最后将两个成绩综合计算。2005 年，乌克兰教学质量评估中心成立，旨在开发和测试新的高考制度——外部独立评估考试。2006 年，外部独立评估考试为自愿选择，大概有十分之一的中学毕业生参加了考试。但同时，所有高校依然承认其中学考试成绩。如今，外部独立评估考试成了升入大学的唯一必需条件，中学的结业考试则成为获得中学毕业证和大学入学的条件之一。在外部独立评估考试中，第一必考科目是乌克兰语，第二必考科目是历史或数学（取决于专业）。其他选考科目则取决于报考不同高校和专业的具体规定。如今外部独立评估考试可选考科目包括乌克兰历史、物理、化学、英语、德语、法语、西班牙语、生物、地理等，申请人最多可以考 4 门科目。

这一程序在 2020 年由于新冠肺炎疫情又发生了很大变化。教育部规定，2017 年（外语除外）、2018 年、2019 年、2020 年（所有科目）的外部独立评估考试成绩都可以作为申请高校的"入场券"。此外，有特殊需求的申请人也会受到更多关注和帮助。已完成基础教育，且外部独立评估考试中单科最低分数高于 125 分（满分为 200 分）的申请者，可获得申请公费预算名额的机会，并最多可以向 5 所高校的专业提交入学申请，自费合同生提交申请书数量则不受限制。

六、高校的管理模式

随着乌克兰教育改革的深入，高等教育的管理形式也发生了重要的变化，如整体上改变预算资金分配方式，进行高校校长工作制度改革，创立新的监督机构等。

（一）整体上改变预算资金分配方式

从长期来看，高校的管理运行是影响高等教育机构在权威性国际机构中排名的关键因素。2020 年 2 月，乌克兰教育科学部计划修改国家对高校的资助办法，此前高等教育机构获得的财政资助额度取决于学校的大学生数量。从 2020 年 1 月开始，财政资助取决于 7 个指标，其中 3 个重要指标包括国际排名、企业及国际资助和高等教育机构毕业生就业率。此外，教育部分配公共资金时考虑的最重要指标是学生数量，但是在未来 3 年内学生数量对财政资助的影响力度将大大降低，高等教育机构的相关成果将成为未来公共资金分配中更重要的因素。

2018 年乌克兰高等教育中受财政预算资助入学的学生情况见表 6.5。[1]

表 6.5 2018 年乌克兰高等教育中受财政预算资助入学的学生情况

	总入学人数	受财政预算资助入学的学生人数与占比			
		国家预算		地方预算	
		人数	占总入学人数比例（％）	人数	占总入学人数比例（％）
总计	310 326	121 372	39.1	33 660	10.8
硕士	12 178	4 754	39.0	19	0.2
专业技术人员	—	—	—	—	—

[1] 资料来源于乌克兰国家统计局。2016 年 7 月，乌克兰教育科学部取消了"专业技术人员"学位，因此 2018 年只有毕业生，没有入学新生。

续表

	总入学人数	受财政预算资助入学的学生人数与占比			
		国家预算		地方预算	
		人数	占总入学人数比例（%）	人数	占总入学人数比例（%）
学士	193 077	76 854	39.8	2 186	1.1
初级学士	105 071	39 764	37.8	31 455	29.9

国家预算资助比例从 2016 年的 47.7% 减少到 2018 年的 39.1%，但是地方预算拨款比例从 2016 年的 6.3% 增加到 2018 年的 10.8%。

乌克兰高等教育以自费教育为主，学费受多种因素影响，如专业受欢迎程度、高校排名等。2020 年 3 月 3 日，乌克兰内阁批准了一项关于教学成本的指导性决议，其中规定了 121 个专业中的 38 个专业的最低学费标准。其中最受欢迎的专业是法律、经济、政治、管理、市场营销、国际关系、新闻、金融、设计、旅游和酒店管理等。其设置的最低学费标准不涉及其他 83 个专业，如工程、技术、人文科学、自然、历史、农业等。同时，从 2020 年 9 月 1 日开始，选择最受欢迎专业的学生，其自费的学费数额不低于国家为预算生支付标准的 60%，该政策性变化不会影响已经入学的学生。另外，学费标准还与该地区的居民收入相关，学费价格一般不超过当地平均月工资的 3 倍。

时任乌克兰教育科学部部长安娜·诺瓦萨德解释说，每名预算生（公费生）的学费价格是 43 000 格里夫纳，而合同生（自费生）学费是 16 500 格里夫纳。[1] 预算生和合同生在共同的班级学习，大学主要依靠预算生来弥补财政不足，这导致每个学生的平均教育经费不足，大学也因此无法为教学和教师工作提供最佳条件保障。安娜·诺瓦萨德认为，按照大学培养一

---

[1] 资料来源于乌克兰独立新闻社。

名学生需要的实际费用来设置合同生学费的最低标准，可以保障所有学生的基本教学条件。

合同生学费标准与高等教育机构的实际支出相对应的制度将逐步推行：2020 年，合同生学费是国家为高校每名预算生拨款的 60%，2021 年该比例达到 70%，2022 年将达到 80%。最低学费（指导性费用）制度将在国家预算拨款的国立大学、私立大学中实施。

（二）高校校长工作制度改革

从 2020 年 1 月开始，乌克兰教育科学部将与新选出的高校校长签订新的工作合同。新合同明确了高校校长必须完成的关键性绩效指标。此外，合同中还规定了绩效的完成期限，未完成绩效指标将可能中止校长合同。新的劳动合同不仅增加了校长的责任，也赋予了其更大的自主管理权，例如，校长可根据选拔结果，在合同的基础上任命助手及各院系的院长和系主任。

（三）创立新的监督机构

管理制度的创新也是乌克兰高等教育改革的途径之一。教学委员会不再拥有非典型的管理职能，而相关职能由高等教育机构理事会替代，高等教育机构理事会成员包括政府、企业和社会各界的代表。理事会的重要职责之一，是在高校脱离对财政预算的依赖后对其经济活动进行审计和监督。

第二节 高等教育的特点

乌克兰高等教育的发展受社会经济发展和全球发展趋势的影响显著。乌克兰高等教育具有几个特点：高校国际化、教育工作者专业化、学生自治化和学术诚信规范化。

一、高等教育的国际化

在选择高校及专业时，许多申请人考虑的是未来出国研修机会、获得奖学金的概率和出国工作的前景。

国际合作是乌克兰高等教育发展方向之一。乌克兰教育科学部数据显示，乌克兰已经同25个国家/地区签订了合作协议，为学生及教育工作者提供奖学金、研修和项目交流的机会，其中包括同中国、越南、塞尔维亚、黑山、哈萨克斯坦等国加深教育领域合作，以及在欧洲区域研究一体化框架内执行同欧盟成员国和东方伙伴国家之间的双边合作项目。乌克兰越来越多的高等教育机构参与到欧盟的研创项目"地平线2020"中，2014—2020年，乌克兰的项目参与者获得了182项资助，资助总额达3 200万欧元。

乌克兰高校和科研机构还积极参加跨国双边科技合作。2019年，乌克兰的科学家同来自欧盟成员国、中国、印度、美国、白俄罗斯和韩国等12个国家的科学家共同研发了119个双边合作科研项目，比2018年增加了近四分之一。乌克兰参与的国际项目还有科技项目"Eureka"、北大西洋公约组织项目"和平与安全科学"等。乌克兰高校还与国际组织和基金会如欧洲核研究组织、南极研究科学委员会等展开密切合作。乌克兰重视科技、教育，尤其是高校师生的国际合作交流。

大胆地进行国际交流合作，提高科教人员和学生的国际化水平，吸收国际伙伴的经验和资源，有助于乌克兰高等教育走向现代化和国际化。

二、教育工作者专业化

乌克兰教育界越来越重视高等教育工作者的专业化发展问题。乌克兰国家教育科学院高等教育学院做的一项关于教育机构工作人员职业发展的调研显示，影响教育工作者职业发展的因素有教学和研究活动成果、专业能力发展、国际交流活动、职业提升培训、教育信息技术的掌握和应用、与业内人员的互动、奖励性措施和绩效评估方式等。[1]

促进大学教育工作者职业发展最重要的因素是专业能力的发展。不积极参与国际教育进程，就不会有成功的职业发展。应该重视工作人员的专业发展模式，并提供相应的激励措施。乌克兰高等教育机构激励工作人员的主要方式是人事和财务政策。实践证明，奖金是最好的激励方式之一。

需要注意的是，在权威的科学出版物中发表科研成果是评估大学科教人员专业成果的主要标准。另外，学生的成绩以及评价也很重要。前者能够直观说明教师的教学成果，后者则能间接反映教师的专业水平。

三、学生自治化

乌克兰高等教育发展的一个显著趋势是让高等教育机构拥有更大的自

---

[1] Результати загальнонаціонального опитування. Перспективи та потреби розвитку університетів України у процесі реформування вищої освіти у контексті європейської інтеграції [M]. Київ: Інститут вищої освіти НАПН України, 2019: 77.

治权，其中包括学生自治。学生自治是乌克兰高等教育机构联合自治的重要组成部分。学生有权自主解决教育和日常生活问题，有权保护自身权益，并参加高等教育机构的管理。同一所高校的学生拥有平等的权利，拥有在学生自治的常设工作机构、咨询机构、选举机构的被选举权。学生机构的负责人及副职任职不得超过两届。

学生自治机构的积极工作有助于优化教育过程，在高校管理层与学生之间形成有效互动，有助于学生规划业余时间，改善健康状况，丰富学习生活。学生自治组织还可以根据学生的兴趣和需求组织教育、科学和体育活动。学生自治机构维持日常运行的资金由大学拨款和学生会费组成。学生自治机构还经常与国际学生组织进行密切的交流合作来分享工作经验。

四、学术诚信规范化

近年来，乌克兰科教领域为加强学术诚信做了大量工作。2019 年 10 月，国家教育质量保障局颁布了《关于高等教育机构制定和实施确保学术诚信的大学制度的建议》，该建议是在乌克兰《教育法》《学术诚信法》《欧洲学术诚信法规》《苏梅国立大学学术诚信与学术互动道德标准》基础之上制定的。根据该建议，大学确保学术诚信的系统性标准规范包括《企事业文化法》《学术诚信法》《学术诚信与学术互动道德规定》《学术诚信委员会和道德与冲突调解委员会规定》《学术诚信促进小组规定》等标准化文件。这些标准规范有助于检查科教工作中是否存在学术剽窃。教师和资格鉴定工作人员主要负责检查学生是否存在学术不端行为，而科教人员的学术行为则由结构部门、专业学术委员会、学术会议组织委员会、科学出版物编辑委员会等部门负责审核。

违反学术诚信的行为界定和后果在相应的规范文件中都有明确规定。

一旦科教人员出现了违规行为，学校相关部门和人员则会对违规者的所有学术成果进行重新检查和认定。

第三节　高等教育的挑战和对策

由于乌克兰经济发展动力不足、政治局势不稳，加上国际形势变化迅速，乌克兰高等教育正面临着不少问题和挑战，如教育政策缺乏连续性、高校自主性不足、授课语言问题、人才流失严重、现代远程教育发展滞后、高校腐败等。

一、教育政策缺乏连续性

在乌克兰，教育政策往往随着政权更迭而变化。为教育系统制定立法基础是乌克兰第一批教育部长的主要任务。1999—2005 年担任乌克兰教育部部长的瓦西里·克列敏在乌克兰推行高等教育机构学分制度改革，加入了"博洛尼亚进程"，同时对中学生进行独立测试，最终完全取代了大学入学考试。其间，有数位教育部部长一度试图叫停该政策。每一任教育部部长都有自己的改革政策和方向，而后常被继任者推翻，导致乌克兰教育政策缺乏连续性。

2020 年 6 月 2 日，在会见了乌克兰高等教育机构的负责人后，乌克兰总统泽连斯基签署了关于成立"乌克兰高等教育发展委员会"的法令。[1] 该委员会承担着提高高等教育质量、编写有关改进教育领域立法意见书的任

---

[1]　资料来源于乌克兰总统府官网。

务，其中包括扩大高等教育机构的财务自主权、建立吸收私人投资机制、发展国立和私立教育机构伙伴关系的问题。根据法令，在 2020 年 11 月 1 日前，乌克兰内阁必须制定并批准《2021—2031 年高等教育发展战略》。泽连斯基认为，制定明确的目标，培养具有竞争力且能满足乌克兰经济发展需求的专业人才非常重要。为此，必须制定长期的教育政策，从制度上保障教育政策的稳定性，才能形成良好的教育发展体系，提高教育质量。

二、高校自主性不足

目前，国立高等教育机构按照学生人数从国家预算中接受资金拨付，该政策适用于 2005—2007 年的高校，那时的大学生总数接近 270 万，如今学生数量减少，政府拨款已经不能满足高等教育的需求。教育部正计划改变大学资助政策，根据学校排名进行拨款，未来乌克兰最好的学校将得到最多的资金拨付。该计划还指出，衡量高等教育机构工作的重要指标是其与政府、企业间的合作成果。这一点就对很多开设人文专业的院校非常不利，这也是学界争论不休的原因之一。许多专家提出，应该为人文学科和精密学科制定单独的评判标准。高等教育机构扩大财务自主权有助于大学自主制定财务规划，减少对监管机构的过度依赖。

大学获得更多自治权后，会更积极寻找资金来源。例如，增加高校预算收入的其中一个方式是出租场地，目前高校可以从其所获资金中自留 50%，未来可以保留 100% 的收入资金。同时，简化租赁及注销旧资产的程序，也将使高校存在实现财产盈余的可能。此外，还可以向企业及个人提供教育和科学服务来增加收入，以及接受国家和国际资助等。高等教育机构的财务自主，有助于解决教育工作者的工资问题。乌克兰教育科学部正计划撤销国家对教师人数的规定，并赋予大学根据其自身状况独立确定薪资数额的权利。

高等教育机构获得财务自主权，还可以更新教育技术设备，提供良好的教育条件。此外，高校也可以制定更多的激励措施，为教育工作者提供坚实的物质保障。在进行财务改革的同时，教育科学部还计划对高等教育机构的行政管理进行改革，以提供更高效的教育服务。

三、授课语言问题

乌克兰高等教育授课语言的争端，是一个影响乌克兰高等教育发展的问题。乌克兰的官方语言是乌克兰语，但乌克兰生活着大量少数民族，包括俄罗斯族、罗马尼亚族、匈牙利族等。比如，原来很多高校的授课语言主要是乌克兰语和俄语。近年来的高等教育改革逐步限制在高等教育机构中使用俄语，2019 年 9 月 5 日通过的《关于保障乌克兰语作为官方语言功能化》规定在教育活动中必须使用乌克兰语。[1]

该项法律的通过，使乌克兰俄语文化辐射范围最广的东部、南部及中部地区的部分高校面临巨大挑战。由俄语全面向乌克兰语的转变意味着授课教师、教学项目、教材的重大变革，而政策的不稳定性，会直接导致教育活动受阻，教育质量下降。

一方面俄语在高校授课语言中被限制，一方面乌克兰教育部门提出将英语作为第一外语。从 2018—2019 学年开始，部分高校开设英语课程。

然而，在今天的乌克兰高校中，能以英语授课的教师数量很少。为此，乌克兰高校正在制定使用英语授课、编写英语教学资料的科教人员奖励制度，并在大学内部利用外语系的教学资源为教职人员提供英语培训，提高用英语授课的教育工作者的数量。制定单独的教学计划，开设单独的英语

---

[1] 资料来源于乌克兰最高拉达（国家议会）官网。

授课班级，是吸引外国留学生和开展国际合作的必备条件，也是促进学生、管理人员和教科人员学术互动和国际交流的基础。

四、人才流失严重

近年来，由于高等教育机构提供的待遇较低，科研条件落后，超过1 000名高级科研人员离开乌克兰到他国工作，导致乌克兰教育界、科学界顶尖人才大量减少。高端人才的流失，一定程度上破坏了乌克兰未来高等教育的发展基础。

事实上，流失的不只是高精尖人才，乌克兰现在正成为欧洲各国的"劳务移民摇篮"。2020年5月28日，时任乌克兰国家银行（央行）行长的亚契夫·斯莫利在乌克兰与波兰联合举行的"劳动力市场与货币政策"会议上透露，2019年约有250万乌克兰人在国外从事劳务活动，而2020年该数字达到了300万。劳务移民主要和经济、社会心理因素有关，如国内工资过低、行业收入差距过大、中小企业发展艰难、缺乏低息贷款等。乌克兰境外劳务移民主要从事建筑业、农业、家庭服务业等低附加值工作。

尽管乌克兰劳务移民近年来为国家预算提供了侨汇收入，但同时也造成了本国劳务市场萎缩，乌克兰正在迅速失去中低端劳动力资源。普华永道（PwC）咨询公司的调查表明，在2019年劳动力资源迅速减少的国家中，乌克兰位列第一，其次是保加利亚和罗马尼亚。[1] 总的来说，劳动力资源减少正在成为全球性问题，受影响最大的是东欧国家，而人才的境外流失使乌克兰处于越来越被动的地位。

人才流失更是直接影响了乌克兰的高等教育领域。劳务移民中有大量受过高等教育的年轻人。这些人会说外语，具备专业知识，因此有更强的

---

[1] 资料来源于乌克兰 ESPESO 新闻网。

流动性，这也导致乌克兰高等教育机构缺少合格的工作人员，而这种人才断层短时间内很难弥补，正所谓"十年树木，百年树人"，培养专业人才需要很长时间，同时需要大量的财政支持。为了鼓励和吸引年轻人到高校工作，乌克兰出台了各种激励措施。2019 年，乌克兰高校教师工资增长了 20%。除了基本工资外，乌克兰教育科学部还为科教工作者增加了各种津贴、补贴等福利，数额取决于工作年限、科研职称、能否用外语授课等因素。

五、现代远程教育发展落后

信息技术已经成为人们生活和学习中不可缺少的一部分。高质量的高等教育服务更离不开信息技术。尤其是在 2020 年新冠肺炎疫情大暴发的背景下，如何利用教育信息技术实现远程教育和线上教学成了乌克兰高等教育面临的新问题。

所有具有中等教育、职业教育和高等教育学历，并拥有通过使用教育科技完成必要的远程学习任务可能性的乌克兰公民，都可以在乌克兰接受远程教育。在完成该教育阶段学习后，学生可以获得相应的证书。远程教育学习年限取决于学生的教育基础。在中等教育基础上的远程教育学习年限是 6 年；中等职业教育基础之上的远程教育学习年限为 4.5 年；具有高等非法律专业基础，申请新的高等教育学位远程教育学习年限则是 3 年。远程教学能否成功，一定程度上取决于是否有现代化基础设施和计算机技术的支持。

多年来，乌克兰国内的学者一直在研究高等教育信息化对乌克兰的影响。乌克兰教育现代化的主要方向之一是将信息和通信技术大量引入教育实践中，形成新的教学法和教学模式，有助于学习者的学习能力和个人技术的提高。然而，乌克兰高等教育机构中现代教育技术的使用存在着不容忽视的问题，比如，教育工作者的教育技术能力不足，影响了教学效果。目前课堂上使用的教育技术更多的是一种演示形式，虽然有助于活跃课堂气氛，但在全球广泛使用数字化技术的今天，这些效果是远远不够的。因此，制定有助于发展现代远程教育的政策和法规，是当前乌克兰高等教育亟需解决的问题。

六、高等教育的腐败问题

古今中外对于大学的描述从来都不吝赞美之词，然而，当我们以一个旁观者的身份来审视乌克兰高等教育的轮廓和内在时，固然能够看到科学、求真、公正、诚实的治学精神，却也无法绕过其中存在着的令人揪心的问题——腐败。

2018 年乌克兰教育科学部推出了反腐计划，该计划是乌克兰实施反腐政策的一部分。教育部的专家评估了教育领域腐败的风险，确定了腐败高发地区，以及如何将之最小化的措施。2018 年 2 月 12 日，教育部对腐败风险进行了评估之后编写了一份可行性报告，并得到了国家预防腐败局的批准。

现任乌克兰总统泽连斯基在大选前的承诺之一便是逐步消除腐败。2019 年 11 月 13 日，乌克兰总统泽连斯基签署了一项法律，该法律规定对举报腐败行为的公民提供物质奖励，最高可获得没收金额 10% 的奖励，并建立保护举报人的相关机制。2020 年 10 月 25 日，泽连斯基责成专人向乌克兰人民做了五个问题的民意调查，第一个问题便是咨询乌克兰民众是否支持将严重贪腐行为判为无期徒刑。据调查结果显示，支持该行为的乌克兰民众达到了 81%。同时，泽连斯基在教育领域加大了改革力度，尤其是在学术腐败上加大了惩处力度。2020 年就有数位高校领导落马。

尽管当今乌克兰的高等教育系统面临着严峻挑战，但是乌克兰当局及社会各界仍在支持建立高等教育新标准，培养高素质的科学教育人才。乌克兰正致力于发展现代化高等教育，使教学计划和教学内容符合当前的国际标准，吸引外国留学生，扩大国际合作，建立有影响力的世界一流大学。

此外，乌克兰高等教育发展还面临着教材时效性、教学内容与市场需求相符性、教学管理公平性和透明度等问题。解决这些问题，首先需要国家的政策支持，尤其是教育科学部、财政部、社会政策部及数字化转型部等部门间的互动与协作，还需要学术界与社会各界进行有效的合作。

第七章 职业教育

职业教育是乌克兰教育系统的重要组成部分，目前可以提供 430 个专业方向的教育学习。现代职业教育的优势在于它的灵活性和对市场需求的快速响应。在职业教育机构中学习的不仅有中学毕业生，还包括希望提高职业技能或改变所学专业的成年人，甚至还有老年人。学生可以自由选择接受完整的培训，也可以选择接受短期的职业教育。

第一节 职业教育的发展和现状

职业教育是指通过组织教学与实践活动，保障公民获得专业领域的知识、能力和技巧，发展能动力和专业能力，从而满足不断变化的社会、经济需求。职业培训是职业教育的重要组成部分，为个人职业发展提供所必需的技能，保障个体在劳动力市场上具有竞争力和流动性，以及在职业发展中具有广阔前景。

乌克兰《职业教育法》[1]诞生于 1998 年 2 月 10 日，由乌克兰第二任总统库奇马签署，是乌克兰职业教育的基础性文件，《乌克兰宪法》是其立法

---

[1] 资料来源于乌克兰最高拉达（国家议会）官网。

基础。职业教育机构不受隶属关系、类型和所有制形式限制，其教育内容必须符合乌克兰《职业教育法》。这部法规旨在调整职业教育领域的公共关系，保障乌克兰公民及合法居住在乌克兰的外国人或无国籍人士获得职业教育培训的权利，满足国家在劳动力市场上对高素质人才的需求。

一、职业教育历史

现代乌克兰的职业教育系统最初形成于苏联时期。当时，职业教育机构数量不多，主要以个人生产培训为主，而个人在培训中掌握技术所需的时间以及质量取决于教授其学习的师傅。培训形式比较随意，通常大部分时间浪费在过多的辅助工作上，几乎没有任何细致的培训计划，学生也无法获得实质性的专业理论知识。直到 1919 年 6 月 20 日，苏联成立了教育人民委员部职业教育处，并通过了一系列有关工人的职业培训以及对专业化培养的决议。为了满足工业生产对合格劳动力的迫切需求，苏联对所有 18—40 岁的工人实行了强制性职业培训，并于 1920 年 1 月 9 日专门成立了职业技术教育委员会，由人民教育委员会的安纳托利·鲁纳恰尔斯基出任负责人。职业技术教育委员会的成立，成了工业领域工人培养计划的转折点。从 1922 年开始，职业教育被视为培养专业技术领域的高等教育机构，如培养技工、助理工程师、细分领域工程师、农艺师等。

为了适应苏联经济和社会发展的需要，苏联最高苏维埃于 1958 年 12 月 24 日通过了《关于加强学校与生活的联系和进一步发展苏联国民教育制度的法律》，以最高立法形式规定，对包括职业教育在内的整个国民教育体系进行一系列重大改革。通过改革，苏联的职业教育在近二三十年中得到了很大的发展，学校数量、在校学生数量和毕业生人数都有了成倍的增长。1981—1985 年第十一个五年计划期间培养出了熟练工人 1 260 万，超过了

1920—1958 年 38 年中培养的工人总数（1 253.75 万）。[1]

此后，随着苏联工业领域的鼎盛发展，出于对技术人才的迫切需求，乌克兰的职业教育也开始为了满足苏联工业经济的发展，针对有具体需求的企业和部门开设了大量的职业教育机构。自体系形成的 20 世纪 20 年代至今的百年时间里，乌克兰职业教育根据社会、经济局势以及国家面临的紧迫任务反复改变自己的属性。20 世纪 20 年代，职业教育被纳入了高等教育体系，然后又脱离高等教育体系进入了中等教育体系，并在这个时期得到了迅速发展。20 世纪 90 年代，职业教育又回到了高等教育框架之内。到了现代，职业教育越来越偏向于在教育机构中培养专业人员的实践方向，因此，职业教育越来越需要具有明确的定位。1991 年 8 月，乌克兰宣布独立，就在独立之前的 1991 年 5 月 23 日，乌克兰通过了第一部《教育法》，其中对职业教育的定位做出脱离苏联的调整。1998 年 2 月 10 日，乌克兰《职业教育法》通过，该法规定了乌克兰职业教育的性质、内容及特征。2017 年 9 月 5 日，乌克兰通过新的《教育法》，明确职业教育既不属于基础教育，也不属于高等教育，而是有独立培养目标和内容的独立的教育体系。

二、职业教育的对象与发展

乌克兰职业教育对象主要分为两类。第一类是基础教育的毕业生，进入职业教育机构后，根据初级职业培训方案学习。基础教育毕业生进入职业教育机构的前提是具有 9 年级或 11 年级的毕业证书，以及通过国家结业考试或外部独立评估考试。[2] 基础中等教育毕业的 9 年级学生，进入职业教

---

[1] 傅俊荣. 苏联职业技术教育的历史回顾 [J]. 国际观察，1987（6）：32-35.

[2] 2017 年 9 月乌克兰通过了新的《教育法》，规定从 2018 年起针对一年级新生开始正式施行"中学十二年制"。截至 2020 年，乌克兰无 12 年级的毕业生。

育机构后需要学习 3—4 年，此后可选择进入相关专业的大学或者直接就业。专业中等教育毕业的 11 年级学生，通常在职业技术院校学习 1.5 年后或进入高等院校，或选择直接就业。第二类是指此前接受过完整基础教育及以上的个体，进入机构后，根据职业教育教学大纲学习，包括进行再培训或资格提高培训。另外，职业教育机构学生还包括有特殊教育需求的个体。2019 年，约有 4 100 名残疾人获得了职业教育培训。

职业教育机构的毕业生，在顺利通过资格认证后，可获得职业领域"熟练工人"资格，并可以获得乌克兰内阁授予的标准文凭。2017—2019 年的职业教育机构的学生一般年龄为 15—18 岁，是接受过基础中等教育或专业中等教育的 9 年级毕业生和 11 年级毕业生。截至 2020 年 1 月 1 日，具有基础中等教育的毕业生数量增加了 12.4%，而获得"熟练工人"资格的人增加了 10.2%（985 人）。[1]

职业教育机构为在基础中等教育学校毕业后就进入职业教育机构的学员创造了条件，以便其在接受职业教育的同时接受全面的中等教育。2019 年，这类学员数量几乎占总数的 75%。完成教育学习后，他们有权通过外部独立评估考试与同龄人一起进入高校学习，或结束职业教育培训后获得初级专业资格直接参加工作。

三、职业教育的培养方向

乌克兰职业教育的培养方向有工业类、贸易与公共餐饮类、交通运输类、体育类、工农业联合类、公共服务及非生产类、消费服务类和通信类。

职业教育培训类型有职前培训、初级专业培训、再培训和资格提高培

---

[1] 资料来源于乌克兰教育科学部官网。

训等。职前培训，指的是使此前不具备劳动专业的个体获得初期的专业知识、能力。初级专业培训，指的是使此前不具有劳动专业或不具备其他教育资格水平专业的个体获得职业教育培训，保障其具有职业生产活动所必需的相应的专业资格水平。再培训，旨在使获得了初期职业培训的工人获得其他专业的职业技术培训。资格提高培训，旨在扩展和深化工人此前获得的专业知识、能力、技巧，使之达到更高生产或服务所需水平的职业技术培训。除了以上四种主要培训类型外，乌克兰职业教育机构还为有特殊教育需求的个体提供职业教育培训。

2020 年，在职业教育机构中开展职业资格工人培养工作的情况如下：带工具的技能"熟练工人"占 47%，贸易与服务领域工人占 22%，从事维修、操作和控制技术设备人员占 22%，技术服务人员占 8%，农、林、渔业的"熟练工人"占 1%。[1] 可见，工具类技能"熟练工人"所占比例最大，最受欢迎的职业是面点师、汽车维修钳工和电焊工，最不受欢迎的职业是标记工、手工编织工、木模型制作者和操作台管控员。在维修、操作和控制技术设备的工人类别中，最受欢迎的是车辆驾驶员、农（林）用拖拉机驾驶员、通用机械操作员、起重机操作员和车工，最不受欢迎的职业是食品检疫员和钉鞋工。在贸易与服务领域工人类别中，最受欢迎的职业是厨师、理发师、服务员，最不受欢迎的职业是酒店服务人员和假发师。

2020 年 9 月，乌克兰教育科学部公布了最受教育机构申请人欢迎的 5 个职业，依次是汽车运输驾驶员、厨师、电气焊工、面点师和美发师。自 2011 年以来，前五的排名就没有变过。在职业教育机构提供的数百种职业选择中，每年有 70% 的申请人只选择其中 10—15 个。最受欢迎的职业是有利于创业的职业，也就是说，毕业生可以以此为基础进行个人创业并获得高收入的职业。部分职业教育领域需要单独监管，教育科学部列出了专业

---

[1] 资料来源于乌克兰学前教育工作者协会编《乌克兰教育的挑战和展望：2020》。

名单，包括 23 个专业：核能、热力工程、水电、建筑与城市规划、兽医学、兽医卫生学与检查、牙科、医学、护理、医学诊断与治疗技术、药学和工业药学、物理治疗、国家边境安全、军事管理、军事保障、装备与军事设备、消防安全、执法活动、民防、内河与海上运输、航空运输、铁路运输、运输技术。[1]

四、职业教育机构

乌克兰职业教育机构，既可以作为三、四级认证的大学和学院的分支机构，也可以作为单独的一、二级职业机构。同时，机构还开设针对 9 年级学生的教学课程，以完成《乌克兰宪法》《教育法》《儿童保护法》所规定的完整义务教育。也就是说，乌克兰的职业教育，既包括专业中等教育、职业教育，也包括高等职业教育。同时，职业教育机构也为社会人员提供再培训、资格提高培训和成人教育。

（一）职业教育机构类型

职业教育机构类型包括专业技术学校、社会康复类职业学校、高级职业学校、职业附中、特殊专业的职业附中、艺术职业学校、高级艺术职业技术学校、农学校、高级农学校、工学院、职业教育中心、生产教学中心、工人培训中心、再培训中心、联合技工培训学校、教学中心，以及其他提供职业教育或开展职业技术教学活动的教育机构。[2]

2019 年，乌克兰共有 754 所职业教育机构，其中大多数位于第聂伯罗彼

---

[1] 资料来源于乌克兰教育科学部官网。

[2] 资料来源于乌克兰最高拉达（国家议会）官网。

得罗夫斯克州（60 所）、利沃夫州（56 所）和顿涅茨克州（44 所）。截至 2020 年 1 月 1 日，乌克兰共有 723 所国立职业教育机构，包括 318 所职业附中，165 所高级职业学校，90 所职业教育中心，65 所职业技术学校，62 所监狱机构所辖的职业教育机构，1 所社会康复职业学校，15 所高等教育机构的分支职业教育机构，3 所职业专科，4 所归属于其他行政机关的职业教育机构 。[1]

（二）职业教育机构的资金来源

国立或公立职业教育机构的学员和教育工作者的职业技术培训，在国家定向范围内，由国家预算或地方预算进行资助。资助标准属于保障性资助，即低于该水平则无法保障职业教育机构的工作人员能够得到职业技术培训。即使教育机构有其他资助来源，国立职业教育机构的预算资助也不会减少或者停止。如果其他所有制形式的职业教育机构能够获得国家定向培养名额，则可以获得国家预算资金资助。教育机构学员的生产培训和生产实践薪资收入的 50% 直接拨付到教育机构账户，用以开展活动，加强教学理论学习，为学生提供社会保护，举行大型文体活动。

职业教育机构额外的资金还可以来自国家定向之外的职业培训、课程培训、同法人或自然人以合同为基础的再培训、职业资格提高培训，或来自额外的收费性教育服务，服务内容清单由乌克兰内阁确定。

2011—2019 年，相关部门开始逐步减少职业教育机构数量，优化区域内职业机构网络；提出筹资建议，明确培养人才的方向和规模，并成立了职业教育地区委员会。截至 2020 年 8 月 1 日，职业教育领域已经形成了 180 个教育标准，另有 52 个标准处于审批阶段。这些标准的制定是在雇主

---

[1] Державна Служба Статистики УкраЇни. Статистичний щорічник України (за 2019 рік) [M]. Київ: ДП Держаналітінформ, 2020: 292.

的直接参与下完成的，具有足够的灵活性，能够满足劳动市场需求和学员
的个性需求。

第二节　职业教育的特点

近年来，乌克兰职业教育领域也进行了一系列的改革，目的是使乌克
兰的职业教育内容更具针对性、现代化，并满足劳动市场需求。发展国家
与私人的合作伙伴关系，是现代化职业教育的特点之一。

一、重视实践

乌克兰现代化职业技术机构生产培训及社会基础设施正在规划中。目
前，部分职业教育机构的设备磨损率达到 60%，某些地区甚至达到了 100%。
相对于理论教育，职业教育更注重实践。建立科学实践中心是实现该目标
的手段之一。乌克兰的职业教育机构已经开设了近 200 个科学实践中心，其
特点是使用现代技术和材料进行培训、实践、生产。第一批由预算资金出
资的 50 个科学实践中心建于 2016—2017 年，主要涵盖的专业有裁缝、水暖
设备安装和拖拉机驾驶。

2018 年，教育系统增加了对职业技术机构的投资，增设了 50 个科学实
践中心，其中：9 个金属加工方向的科学实践中心，25 个焊机技术方向的科
学实践中心，15 个电气技术方向的科学实践中心和 1 个农业生产拖拉机驾
驶方向的科学实践中心。2019 年又创建了 45 个科学实践中心，包括：2 个
农业生产拖拉机驾驶方向的科学实践中心，2 个车工、铣床操作、通用机器
操作、磨床、司钻方向的科学实践中心，10 个电器设备维修和保养、照明

和照明网络、电力网络和电气设备方向的科学实践中心，4 个建筑取暖系统安装方向的科学实践中心，5 个木工机械的机器操作方向的科学实践中心，22 个机械修理、锁匠工具制造方向的科学实践中心。

乌克兰教育科学部的资料显示，截至 2020 年 4 月，共有 106 所职业教育机构提交了 114 份建立科学实践中心的申请，但其中超过 20% 不符合教育科学部公布的基本要求，包括：提交申请日期超期；申请时机构学生数量不足 400 人；计划用于基本维修的补助金额超过了规定的 20%；地方预算对建立中心的资助低于 30%；机构参与者是高等教育机构的分支，而法定文件中并未标明是职业教育机构等。乌克兰教育科学部专业委员会最终批准了 52 个职业教育机构将获得建立科学实践中心的资金，获得资金最多的是利沃夫州（6 个中心），罗夫诺州和第聂伯州（各 4 个中心），基辅市、文尼察州、伊万诺-弗兰科夫斯克州、基辅州、波尔塔瓦州和赫尔松州（各 3 个中心）。

科学实践中心的建立，使职业教育机构的师生能够使用最先进的设备和方法，在接受理论知识培训的同时，有更多机会从事科学实践生产，有效提高培训质量，从而有利于提高其在劳动力市场的核心竞争力。

二、重视校企合作

为了建立有效的互动关系，乌克兰教育科学部正在努力创造建设性合作条件，包括签署合作备忘录，阐明互动的目的、方向和活动，以及双方在培养职业资格专家中所承担的责任。目前已和乌克兰教育科学部签署了备忘录的组织及公司有：Fomalhaut 有限责任公司、基辅 KNAUF 有限责任公司、检测仪器厂有限责任公司、乌克兰建筑商会、轻工业国家合作组织、乌克兰铁路、乌克兰雇主联合会、瑞士联合会、瑞士发展与合作署和瑞士吉博力集团。[1]

吸引企业参与职业教育的教学过程，不仅有助于巩固职业教育物质技术基础，也有助于提高教育工作者职业技能。不受所有制形式限制的企业、机构和组织，有义务为职业教育机构的学生提供带薪工作、培训和生产场所。在生产培训和生产实践期间，学生须完成职业教育机构教学大纲中规定的工作任务。根据企业同教育机构签署的协议，企业将劳动报酬资金拨付教育机构用于巩固教学生产基地，并免费提供教学场所、设备、机械、工具、材料、能源、科技信息和新的生产技术等，必要时提供技术咨询和技术援助，以及为生产培训的教师和技师提供在生产中培训的可能性，并为年轻人提供就业指导工作。

三、重视人才定向培养

学生在选择专业时考虑的一个关键性问题是就业机会。因此，所有的职业教育机构都建立了为学生提供生产实践和就业的企业、机构、组织信息的电子数据库，为学生将来的就业提供资讯支持。国家和地方对专业人员的人才定向培养，参考的是 2016 年乌克兰内阁批准的《对专业人员和工人进行定向培养的方法建议》等文件。为了采用统一方式来制定和发布各区域的人才定向培养信息，活跃地方行政机关、地方自治机关和社会组织的互动方式，2020 年 6 月 10 日，教育管理部门对《对专业人员和工人进行定向培养的方法建议》进行了修正，更加明确了区域定向培养的程序和细节。

职业教育机构根据以下方向来培养业务熟练的工人：工业方向 73 639人，占 30%；贸易与食品方向 31 715 人，占 13%；建筑方向 29 251 人，占

---

[1] 资料来源于乌克兰教育科学部官网。

12%；农业工业综合方向 26 490 人，占 11%；住房和公共服务以及居民日常非生产类消费服务 711 人，占 0.3%。由于企业增加了定向培养需求，2019年通信专业招生率增加了 23.4%。乌克兰教育科学部一直致力于加强职业教育机构同企业之间的联系，帮助学生加强生产培训和生产实践，在企业、机构、组织中获得工作岗位，同时完成教学大纲规定的学习内容。截至2020 年 1 月 1 日，在乌克兰教育科学部管辖的职业教育机构中，共有 12.36万学员毕业，其中 9.57 万是学生，2.79 万是在职或失业人员。就业率最高的地区是切尔卡瑟州（98.3%，3 947 人），基洛沃格勒州（94.9%，2 656 人），敖德萨州（94.3%，6 210 人）。

优质的职业教育离不开高水平的师资力量。当前，教师年龄结构为：31—40 岁占 23%，41—50 岁占 22%，30 岁以下的占 11.8%。教育科学部管辖的职业技术机构共有 32 841 名教师（女性占 63.3%）。其中，生产培训技师占 41.2%（55.9% 是女性），普通教师占 21.1%（76.7% 是女性），专业教师（职业技术培训）占 15.3%（60.3% 是女性）。[1] 教师定期（不少于五年一次）接受职业资格提高培训，学习其他职业教育机构的先进经验，并积极参加国际项目。

四、重视国际合作

国际合作是乌克兰职业教育的重要一环。乌克兰《职业教育法》第五十二条规定，教育管理机关、职业技术教学院校、国立职业教育机构及其创办人有权签署合作协议，根据法律同国外教育机构、国际组织、基金会等建立直接联系。国家支持职业技术教学院校、职业教育机构的国际合作，分配适当的外汇拨款，免除其自国外引进的教学生产设备的税费及海

---

[1] 资料来源于乌克兰学前教育工作者协会编《乌克兰教育的挑战与展望：2020》。

关关税。乌克兰职业教育机构的主要国际合作项目有三个：EU4Skills 项目、爱沙尼亚合作项目和 Erasmus+ 项目。

EU4Skills 项目是欧盟的一个现代化联合项目，参与国包括德国、芬兰、波兰和爱沙尼亚。项目的目标是促进乌克兰职业技术的现代化，帮助年轻人激发个人潜力。乌克兰从该项目获得了 5 800 万欧元的拨款，其中 2 100 万欧元用于更新设备及基础设施。

EU4Skills 项目由三部分内容组成。第一部分内容是提高职业教育改革效率。在该任务范围内，EU4Skills 项目建议各地区委员会加强与职业教育机构的合作力度，扩大合作的可能性；制定优化职业教育网络的行动理念和计划，评估部门融资系统，研究劳动市场需求；建立扩大获得职业教育机会的机制和条件。第二部分内容是提高职业教育的质量和吸引力，提高其与劳动力市场需求的一致性。为了执行该部分任务，项目组正在同国家资格认证局合作，制定和推行新的现代化专业标准。第三部分内容是实现职业教育机构基础设施和设备的现代化。

为了在乌克兰实施该项目，联合项目组计划在乌克兰选定的七个试点地区的职业机构中更新其设备。试点地区包括利沃夫州、文尼察州、扎波罗热州、尼古拉耶夫州、波尔塔瓦州、罗夫诺州和切尔诺夫策州。在每个州都有几个机构被设置为职业进修中心。按计划，这些机构将于 2021—2023 年由专家进行评估是否可以建立。这些中心一旦成立将成为改革实践的创新中心，成为职业教育机构、企业、行政机关和民众互动的桥梁，并成为向乌克兰其他职业教育机构推广经验的示范。

切尔尼戈夫铁路运输职业中学是其中一个正面例证。切尔尼戈夫同友好城市德国梅明根的约翰·伯维斯职业中学合作，德国伙伴为其使用西门子设备配备了 16 个工作场所，帮助该校电气专业的学生掌握实践技能，并为那些在其机构进行职业资格提高培训的人颁发文凭。如今，切尔尼戈夫铁路运输职业中学有 443 名学生在接受培训，其中有 67 名学习电气专业。

第二个项目是爱沙尼亚合作项目。2016 年，沃伦州开始启动"爱沙尼亚经验对乌克兰职业教育改革的促进"的推介项目。该项目在乌克兰教育科学部和爱沙尼亚机构基金会 Innove、爱沙尼亚教育部、外交部支持下进行。选择沃伦州，是因为其领土面积和人口数量接近爱沙尼亚，相对具有可参考性和可行性。第一阶段有 6 个机构参加了该项目。到 2018 年，已经开发了 5 个模块式教学大纲。在取得积极成果后，项目组织者将活动开展范围再度向两个州扩大——罗夫诺州和赫梅利尼茨基州，共计有 16 个职业教育机构参加了该项目。职业教育机构同爱沙尼亚合作伙伴在 3 个州针对 10 个专业制定了教学大纲，这 10 个专业是：农用拖拉机驾驶员、电气焊工、粉刷工、厨师、美发师、细木工、裁剪师、服务生、瓷砖铺设 / 砌面工、车辆轮毂钳工。

第三个项目是 Erasmus+ 项目。该项目是欧盟为支持教育、职业培训等领域的科研合作、人员流动而开展的国际合作项目。该项目从 2014 年开始实施，为欧洲国家之间，以及欧洲国家与世界各地伙伴国之间在上述领域的合作提供资助。从 2019 年开始，乌克兰教育科学部成为 Erasmus+ 项目框架内国际协议的参与者。该项目旨在通过大学职业教育和职业教育机构之间的互动来提高乌克兰职业教育领域教师培训的质量，更新培养模式。

第三节 职业教育的挑战和对策

目前，乌克兰职业教育面临的挑战有资金不足问题、职业教育人才培养与市场需求不匹配、职业歧视问题和新冠肺炎疫情的影响等。

一、资金不足问题

2020 年，乌克兰职业教育领域获得国家预算资助的情况如下：15 亿格里夫纳用于为学生提供全面的中等教育，680 万格里夫纳用于培训有特殊教育需求的个体，1 亿格里夫纳用于建立现代职业教育的教学实践中心，2 亿格里夫纳用于支持乌克兰内阁规定的具有国家意义的专业，750 万格里夫纳用于职业教育机构印刷、出版教科书和教辅资料。[1]

乌克兰教育科学部计划对职业教育进行改革，为经济发展提供专业人才。但是，现代职业教育机构是否能够培养出优质的熟练工人，很大程度上受培训环境、培训设备等影响。很多机构的设备损耗率较高，而受资金限制，教育机构无法及时更换或维修设备，学生被剥夺了使用优质设备的机会，而这些设备恰恰是学生在未来的工作场所中需要熟悉和使用的。

为了解决职业教育领域的融资问题，乌克兰教育科学部制定了一项新的行动计划，将部分国立职业教育机构所有制转为地区所有，采用管理下放模式，鼓励机构教学和经济活动的多渠道融资，对区域劳动市场数据进行分析，确定区域人才的定向培养指标。

教育机构将获得更大的财政自主权，可以独立吸引额外资源以优化基础设施，根据教育机构自身制定的教育方案开展工作。同时，国家继续在教育机构创建配有新的设备和技术的教学实践中心，帮助学员掌握实践技能。已就业者可以进行职业资格提高培训或职业技能再培训。2015—2019 年，政府拨款在职业教育机构中开设了 145 个教学实践中心 。[2]

权力下放是解决职业教育的资金问题的重要途径。地区机关的有效管

---

[1] 资料来源于乌克兰学前教育工作者协会编《乌克兰教育的挑战与展望：2020》。

[2] Державна Служба Статистики УкраЇНи. статистичний щорічник україни (за 2018 рік)[M]. Київ: ДП Держаналітінформ, 2019.

理是权力下放的主要任务，也是最困难的任务之一。根据 2017 年 10 月 25 日乌克兰内阁命令，各州及基辅市政府的国家行政机关、各州首府的城市议会获得了临时管理国家职业教育机构的权力。由国家和地方预算对职业教育进行资助的办法，为保障职业教育支出提供了可能性，在地方投入资金用于现代化职业教育机构的物质技术基础建设，尤其是以地方预算资金来创建教学实践中心，也促使地区承担起发展职业教育的责任。

但是乌克兰国家预算系统的特殊性（数额反复削减、拨款时间经常性推迟），导致资金资助系统出现了种种不足，阻碍了地区一级职业教育系统整体性发展。从对职业教育机构管理权的移交执行情况的分析得知，并非所有的市议会都对构建职业教育机构网络和对特殊人才的定向培养规模定额感兴趣。因此，部分地区通过决议，将市预算转为州预算拨款。

为此，2020 年 2 月，乌克兰内阁批准了教育科学部关于资助职业教育的试点方案。在 2022 年之前，以州预算取代市预算来资助文尼察、敖德萨和苏梅地区职业教育机构的人才定向培养。如乌克兰教育科学部部长安娜·诺瓦萨德所说，当职业教育机构中的大多数预算名额开始由州预算和市预算同时提供时，就出现了教育机构管理系统重叠和人才定向培养方向不明确的问题。[1] 乌克兰的各个州设有许多不同专业的职业技术机构，由于交通和物流便利，教育机构大多集中在各州首府（即省会城市），但该类机构的培训人才中也包括未来在农村地区工作的学员，那么由省会一级市政府预算来资助这些为其他城市或农村地区培养人才的教育机构，显然从投入产出比上计算是不利的，这就导致了市政府主动减少预算名额，教育机构学员数量减少，这对劳动市场和企业产生了消极影响。目前，乌克兰内阁引入了一种新模式，在这种模式下，由州政府来管理和资助职业教育机构，并根据地区整体劳动市场需求来制定定向培养目标。采用新模式的职

---

[1] 资料来源于乌克兰 RBC 新闻网。

业教育机构必须每半年向乌克兰教育科学部提交详细信息，报告该模式的实施情况，包括优点和不足。

乌克兰教育科学部 2020 年 9 月通报，乌克兰共有 641 所必须由国有转为公立的职业教育机构。目前，教育科学部已经收到了 278 份文件，这意味着 41% 的机构已经开始了过渡程序。为了使管理人员可以快速跟踪文件的审议进度，教育科学部在其官网上创建了专门的板块，其中包括文件程序的通知和专业人士的联系方式。职业教育机构转向公有制的计划于 2016 年开始，预计 2021 年完成。因此，这些机构的所有权将转为地区所有，并获得更大的自主权，包括财政自主权。[1]

二、人才培养与市场需求不匹配

职业教育机构的很多毕业生在工作岗位上表现不佳，问题表现在：毕业生没有做好从事本专业工作的准备；职业教育质量低，无法满足劳动力市场需求，企业需要对员工进行额外的培训。

出现这些问题的原因可能在于：正规教育中并未将培养学生的重点放在企业所要求的能力上；学生在教育机构之外获得教育的可能性受到限制；国家教育管理部门对资助教育机构创建现代教育技术基础和培养学生实践技能的投入不足；许多教育工作者缺乏培养学生实践技巧的能力；教育机构缺乏对雇员的具体要求；教育机构缺乏现代化设备和技术；教育机构优先招聘具有科学学位的教师，缺少具有丰富实践经验的专家任教；大多数教育机构（主要是政府预算资助的机构）没有被纳入现代市场体系中。此外，公私合作伙伴关系的不确定性对培养学生在市场中独立从事职业活动

---

[1] 资料来源于乌克兰教育科学部官网。

也产生了不利影响。

根据乌克兰内阁批准的《国家公路建设经济发展方案》，乌克兰计划在 2018—2022 年拨付 3.225 万亿格里夫纳用于旧路的维修和新路的建设，投入金额之大在乌克兰前所未有。然而，乌克兰却面临道路工人短缺的问题。

乌克兰是一个运输国家而非制造国家，经济发展首先就需要良好的基础设施，重中之重就是道路。而且，大规模的道路维修和建设有助于提高就业率，解决劳务人员大规模境外流失的问题。道路需要维修和保养，路边基础设施建设和物流建设也需加强，要完成这些任务需要大量专业人员，但在乌克兰，道路建设专业的吸引力正在下降。去年，利沃夫汽车公路学院有 20 个招生名额，但只招收到 14 个人。该校已经允许大学四年级的学生在部分课程中进入生产部门实习。

中小企业、民营企业联合协会主席维切斯拉夫·贝卡维茨在一次采访中谈到了乌克兰劳动力市场的状况，他认为，乌克兰的人才培养教育体系与劳动力市场现实差距较大，蓝领工人极度缺乏，而当今工业和服务业都急需蓝领工人。更复杂的情况是，很多专业技术已经被废除。由于资金不足，截至 2018 年，定向培养名额 90% 都是来自国企，这些机构由国家预算资助。当前的职业教育机构的资金主要来自地方预算，由地方政权决定哪些职业教育保留，哪些要取消。某个职业招收的人数越多，则城市行政机关分配给教育机构的钱就越多。但是，对于整个国家、州和私立的区域性企业的影响，城市机关却并没有考虑过。为了提高职业教育机构的培训质量，满足劳动力市场对于高质量蓝领工人的技术需求，乌克兰教育主管部门引入了一种新的培训模式：二元制教育模式。

2015 年，乌克兰的职业教育领域开始逐步引入二元制教育模式。二元制教育模式是在 20 世纪 60 年代中期出现的一种新的、更灵活的职业教育组织模式。二元制是源于德国的一种职业培训模式，所谓二元，是指职业培训要求参加培训的人员必须经过两个场所的培训，一元是职业教育机构，其主要职能是传授与职业有关的专业理论知识；另一元是生产实践单位，其主要职能是让学生在企业里接受职业技能方面的专业培训。引入二元制教育模式，能改变传统培养职业技术工人的方法和模式，缩减理论和实践、教育和生产之间的鸿沟，拉近教育与生产的距离，同时能兼顾企业的需求，提高职业技术人才的培养质量。

2018 年 9 月，乌克兰内阁正式批准了《以二元制教育模式培养专家的方案》。2019 年，二元制教育模式开始在 262 个教育机构推行，吸引了 12 444 名学生，包含 190 个专业，最受欢迎的是焊接、金属加工、电气技术、农业生产、加工业、轻工业、酒店管理、IT 技术、贸易和会计。[1]

在二元制教育模式下，教学组织模式也发生了变化。在教学理论与实践比例方面，理论教学占 30%，生产培训和生产实践占 70%。学生在一个教育机构基地掌握基本模式后进行轮换，先在职业教育机构进行理论学习（1—2 个星期），然后在企业、机构、组织开展生产实践（4—8 个星期）。

三、职业歧视问题

2020 年 6 月，乌克兰教育科学部公开了职业教育领域的一项社会调查结果。该调查在 2020 年 4 月通过电话咨询进行，由乌克兰教育科学部委托"InfoSapience"机构举行旨在了解乌克兰人对职业教育的态度以及对职业教育改革的了解程度。调查结果显示，56% 的受访者认为职业教育是优质的，有 40% 受访者认为职业教育的质量不高。对职业教育持正面态度的人大多属于老年人群，而年轻人对职业教育则普遍持负面态度。不同地区对职业

---

[1] 资料来源于乌克兰 RBC 新闻网。

教育的态度也各不相同：乌克兰北部地区（56%）、中部地区（55%）更为正面地接受职业教育，而基辅市民只有38%、东部地区只有43%受访者持正面态度。33%的受访者认为，乌克兰的职业技术工人足够充足，而大多数（65%）人则并不认同该观点。16—19岁年龄段的年轻受访者中，37%认为获得职业教育有助于增加就业机会；还有29%的受访者认为，可以为其进入高等教育机构提供机会。在收入问题上，认为通过职业教育学习可以获得足够可观的工资收入与持相反意见的人数都占20%；而78%的受访者认为，从职业教育机构毕业后，必须经常完善自己的知识和技能才能获得高收入。[1]

事实上，乌克兰社会对职业教育的歧视已经根深蒂固，这种歧视导致大部分人涌向大学或者学院（三、四级认证），职业教育机构生源不断缩减，从而导致高等教育人员过多、基本素质下降。职业教育机构招生减少的结果是获得的预算资金支持相应减少，继而导致教育机构物质技术和教师的个人保障不足，进一步造成教育质量的下降和毕业生工作能力的降低和收入的锐减，从而形成一个年轻人进入职业教育机构的动机再度降低的恶性循环。根据欧洲发达国家的经验，30%的中学毕业生会选择进入高校，其余的进入职业技术学校。而在乌克兰恰恰相反，将近70%的中学毕业生进入高校，只有30%的毕业生会选择职业学校，因此导致企业很难招聘到高素质技术工人。

调查表明，受访者对于职业教育改革内容了解非常少。仅有15%的受访者表示听说过这项改革，其中不到5%的人是职业教育机构潜在的生源。另外，近几年由于人口老龄化，出生率下降，接受高等教育的年轻人数量占80%，职业教育机构的学生人数则进一步下降。截至2020年1月1日，职业教育机构的总注册人数比2019年减少了3.7%，比2012年减少了

---

[1] 资料来源于乌克兰学前教育工作者协会编《乌克兰教育的挑战与展望：2020》。

66.6%。2019 年，有 16 129 人离开了职业技术机构，占总数量的 6.6%。[1] 其中，比较普遍的理由是个人（或家长意见）不想在职业教育机构继续学习，希望返回普通中等教育机构。乌克兰政府对该问题非常重视，计划加大对职业教育机构的投资，在满足市场劳动力需求的同时，也积极提高职业教育的声望。2020 年，教育科学部特别加强了入学宣传活动，并编写了有关职业教育改革和优势的材料以吸引新的学员，同时还在社交媒体发起了一项活动，向民众解释各个行业的潜力和优势，让人们了解"三百六十行，行行出状元"的真谛。

四、新冠肺炎疫情影响

新冠肺炎疫情的蔓延极大地影响了职业教育机构的正常工作，教学方式不得不转为远程模式，这也给完成学年任务增加了难度。乌克兰《职业教育法》规定，学生的学习时间由教学大纲统一规定，即一个学年持续时间不得超过 40 个学习周，每个学习周不得超过 36 个学时。只有完成课程，且成功通过了资格考试的学员才可以获得所学专业的相应级别。

由于乌克兰新冠肺炎疫情持续恶化，乌克兰教育科学部在 2020 年 3 月宣布以远程方式进行教学活动。如果说普通教育可以通过使用新的教学方式来保障教学活动的继续和教学大纲的完成，那么职业教育的特殊性决定了其很难以网课形式代替正常的授课。毕竟，如果说厨师专业的学生还可以利用检疫隔离期间居家锻炼厨艺，那么拖拉机驾驶专业的学生基本没有可能性来练习操作技术，更不用谈车床和机械操作专业的学生了。

此外，毕业考试也成了较大的问题。虽然乌克兰教育科学部通知允许

---

[1] 资料来源于乌克兰学前教育工作者协会编《乌克兰教育的挑战与展望：2020》。

2019—2020 学年毕业生通过网络答辩形式完成学业，但是职业技术专业考试中的实践部分成了很大的难题。为此，教育科学部建议在检疫隔离期间，允许学生以远程模式参加国家资格认证。国家资格鉴定委员会的结果经由相应的部门批准后毕业生可以获得国家标准教育证书。

第八章 成人教育

　　成人教育是国民教育的重要组成部分，是为了满足不同工作领域中专业人士的教育需求，在考虑成年人的学习兴趣和年龄特点的前提下，建立的以职业教育、文化休闲等为目的的教育体系。当今社会经济结构的调整使得成人教育的必要性更加凸显，成人教育在教育体系中的地位也得到了进一步提升。

　　世界成人教育体系随着资本主义经济的蓬勃发展而得到重视和发展，西方社会的成人教育体系至今已有 200 多年的历史。第二次世界大战结束后，欧洲大部分国家百废待兴，在战后重建中，各行各业的蓬勃兴起为成人教育提供了良好的发展环境。乌克兰的成人教育到 20 世纪初才具雏形，此后经历了苏联时期、独立时期的进一步发展。乌克兰现阶段的成人教育机构在组织和管理上都从属不同的部门，很难统一管理，这种状况也不利于不同行业间的学习与协作。因此，将成人教育纳入统一且独立的教育服务领域是政府当前最重要的任务之一。

第一节　成人教育的发展和现状

　　现代社会越来越多地要求接受过高等教育的公民，终其一生不断提高专业知识水平和个人能力，从而更好地履行社会责任。乌克兰《教育法》中规定：成人教育是终身教育的组成部分，应在考虑每个成年人的个体需求、社会发展和经济需求的基础上，实现成年人持续学习的权利。乌克兰通过扩大成年人接受教育的机会，有计划地为他们提供更加多样化的就业选择，以更便捷的方式和丰富的形式，使公民获得稳定、丰富的教育资源。

一、苏联时期的成人教育

乌克兰成人教育体系是在 20 世纪 20—30 年代形成的。当时的成人教育体系组成比较复杂，包括扫盲系统（识字学校或扫盲学校、补习学校、星期日学校、个人团体学习小组、自学小组），成人教育机构，普通高级教育学校（工农夜校、青少年工人学校），函授教育学校等。此外，还开设了专门为政党组织服务的成人教育机构（马克思主义小组、政治素养学校、苏共党校、工人学院、工人大学），这些机构有自己独特的运作体系和教学方法。

20 世纪 20 年代，乌克兰和苏联的其他加盟共和国开展了大规模的文化、教育运动以消除文盲。在此期间，以"扫盲系统"为通用名称而成立的成人教育组织获得了快速发展。[1] 当时政策规定，该国 8—50 岁的公民，凡被认定为文盲者，必须进行义务读写学习；而知识分子则必须无偿义务教授读写和基础知识，逃避这项义务或以任何形式阻碍他人正常学习者将被起诉。学习期间，工人可以带薪提前两小时下班去学习，非文盲的普通成年人的教育通过专门建立的教育机构组织进行。这些机构旨在提高民众的基本素养，包括识字学校（扫盲学校）、补习学校、星期日学校和个人团

[1] ГОЛАНТ Е, ШИРЯЄВ Е. Школьная работа со взрослыми. Рабочая книга для педтехникумов[M]. Москва: Ленинград Государственное Издательство, 1929: 240.

体学习小组。

识字学校是消除文盲和成人教育第一阶段的主要教育机构，旨在使每位公民掌握读写和计数技能，促进扫盲计划的进一步落实，并吸引更多成年人参与到社会和政治活动中。1923 年，乌克兰教育部门开设了面向受教育水平较低人群的补习学校，成为扫盲学校的延续。补习学校的主要任务是：使文盲成年后至少具有读写、计数能力，这是理解社会主义建设问题并积极参与其中的必要条件。补习学校所面向的群体通常是主动要求掌握一定的社会文化知识的成年人，如曾经学习过但由于各种原因忘记所学内容的个体、自学或非持续学习者及没有接受过系统教育的人。

20 世纪 20 年代中期，政府建立了星期日学校，以提高城市人口的教育水平。星期日学校中一部分根据初等学校的课程进行教学，但每周只有三个课时；另一部分则转变为学习小组，以职业为划分依据，主要教授社会文化和简单的工作技能。此外，成人教育理念的大力推广，也带动企业和工厂成立了许多学习小组，使人们在工作之余不仅可以提高专业技能，还可以学习乌克兰的传统文化和艺术，从而提高修养，陶冶情操。当时，国家还出版了许多相关的报纸和杂志供公民自主学习。

1926 年 3 月，苏联人民教育委员会主席团批准了《夜校课程工作条例》，规定夜校课程学习是完全独立的，不是进入大学的准备步骤；要求学习者具备读、写、算的能力。夜校课程包括语言、数学、自然科学、地理学、地理经济学以及特殊科目。夜校于 1926 年秋季正式开展教学活动。

在城市成人教育快速发展的同时，有关部门还制定了专门针对发展农村成人教育的方案并获得了人民教育委员会的批准。方案指出，农村成人教育的首要目标是提高农民的政治文化水平。农村成人教育与城市成人教育最大的区别在于教学知识与实践内容的深浅、侧重不同。在对成人教育的各种组织形式的探索过程中，一种特殊的教育形式——函授教育应运而生。最初，人们是通过阅读报纸、杂志等出版物进行学习，后来借鉴美国、澳大利亚等国家的经验，发现通过信件进行远程教育指导的方法十分便利，就开始采取这种更加有组织、有计划的自学方式。

1926 年 10 月，国家开始组织和整合学习小组，并准备成立正式的函授教育机构。在此背景下，函授教育局首先成立，隶属于人民教育委员会，后改为中央函授教育学院。函授教育机构的课程分为三种：半文盲函授课程（针对受教育水平较低、只具备基本读写技能的成年人），一级函授课程和二级函授课程。二级函授课程中还包括英语和德语，每门课程学习时间为 3 年，共 100 课时，学习方式以材料阅读为主。

在建立苏维埃政权后，乌克兰成人教育机构开始开放，成人党政思想教育体系开始形成。该体系包括以下教育机构：马克思主义小组、政治素养学校、苏共党校、工人学院、工人大学。当时由于新兴政权希望发动人民积极参与政治生活并担任地方领导职务，因此大力动员工人和农民积极参加革命斗争，并为其提供政治教育和培训。而政治教育的任务主要由党校承担，因此党校得以兴起。

研究苏联时期的乌克兰成人教育，对当代乌克兰成人教育体系的形成和发展有重要意义。在乌克兰教育历史上，这一时期呈现出来的特点复杂而又矛盾：一方面，在公共生活各个领域都进行了革命性改革，宣布了教育的人文取向，提出在创新教学思想的背景下，复兴和发展国民教育；另一方面，当时的教学法的发展不可避免地要面对新的政治制度的考验。新的政治制度形成于 20 世纪 30 年代末，苏联当局为成人教育事业的大力发展创造了必要条件，乌克兰成人教育体系基本形成了完整的构架。事实证明，成人教育体系不仅是客观上必要的，而且是行之有效的。在基础教育水平较低的情况下，创建学习时间较短的教育模式，最大程度地压实、简化教育内容，不仅确保了从初等教育向高等教育的持续转变，还普遍提升了人口素质，提高了整个社会的文化层次。

二、独立后的成人教育

苏联解体后，乌克兰的私立高等教育随着私有化进程的加快得以快速发展，受教育人数大幅增长。教育机构不再受国家的计划和管控，出现了私人性质的培训组织。除了针对年轻人的课外教育机构，还如雨后春笋般出现了大批具有市场化特征的成人教育机构。

目前，世界各国都很重视成人教育的发展，不同国家和地区的成人教育发展模式和内容不尽相同。乌克兰成人教育包括文凭后教育、员工职业培训、再培训或资格提高培训，以及其他依法进行的教育类型。

文凭后教育萌芽于俄国19世纪中叶实行的军医进修教育，是乌克兰成人教育的主要组成部分。文凭后教育，是指为已取得高等和中等专业教育学历的在职专业人员和领导干部举办的继续教育。目的在于使他们及时得到更新知识与提高能力的机会，以适应社会、经济和科学技术迅速发展的需要。在乌克兰法律中，文凭后教育被定义为专科类完善教育（补充）和对个体进行职业培训。通过深化、扩展和更新学习者的职业知识、能力、技巧，或在获得高等或职业技术教育和实践经验基础上获得另外一个专业技能而进行的教育。从事文凭后教育的教职工必须是具备正规专业资格的教育学、教育心理学等专业人士。21世纪，乌克兰的文凭后教育又有了新的发展形式。

乌克兰的文凭后教育包括以下四种类型：专业化或特长类培训，旨在培养执行某些具有专业特征的单独任务，以及履行义务的能力；再培训职业教育，旨在使获得过初级培训的员工掌握另外一种专业技能；资格提高培训（或拓展专业培训），即在专业框架内，获得执行额外任务和履行义务的能力；进修，旨在获得执行职业活动或知识领域内的任务和履行义务的经验。

依靠文凭后教育项目顺利获得教育的个体，根据乌克兰2014年《高等教育法》规定可以获得相应证书。1993—2014年，文凭后教育证书标准由教育科学部批准。文凭后教育大多在艺术学院、理工学院、职业技术学院等机构进行，最受欢迎的文凭后教育专业主要包括医学、药学、师范类、计算机等。

三、管理机构及其职能

乌克兰成人教育的开展和推广以《乌克兰宪法》《教育法》等相关法律为基础。乌克兰法律规定公民有权在成人教育的框架内自由选择教育机构、组织，以及其他教育活动的主体、类型、形式、受教育程度和教育计划等。

乌克兰成人教育工作由三个官方成人教育协会负责：成人教育协会"认知"，该组织包含乌克兰大学，负责出版发行相关教材；成人教育协会"Prosvita"，该组织从政府获得小额补贴，负责出版一部分教学资料；全乌克兰成人教育委员会，它在联合国教科文组织终身学习研究所的支持下，将成人教育机构和国家组织联合起来，培训和提高低收入人群，尤其是第三年龄群体的认知水平和生活水平。

乌克兰提供成人教育的机构主要有成人培训中心和成人教育机构两类。

成人培训中心提供非正规的成人教育，并履行相关社会职能。成人培训中心的主要目标是快速响应民众的教育需求，提供必要的培训服务，并将教育服务的消费者和可以提供这些服务的教育者结合在一起。这些中心设有部门专门研究成年人的教育需求，制定适当的培训计划，并与成人培训服务供应商合作，为成人教育的发展提供专家、教材及其他支持。

乌克兰的成人培训中心经常与企业合作，为企业员工提供教育培训服务。苏梅州开设的成人培训中心就是一个典型。2016年9月29日，在德国成人职业教育协会的资助下，苏梅州立大学和公共组织"青年科学家委员会"联合成立了苏梅成人培训中心。该中心的教育内容以人文科学为主，在成立后的 4 个月时间里举行了 30 多次活动，邀请知名学者、科学家分享了各个领域的知识和经验，有超过 1 000 名居民参加。

成人教育机构提供特定行业的文化知识教育，以满足成年人在专业发展方面的需求。如今，成人教育机构已成为传统专科和高校的有力竞争对手。为了使教育供应商能获得基本的支持，有学者提议创建成人教育国家委员会，并赋予其咨询机构的职能，以确保公众的意见能对成人教育领域的国家政策形成影响。

四、成人教育的课程设置

大多数从事一般社会工作的成年人最感兴趣的是生存技能类课程，希望能通过培训课程为自己带来额外收入，如驾驶公共交通工具、掌握计算机、外语等的相关技能。在低收入阶层中，非正式的业余爱好团体和个人自发组织的无偿互助教学组织较为普遍，人们可以学习演奏民族乐器、独唱、合唱，学习刺绣、木雕等各种技术。在高收入阶层，单独聘请教师进行私人培训的方式十分流行，他们的学习内容通常是出于兴趣，如枪械训练，骑马，驾驶越野车、私人游艇和私人飞机，驯养宠物等。

2012 年，乌克兰成人教育委员会对 796 名年龄在 35—79 岁的成年人进行了调查。结果显示，职业教育在成人教育中占主导地位，职业教育的一部分费用由国家预算、企业资金或雇主承担，其余则由学员个人支付。人们学习的目的是获得更好的工作或更高的职位，避免因为自己能力或技术上的不足而失去现有的工作机会。

乌克兰成人教育的对象中还有一个特殊的群体——囚犯。部分囚犯受教育水平较低，一些人甚至没有完成义务教育，为他们提供学习机会和特殊的课程，使其接受一定的文化和技能教育，对维护社会稳定意义重大。

第二节 成人教育的特点和经验

一、教育内容与模式多样化

成人教育不同于未成年人教育，因为作为教育主体的成年人与未成年人有很大不同。与未成年人相比，成年人通常更能意识到自己是一个独立的个体，自我管理和监督意识更强，能够意识到能力与责任之间的关系。成年人更倾向于学习应用型知识、方法和技能，学习意愿及动力来源于渴望解决问题，并通过提高个人能力来实现特定目标的愿望。学以致用是大部分成年人学习的目标，但成年人的教育活动通常会受到时间、空间、专业、日常生活以及社会条件的限制。

为适应成人教育这一特点，乌克兰政府部门专门为成人教育设置了多样化的教学内容，包括针对成年人为了适应社会发展和经济改革需要而想学习的应用经济学、社会学及心理学知识；提高工作能力和技术水平的各种专业技能培训和进修班；从提高国民素质、丰富精神文化生活出发的各种课程，如民俗文化研究、传统技艺培训、歌剧演唱、传统刺绣、急救常识等。

除了教育内容多样化外，乌克兰成人教育模式也是多种多样，既有政府组织在高等院校中开设的周末课程、函授课程、开放性大学，也有丰富多样的培训机构、成教中心、夜校，以及个人自发组织的学习小组等。成人教育机构的进入门槛低，所有想要学习的成年人，无论年龄大小、知识水平如何，都可以选择到适合自己的机构。近年来，随着网络技术的兴起，很多成人教育机构也开始转型，开设了丰富的线上课程或者利用线上线下相结合的方式来吸引学生。线上授课相比传统授课方式在时间和空间的选择上更加灵活自由，为学习意愿强烈但又工作繁忙的成年人提供了便利条件。

市场化的经营模式使乌克兰教育机构所面临的竞争压力更大。为了应对残酷的市场竞争，教育机构致力于提高自己的教学水平，招聘高水平教师，运用更为先进的教学理念为学生提供更加舒适的学习环境。这种良性竞争大大刺激了乌克兰成人教育去探索更适合自身的特色发展道路，有利于成人教育事业的良性发展。

这些特点也可以为我国的成人教育发展提供些许建议和参考。近年来，我国成人教育机构相对单一化，教学内容相对固化，与劳动市场所需要的人才匹配度不高，成人教育相对模式化，灵活度不足。另外，不少成人教育机构重招生宣传，轻教学质量，影响了成人教育的良性发展。

二、教育类型多样化

乌克兰的成人教育主要有三种类型：正规教育，包括各种形式的普通中等教育、职业教育、基础和完整高等教育、文凭后教育、博士学位教育、高级培训和再培训；非正规教育，包括各种形式的职业培训课程，也可以通过学习材料进行自我培训；非正式教育，主要通过自我学习进行。

正规教育的目的是在教育机构中根据相应的专业教育大纲、学习期限和国家认证措施，让学习者获得或改变教育水平和教育资格。由受过培训且获得相应教育证书的教师在结构化、规范化的国立或私立教育机构中开展教育工作，可颁发国家标准证书。

非正规教育是为满足人们教育需求而提供的知识、能力和技术等的教育服务，不受地点、期限、教学模式及国家认证措施的限制。所有正规模式教育之外的教育活动都可以纳入非正规模式教育，其目标是根据学生自身的教育需求而定，针对所有年龄段的人群，通常以短期课程、大师班或研讨会等形式进行。值得注意的是，在顺利完成非正规教育课程后，如果该课程不能得到正规教育系统承认，则不能作为向更高水平教育进阶的基础。

非正式教育是在日常工作和生活中利用业余时间进行的学习，其教育目标和持续时间都没有明确规定，也没有认证。非正式教育包括通过实验和犯错纠错方法学习；通过独立寻找答案，进行自发或自我教育；在共同执行某项任务时的互动学习；通过阅读和参观文化机构来丰富精神世界，等等。表 8.1 展示了乌克兰不同类型远程教育的特点。

表 8.1　乌克兰不同类型远程成人教育的特点

要素	正规远程教育	非正规远程教育	非正式远程教育
学习场所	国立或私立教育机构	通常在国立和私立教学机构，或在国立、私立教学机构支持下	国立、私立教育机构之外的日常生活场所
明确的学习目标	有	有	大多情况下不具备
组织程序	明确，有临时框架和大纲	明确，有临时框架和大纲	自发或按需，没有明确时间框架，从网络和他人经验中学习
认证证书	国家标准证书	非国家标准证书，或证书无法被认证	无证书，无认证
教师	教育机构教师	培训机构员工、培训师、教师	线上同学，或大多时间没有教师或同学

续表

要素	正规远程教育	非正规远程教育	非正式远程教育
工具、环境	学习管理系统，教育网站	学习管理系统，教育网站，社交媒体	通常是构成个人教育环境的社交媒体
课程	传统教育框架（本科、硕士、再培训、资格提高培训）内的大学远程课程	不同组织的远程教育课程；大众开放性远程课程；来自个别教师或网络群体的开放性远程课程	在网络帮助下完成任务；访问虚拟画廊、博物馆；通过网络与同学、朋友沟通；参加虚拟社区实践工作

在终身教育过程中，非正规教育和非正式教育是正规教育的有效补充。教育部门需要重视的是在三种教育模式中找到侧重点，但又要兼顾平衡。

三、关注老年人教育

20 世纪 40 年代，联合国教科文组织开始推广终身教育理念。1965年，联合国教科文组织国际成人教育促进委员会讨论了法国著名教育家保罗·郎格郎关于终身教育的提案，许多国家的代表都对提案给予了支持。乌克兰的成人教育理念与郎格郎的终身教育理念十分贴切：21 世纪，人们需要的已经不是单纯的知识和技能，而是掌握知识和发展自身的能力，而这通常是正规教育无法完全给予的。终身教育因此显得格外重要。

得益于苏联时期对教育的重视以及独立后乌克兰政府的正面宣传，乌克兰全社会营造了良好的学习氛围。乌克兰民众参加各类成人教育活动的积极性非常高。2003 年，乌克兰教育局开展的一项调查显示，大约有 48.5%的受访者认为接受继续教育是社会活动中不可缺少的环节。

随着全球范围内人们平均寿命的增加，以及人口老龄化日趋严重的趋势，老年人在退休后如何保持积极的生活状态、不与社会脱节已成为全社会共同面临的问题。解决这一问题的方法之一，便是创建第三年龄大学，即针对老年人的社会教育项目。第三年龄大学的出现最早可追溯到 19 世纪慈善机构的周末学校，而理论的形成则开始于 20 世纪 70 年代。当时法国教育家、图卢兹大学教授皮埃尔·韦拉开设了第一所这样的大学，此后迅速推广到全世界。

乌克兰的第三年龄大学开始于 20 世纪末。目前，这些大学主要在大城市的社区服务中心运营。乌克兰的第三年龄大学的功能也一直在发生着变化，从最早的兴趣俱乐部到之后的培训中心，如今，已经发展到可以教授外语、计算机、法律等更加专业的知识。

四、加强国际合作

乌克兰是领土面积较大、人口较多的东欧国家，地理位置关键，是北约与俄罗斯地缘政治的交叉点。在欧盟和北约东扩后，乌克兰成为俄罗斯与北约之间重要的战略缓冲空间。欧盟和俄罗斯都十分重视乌克兰，都希望将其纳入自己的地缘政治和经济一体化圈子。乌克兰从经济和文化上寻求与欧盟接近，以获得欧盟更多的投资、技术、市场和援助。2014 年 3 月 21 日，乌克兰和欧盟签署了联系国协定的政治部分，6 月 27 日，双方签署了联系国协定关于建立深入广泛自由贸易区的部分，9 月 16 日，乌克兰和欧盟议会同步批准了联系国协定。

鉴于乌克兰政治经济发展的落后状况，欧盟制定全方位的发展援助计划，全面支持乌克兰政府政策和公共政策的欧洲化，包括在教育方面的援助，其中最主要的就是"EU4Skills 联合项目"。该项目是欧盟及其成员国德国、芬兰、波兰和爱沙尼亚的一项联合教育援助计划，旨在支持乌克兰的职业教育改革，帮助优化教育网络，促进其职业教育和成人教育基础设施和教育体系的现代化。该计划包括优化劳动力市场的需求，克服职场中的性别歧视问题。2018 年 12 月 17 日，乌克兰与欧盟委员会签署了一项协议，由欧盟为乌克兰提供总额为 5 800 万欧元的教育援助计划。[1] 双方还签署了一项名为《搭建沟通的桥梁——欧洲之家》的项目协议，旨在为职业教育事业提供资金支持。根据该协议，欧盟将拨款 1 800 万欧元，以促进欧盟居民与乌克兰社会之间的接触，达到交流风土民情、互助互惠并增进国家间相互了解的目的。

2000 年 8 月 9 日，乌克兰教育部门正式提出了《乌克兰成人教育计划》，该项目得到了联合国教科文组织教育研究院的支持。2001 年 12 月，在布鲁塞尔举行的欧盟首脑会议及教科文组织欧洲区域研讨会上，乌克兰对该项目进行了推介。

自 1999 年以来，乌克兰每年都在联合国教科文组织的支持下举办"成人教育周"活动，旨在促进国际间合作，通过与各个国家的交流学习不断提高和完善自身的成人教育发展水平，加快本国成人教育国际化进程。该活动得到了乌克兰教育科学部、乌克兰成人教育协调委员会和国际非政府组织"乌克兰成人教育"的支持与配合。这些活动是在各个州立教育机关的组织下举行的，并且有相关教育专家和心理专家参与。通常，每年都会确定一个年度活动的主题，2006 年主题为"纪念切尔诺贝利悲剧 20 周年"，2017 年主题为"乌克兰人民丰富的文化遗产"。

2010 年，德国成人职业教育协会在乌克兰设立了代表处，并明确了其活动目标在于支持乌克兰成人和青年教育的机构的建立和可持续发展，并多方位支持乌克兰的成人教育活动。

---

[1] 资料来源于乌克兰教育科学部官网。

第三节 成人教育的问题与挑战

2017 年，乌克兰《教育法》通过后，乌克兰教育部门开始将发展成人教育列入国家教育发展战略之中，并在政策和拨款方面加大了对成人教育的重视。然而，国内政治、经济环境的不稳定，导致乌克兰的成人教育发展至今仍存在一些不容忽视的问题。

一、经济水平影响成人教育的发展

经济发展作为社会发展中最根本的环节，对教育发展有极大的制约作用。经济发展的好坏，直接决定着教育发展的层次、规格和速度。而作为经济发展驱动力的教育发展，反过来也直接影响经济发展的水平、规模和质量。如今，乌克兰经济发展程度的不足严重影响了教育的发展。

乌克兰被认为是欧洲最贫穷的国家之一。自独立以来，乌克兰政府虽致力于大力发展市场经济，但是经济转型之路十分波折，收效甚微，没能达到预期水平。2004 年"橙色革命"爆发后，乌克兰经济遭受致命打击，此前的增长趋势被打断，随之而来的是连年不断的下滑，在 2008 年国际金融危机后降幅更是达到了 15%。乌克兰国家统计局数据显示，2013 年乌克兰财政预算赤字几乎达到了国民生产总值的 5%，而人均 GDP 仅相当于 1990 年的 80% 左右。在 2014 年爆发的政治冲突和顿巴斯战争后的两年内又连续下滑近 10%。与此同时，乌克兰的货币格里夫纳也连年暴跌，创下历史新低，资本外逃严重。

如今，乌克兰经济依然不容乐观，而被人们寄予希望的泽连斯基政府的改革措施更是被部分媒体评价为"看起来更像是新总统及其团队经过深思熟虑的公关活动，而不是真正的经济计划。"2019 年，乌克兰经济增长

3.2%，增幅比 2018 年下降了 0.2 个百分点；名义上国内生产总值达 39 746 亿格里夫纳，人均 94 570 格里夫纳。

2020 年，新冠肺炎疫情的暴发，使乌克兰本就脆弱的经济基础受到了更大的打击，乌克兰国家统计局公布的数字显示，在正式受雇的乌克兰人中，有近五分之一（19%）的月工资为 5 000—6 000 格里夫纳，月薪达到 20 000—25 000 格里夫纳的人口仅占 5.3%，8.2% 的员工工资低于 5 000 格里夫纳（即低于最低工资）。经济发展缓慢对教育造成的直接影响主要有两个方面。

一是成人教育投入低。乌克兰政府部门没有为从事成人教育的公共组织单独分配和捐赠款项的惯例，国际捐助的项目也会受到各种章程的严格控制，特别是已在经济和欧洲一体化的国家注册簿中注册的项目和计划，登记程序相当复杂，需要政府各部门的层层审批。而且根据政府机构的决定，允许从国外资助的在建项目的账户中最多提取一半的资金。国家预算每年为高等教育提供的资金约占 GDP 的 1.3%—1.9%，但不包括高中毕业后首次获得学士或硕士学位以外与成年人有关的任何培训。资金来源的不足直接影响了乌克兰成人教育的发展。

二是国民接受再教育动力不足。虽然乌克兰劳动和社会保障部门每年为大约 6 000—8 000 名失业者的培训提供资金，但这仅占失业总人数的 0.2%—0.3%，大部分失业人员在基本生活无法得到保障的情况下还需要自己承担不菲的学习费用，导致不少人因此失去了接受再教育的机会。如今，有大量乌克兰人去国外务工，从事货车司机、建筑工人、厨师等对文化程度要求比较低的职业，也导致成人接受继续教育的动力不足。如此一来，一方面是极低的收入水平让很多人难以支付学习费用，另一方面，国家又缺乏相关财政支持，经济问题已成为阻碍乌克兰成人教育发展的最关键因素。

二、缺乏政策和财政支持

虽然乌克兰政府提出了"教育伴随每个公民一生"的构想，但实际上，成人教育并没有制度保障。政府始终将教育事业的发展重心放在义务教育和高等教育上，而对成人教育的发展缺乏重视，甚至在乌克兰教育科学部网站首页的导航页面中，也只有学前教育、基础教育、职业教育、高等教育等栏目，而没有成人教育栏目。

乌克兰成人教育由教育科学部统一负责，设立兼管成人教育的副部长。虽然高等教育部也设有成人教育部门，但该部门的工作重心是解决高等教育部门专家的专业发展问题。2009—2010年，乌克兰拨款1 000多万欧元用于成人教育，并制定了旨在满足公民文化和精神需求的计划。但是，这些资金主要被用于提高本科毕业生的学历教育方面，即硕士和博士研究生的进修。由于政府没有成立独立的部门来负责成人教育事业，成人教育机构管理松散，缺乏监管力度。同时，成人教育也缺乏科学的教学法理论做支撑，教学内容和质量得不到保证，这些都导致了成人教育事业发展迟缓。此外，许多私立教育机构还存在以牟利为目的、教学水准不达标等问题。

很多私立培训机构存在师资力量严重不足的情况，因为私立培训机构教师岗位远远无法同公立学校竞争。公立高校可以提供稳定的收入来源、良好的上升渠道、相对舒适的工作环境，而且公立高校的教师作为国家公职人员还能享受相应的福利待遇，并拥有受人尊敬的社会地位。虽然一部分私立机构也能提供相对有竞争力的工资，但是在其他待遇方面远远不及公立学校。所以如何打造高水平、高素质的成人教育教师队伍，是乌克兰成人教育机构必须解决的现实问题。

近年来，一些私立培训机构充分利用市场化优势，向教师和学生提供更舒适的教学环境，积极发展周边业务，比如在学校中经营餐厅、咖啡厅、付费自修室和图书馆，向学生提供贷款等来提高收入。此外，私立培训机构还为教师提供更加宽松自由的学术环境，教师可以充分发挥自己的主观能动性，使用新颖的教学方法。通过这些方式，私立培训机构吸引了更多优秀教师的加入，教学质量和市场竞争力都有了明显的提高。

乌克兰独立后，相继通过了《教育法》《高等教育法》《普通教育法》《职业教育法》《学前教育法》，但却没有一部关于成人教育的单独立法。2004 年，在乌克兰成人教育委员会的推动下，乌克兰曾尝试制定成人教育法，但不仅没有成功，反而在社会上引起了相反的影响。民众希望获得税收减免以及国家对成年学习者的经济奖励和政策支持，而国家则试图从成人教育中获得经济利益。

乌克兰政府一直在积极寻找相应的解决措施。2017 年 9 月 5 日，乌克兰最高拉达正式通过了《教育法》，其中明确规定，乌克兰教育系统包括成人教育。但是即使如此，乌克兰对于成人教育的关注仍然远远不够。2020 年，在乌克兰教育科学部公布的《成人教育法》草案中，"成人教育的提供者"一词已作为一项综合概念纳入，涵盖了为成人提供教育服务的所有法律实体和个人。

三、人口老龄化的挑战

人口老龄化正在给乌克兰的成人教育，甚至整个教育系统带来巨大考验。截至 2020 年 1 月 1 日，乌克兰 65 岁以上的人口已经接近 650 万（约占总人口的 15.5%），而且在持续增长。

乌克兰的第三年龄大学自 20 世纪末引入以来，市场反应一直都比较好。然而，随着老年人口的持续增长和老年人教育需求的提高，老年教育机构的数量是否能够承受住压力就成了一个严峻的现实问题。如今，这类机构面临教学场所不足、资金来源不稳定等诸多问题，因此接受老年教育人数的录取数量仅是申请者的一半。

成人教育既能提高个体的综合素质，增加其专业竞争力，又能为社会经济发展提供动力。乌克兰成人教育历经了苏联时期、独立时期及如今的进一步发展，既包含不同的内容，也体现出不同的特点。其中既有可以令我们深思的教训，也有可供参考和借鉴的经验。乌克兰从独立后到2020年，陆续通过了从学前教育到高等教育的立法，期待乌克兰立法机构能够尽早完成教育立法版图上的最后一块——成人教育立法，使乌克兰具备真正意义上的成人教育，让成人教育早日走上正轨。

第九章 教师教育

　　教育是一个国家保持发展的基础，是驱动经济发展的引擎。在科学生产力高度发展的今天，教育甚至已经成为决定一个国家能否强大的重要保障。重视教育的民族才是有希望的民族，而高素质的教师队伍更是教育能够存在和发展的前提。

第一节　教师教育的现状

　　教师教育，是对教师培养和培训的统称。关于"教师教育"的概念，我国教育部师范教育司原司长马立认为："教师教育是对教师培养和培训的统称，在终身教育思想的指导下，按照教师专业发展的不同阶段，对教师职前培养、职业培训和在职研修通盘考虑、总体设计。教师教育是学科性与教育性、学术性与师范性、学科专业职能与教育专业职能的统一，是学科专业教育与教育专业教育的整合"。[1]

　　乌克兰的教师教育主要有两部分：第一部分为教师就职前的师范教育，即在教师教育机构接受的专业教学方法论及实践教育；第二部分为教师工

---

[1] 马立. 推进教师教育改革加快基础教育改革和发展 [J]. 人民教育，2001（8）：11.

作后的职业提高培训。

培养未来教师的师范教育和对在职教师的提高培训，是乌克兰教育改革的优先领域之一。乌克兰政府大力推动教师教育的发展，积极建立从事教师职业的行业标准，要求相关专业的高等学历人员和相应从业者的资历必须符合专业标准的系统性要求。

一、重视教育立法

乌克兰的教师教育建立在《乌克兰宪法》《教育法》《高等教育法》《全面普通中等教育法》《学前教育法》《21世纪乌克兰国家教育发展主张》《乌克兰2012—2021年国家教育发展战略》等基础之上。乌克兰《教育法》第五十四条第二款明确规定，教育机构的教育工作者和科教工作者有义务不断提高其专业水平、公共文化水平和教育技能。

2004年年底，乌克兰教育科学部为了保障师范教育的发展，结合教育系统和机构的变化，将整个国家教育系统纳入"欧洲教育空间一体化"概念，同时吸收了全乌克兰师范类及经典大学校长委员会关于乌克兰师范教育发展的建议，批准了《乌克兰师范教育发展的概念性原则》[1]，并将之纳入欧洲教育体系。根据乌克兰教育科学部指示，发展师范教育的主要任务包括：在个体教育原则上，保障未来教育者的个人职业发展；在学前教育和基础教育机构中，促使教育工作者的基础性培训、教育心理培训、教学法培训、信息技术培训、实践培训和社会人文培训符合信息技术社会的需求，适应社会经济领域、精神领域和人文领域的变化；在传统形式与新式多媒体教育技术结合的基础之上，高等师范教学机构、科学机构

---

[1] 资料来源于乌克兰教育科学部官网。

以现代化方式培养教育工作者，创新教学方法；完善师范专业年轻人的录取系统，并扩大录取数量和未来教师的培训规模；完善高等教育机构网络及文凭后教育类别中的师范教育机构网络，为教育工作者的继续教育创造条件。

二、发展师范教育

师范教育一直以来都是乌克兰教育系统中的重要部分。在 20 世纪 30 年代，乌克兰负责师范教育的主要机构是人民教育学院和师范技校（三年制高级师范班也等同于师范技校）。1929 年，苏联境内高等教育统一后，能够提供乌克兰高等师范教育的机构有社会教育学院、职业教育师范学院、数理化学院、语言教育学院、体育学院。从 1933 年开始，部分社会教育学院及职业教育师范学院改组为四年制师范学院。自 1935 年起，两年学制的师范学院成立。20 世纪 40—60 年代，政府制定了培养教学人才的新方式，形成了稳定的学科结构。由此，高等师范教育机构开始拥有新的功能，不仅为教师提供必要的教学实践和培训，也传授教学活动的理论基础知识，使师范生认识新的教育理论，提高文化教育水平，为未来开展教学活动做准备。1991 年，独立后的乌克兰开始全面改革教育体制，其中包括改革教师教育的方法。

目前，乌克兰师范教育培训机构主要有师范专科学校、师范类大学、综合大学和其他符合高等院校教学行业标准的教育机构。师范专科学校根据教育类培训方向开展针对专科教育资格水平的教育工作者的培训，本科和硕士教育资格水平专家的培训和再培训在师范类大学和综合大学开展，综合大学可以开设师范学院作为分支结构。

（一）培训方法

教师承担着教育机构中的主要教学工作，担任教学职务的工作人员必须有合格的身体和心理状态，并且具有合法取得的教师职业资格，必须符合教育工作职业标准和相应教育岗位的任职资格。在完成高等教育、高等职业教育或职业（职业技术）教育后，合格的毕业生可以获得教师职业资格。师范教育机构须按照教师培养计划对未来的教师进行培训，以保证其获得专业技能，掌握教育学、心理学知识，通过职业素养培训，分析教学经验，开展教育评估，掌握先进的教学技术和教学方法，并在教育过程中与所有参与者进行有效互动。

对于接受过高等教育、高等职业教育或者职业教育的师范类院校毕业生，在其未被授予教育工作者资格的情况下，可以允许其从事教育工作一年。在其通过教育工作者资格或者教师职业资格考试后，可由高等教育机构、继续教育机构或者相应资格中心授予教师职业资格。目前，越来越多的乌克兰教育师范类学校被改组为培养教师资格（学士）的师范专科院校。师范大学也开设教育专业硕士的课程和在职课程班，培养具有教师职业资格的教育学学士和硕士。

为了培训可以教授两门及以上学科、可以开展其他教学活动的复合型教育工作者，近年来乌克兰推动师范院校和高等教育机构合并内容相似的专业方向，根据职业教育需求进行专长培训，将师范专业与属于教育培训方向的专业类型进行合并。除了对高等教育机构中的师范类学生提供教学计划中的必修学科，也为非师范类专业和继续教育阶段的学生提供选修师范类专业的机会。乌克兰教育科学部积极提高师范教育质量，努力保证师范专业的流动性、吸引力，以及师范类毕业生在劳动力市场上的竞争力，增强他们的人文教育和个性化教学水平，提高学生的专业水平。通过鼓励学生自我发展，进一步完善高等教学机构的教学内容改革。此外，教育部门还采取了多种措施提高师范教育质量，如引入学分制和模块化教学系统；推广使用计算机、交互式教学法和多媒体工具；加强教学过程的个性化设计，强化大学生自我学习的作用；引入电子教具，提倡使用计算机教学程序；引入现代化教学实验室和教具；使用现代大学生知识检测系统进行教育质量监控。

（二）培训内容

高等师范教育的一级（本科）教育，主要是为学前教育、基础教育、职业教育、艺术类教育培养合格的教育工作者。高等师范教育的二级（硕士）教育，是为教育系统培养高素质的教育工作者。获得了硕士文凭的教育工作者应具备教授新知识和运用最新教学法的能力。高等师范教育的三级（科学教育）的任务是培训能够解决师范或者创新研究活动的教育研究者。对教育工作者的培训有：基础培训、教育心理学培训、教学法培训、信息技术培训和社会人文培训。

以教育学为第一专业的基础培训内容包括：乌克兰语言与文学、外语与文学、历史、音乐、美术、数学、生物、地理、物理、化学、信息、体育、教育学，其他方向的培训也应符合相应专业的内容，保障所有接受培训的人拥有平等的学术权。师范类专业的基础培训内容需结合各专业的具体特点，保证在培训结束后，被培训者能获得教师职业资格。教育心理学培训除了研究传统教育学科目（教学法、教学理论、教育史、一般心理学、教育与发展心理学）外，还应研究比较教育学、教育技能基础、社会心理学和其他学科。教学法研究包括研究学科教学法及开展课外工作的方法。

信息技术培训包括研究信息技术基础和最新的信息技术手段及其在教学中的应用。社会人文培训要求学员掌握语言、哲学、政治学、文化、社

会学、法律、经济、体育和健康教育的相关内容，以及其在师范教育中的
应用。

三、推动教师培训

在教师教育中，教育工作者通过参加再培训、专业化提升、职业资格提高培训以及研修等接受文凭后教育。教育工作者的再培训及专业化提升在师范大学和综合大学中进行。教育工作者的职业资格提高培训作为主要形式，由文凭后师范教育学院、师范大学或综合大学的院系开展。教育工作者的研修实习由大学、教育科学院的科学机构和文凭后师范教育学院负责。文凭后师范教育引入了多种教学大纲和项目，来解决教学技能、方法论创新、教学方法、心理学、教育学的理论和实践成果问题，远程教学模式也被积极应用。

（一）教育工作者现状

根据乌克兰国家统计局的数据，2019—2020 学年，学前教育机构有 137 450 名教育工作者，基础教育机构有 439 921 万名教育工作者，职业教育机构有 32 841 名教育工作者，高等教育机构有 127 493 名教育工作者。2014—2020 年，学前教育机构与基础教育机构的教育工作者数量有所减少。2019—2020 学年与 2018—2019 学年相比，学前教育工作者减少了 0.17%（与 2019 年 4 月底相比），职业教育人员减少了 3.15%，基础教育人员减少了 0.33%，只有高等教育人员增加了 0.36%。[1]

---

[1] 资料来源于乌克兰学前教育工作者协会编《乌克兰教育的挑战与展望：2020》。

（二）考核与认证

为了保障教育工作者不断提高自己的专业水平，有关部门需要对其进行考核和认证。教育工作者至少每五年接受一次考核，根据考核结果来确定是否符合其职位的标准，确定资格类别或授予教育职称。教育工作者的类别和教育职称由乌克兰内阁确定，认证委员会的决议同样可以成为依法解除或授予教育工作者资格的依据。

教育工作者认证是对教育工作者专业能力的外部评估，包括独立测试、自我评价和评价实践工作经验。教育工作者认证系统的运行和保障由教育科学部来负责。顺利通过认证的教育工作者可以获得有效期为三年的证书，计入教育工作者考核。拥有该证书的教育工作者可以参加其他教育机构的体制审计，制定考核教学大纲，参与教育系统中其他保障教学质量及技术创新的活动。该证书也是为教师发放工资津贴的基础，在证书有效期间，教师月工资的 20% 将作为额外津贴发放。通过认证获得津贴的教育工作者，应积极推广最新的教育技术。

（三）教师在职培训

教育工作者在职的资格提高培训包括多种模式，其中之一是文凭后教育。截至 2020 年，文凭后师范教育网络包括 24 所公立文凭后师范教育学院，分布在乌克兰的各个州，此外，高等院校还设有文凭后教育分支机构。

乌克兰的高等教育机构中最常见的教师发展形式仍然是理论研讨会这种传统模式，其他较为普遍的形式是通过同行的反馈和选修培训来优化教学。虽然传统的教师发展模式仍然占主导地位，但新模式也不断涌现。目前，随着数字技术在教学中的需求不断增加，教育工作者的职业发展模式也发生了转变。乌克兰大学主动应对数字化教育的挑战，积极组织信息技术教学培训。

乌克兰高等教育改革的主要任务之一是确保高等教育机构网络的高效运转，以推动教师职业发展、保障教育工作者资格水平提高。2019—2020 年，乌克兰教育部门举行了一系列旨在优化新一代教育工作者培训的活动，为他们的职业可持续发展创造条件。这些活动的内容包括：确定受管制职业（医学、法律、军事等）的运行基础，制定职业标准，制定针对教育工作者职业活动和职业进修培训的专业要求，建立保障教育工作者的专业培训符合劳动力市场需求的完整体系。乌克兰教育部门在高等教育和师范教育领域对教育工作者的激励机制进行了调整，以鼓励他们提高专业技能。此外，乌克兰相关部门计划为此扩大地方预算资助规模。

第二节　教师教育的特点和经验

作为苏联最早的加盟国之一，乌克兰在很长一段时间里没有独立的教育系统。1991 年苏联解体后，乌克兰教育部门一直致力于更新教育理念和培训模式。

一、更新教师教育理念

最初，教师不仅是教育过程的参与者，更是教育活动的最主要角色，起着传播知识和传授技能的作用。但随着社会生产力的提高和现代教育技术的发展，乌克兰的教育现代化进程对未来教师的专业化培养提出了新要求。现代教育工作者应该成为学生的帮助者、信息的提供者、学生智力的开发者和个性的塑造者。他们不仅应该具备高水平的专业素质，更应该在学生的成长中担任引路人和启蒙者的角色。

（一）加强师范生的综合素质培养

一位有远见的教师应该也是具有国家公民意识并精通教学技能和信息技术的心理学家。考虑到社会对教师职业需求的不断变化，师范专业的教学计划也在不断变化中。乌克兰教育科学部提倡，教学计划的制定应以研究乌克兰的历史、文化、传统、习俗、教育和民族学为基础。学生对于民族和世界文化的认识为师范和其他学科的人文教学创造了条件，使得人文教育地位得以提高。

大学 1—2 年级师范生培训应包括向学生介绍教师职业的特点、存在的主要问题以及未来趋势，并使其掌握教育工作的基础技能。在该培训阶段，教师应引导学生完成主要的教育任务，掌握教育方法和科教工具，并掌握组织教育教学活动的标准模式。大学 3—4 年级的师范生培训主要任务是促进学生深化对教育过程的本质认识，使其能根据教育任务运用相关的教育模型，模拟教育活动，解决教育问题，提高交流和组织能力。

在硕士资格培训阶段，师范生应掌握教育活动的调研、设计、互动和监督能力。这不仅有助于其将来组织和管理教学过程，还能为将来在不同条件下独立开展教学活动奠定基础。

专业教育培训的主要任务是让师范生根据教育学科的周期掌握相应的理论知识及实践技巧，形成教学过程中所必备的个人素质。培养未来教师的理论和实践能力是师范教育的主要内容。师范类教师应掌握教育周期理论，学习专业课程以及完成教学实践。教育实践有助于提高师范教学培训的水平和质量，一方面师范生可以提前适应教学环境，另一方面教学实践为师范生从教学认知过渡到未来独立开展教学活动创造了条件。

（二）创新师范专业培训方式

为了优化对未来教师的培训，乌克兰教育科学部制定了符合现代师范教育培训的新方式，使教育者对专业活动形成整体认识。因此，乌克兰的教育机构将教育心理学综合课程纳入教学计划中，有针对性地塑造未来教师所需的专业素质，培养其职业素养和专业能力，促进其个性发展。在现代社会发展中，教师是人文主义、道德伦理和文化审美的承载者，同时也是激发学生自我发展、自我矫正、自我完善、自我实现的奠基人。对此，应开启现代教师工作的新视角：公民教育是人们拥有多元化生活和职业发展所必备的新教育平台；为学生能够掌握社会知识、保持终身学习而提供必要的专业支持和教育陪伴；掌握整体教育环境创新发展过程中的技术和心理学知识；将信息技术运用到教学过程和教师的专业实践中；将个人职业发展视为终身持续的过程。

如今，全球化以及经济活动一体化对高等教育提出了新要求，当然也包括师范教育。对具有国际竞争力的毕业生的需求正在增加，国际教育服务市场不断发展，高等教育机构活动也开始面向世界。在现代劳动力市场中，教育工作者需要清楚意识到自己在这场变革中的位置，培养具备理论知识、专业技能，可以在复杂的竞争压力下工作，能够自我认识、自我学习和自我完善的人才。教师教育改革旨在培养教师提高包括专业知识和道德规范在内的个人综合素质。提高教师教育水平有助于乌克兰教育向欧洲教育体系靠近，实现欧洲一体化，从而提高教育质量。

二、提高学术流动性

高校的学术流动性是指高校教师与学生在工作和学习期间，通过长期、中期、短期的师生互换、互访、实习等项目，与国内其他地区，甚至国外的院校进行学术沟通和交流。

2005 年，乌克兰加入了旨在建立欧洲教育共同体的"博洛尼亚进程"。[1] 在该进程的框架内，乌克兰开始重视提高教职人员及大学生的学术流动性，同时开始制定合作方案和立法基础工作，用以保障教师和教育机构其他工作者的流动性以及彼此间经验的交流。2019 年 10 月，乌克兰教育科学院高等教育学院在 37 个高校中进行了调研，参与者包括大学教师、大学生、博士在读生。调研的目标之一在于确定大学教师职业发展的优先事项和需求。

调查表明，乌克兰大学正在积极运用各种形式的培训来促进大学教师的职业发展，其中方式之一是赴国外进修。另外，教师资格培训也非常普遍，其中常用方式是现代化的学科培训，以及针对新教师和研究人员的培训。乌克兰国家教育科学院高等教育研究所建议乌克兰大学要重视提高年轻教师的专业水平和教学质量，发展大学教师的科研能力，增加大学教师的学术交流活动。

三、加强定向培养

大学是培养教师的主要环节，也是培养教育工作者的重要场所。2016—2019 年乌克兰教育专业人才的定向培养情况见表 9.1。[2]

---

[1] 王惠芝. 博洛尼亚进程中的乌克兰高等教育：变革与挑战 [J].上海教育评估研究，2015（2）：39-43.

[2] 资料来源于乌克兰学前教育工作者协会编《乌克兰教育的挑战与展望：2020》。

表 9.1 2016—2019 年乌克兰教育专业人才定向培养数量（单位：人）

水平	2016 年			2017 年		
	总计	全日制	函授	总计	全日制	函授
初级学士	2 109	1 944	165	2 429	2 197	232
学士	11 917	9 938	1 979	12 283	10 226	2 057
硕士	5 642	4 419	1 223	8 183	6 296	1 887
总计	19 668	16 301	3 367	22 895	18 719	4 176
水平	2018 年			2019 年		
	总计	全日制	函授	总计	全日制	函授
初级学士	1 289	1 269	20	1 360	1 340	20
学士	11 706	9 653	2 053	12 982	10 362	2 620
硕士	9 509	7 352	2 157	9 015	6 305	2 710
总计	22 504	18 274	4 230	23 357	18 007	5 350

2019 年，国家对教师的定向培养总数为 23 357 人，比 2018 年增加了 3.8%，比 2016 年增加了 18.8%。相比 2018 年，2019 年国家对硕士的定向培养减少了 5.2%。

在高等教育机构中接受过资助的国家定向培养的师范生毕业后须至少在教育机构工作 3 年。接受过师范类专业教育且与基础教育机构或职业教育机构签署工作合同的毕业生，在合同期限不少于 3 年的情况下可获得一次性专项资助，资助全额为最低生活消费的 5 倍。

根据乌克兰《高等教育法》，签署了在农村地区或乡镇工作不少于 3 年工作合同的毕业生，优先获得艺术、医疗和师范专业的高等教育入学指标，获得国家（或地区）资助的定向名额。2019 年，有 35 人依法获得了师范教育机构优先录取的国家（地区）定向名额。

第三节 教师教育的挑战和对策

乌克兰教师培训和教师教育存在不少问题。例如，在教师职业素质培养和职业发展的不同时期，不同机构之间的责任分散；教师教学培训内容的衔接性问题比较突出；教育工作者对教学法了解不足；教育工作者对团体中的专业角色分工不清晰。当前乌克兰教师教育问题，实质上是现实中师范教育系统培养水平与社会发展对高素质教育者的需求不符。

以上问题的原因是多方面的。首先，部分教育工作者的教学方法落后，导致教学质量不高。其次，社会对教师的信任度下降，导致他们的社会声望整体下降等。

一、政治和经济对教师教育的影响

尽管乌克兰教师教育领域进行了一系列改革和创新，但受众多因素影响，数十年来师范教育改革收效甚微。

首先是政治因素。乌克兰教育突出的特点之一便是受政治因素影响严重。政策的制定需要耗费大量的时间、精力和社会资源，由于乌克兰政治局势复杂，包括乌克兰教育科学部在内的内阁更换频繁，几乎每一届政府都有自己的政策，每一位教育部部长都有自己的侧重方向，使得本就不易形成的政策更加难以保持稳定性。

其次是经济因素。相较于上层建筑存在不确定性，经济基础则更为直观。所有的改革都难免会碰触和损害部分人的利益，需要领导者拥有极大的魄力，国家拥有充裕的财力。新思维的形成和新技术的使用更需要国家预算的充分支持。然而，对财政连年捉襟见肘的乌克兰当局来说，想要真正实施教育系统改革，的确有不小的难度。其中一个明显的案例便是乌克兰教师的工资问题。2017 年乌克兰《教育法》规定，2023 年之前将教师工资提高至最低生活保障的 4 倍，然而时任教育科学部部长的安娜·诺瓦萨德表示，内阁当前没有能力拿出数百亿格里夫纳的预算来为教育工作者大幅提高工资水平。[1]

以上两个因素使得乌克兰在创新和应用新理念、新方法、新技术问题上遇到了不小的障碍。为了最大限度地解决以上问题，乌克兰教育科学部一直不断深化教育改革。乌克兰教育改革的一个重要方向是高等教育与高等职业教育中师范专业的转型，通过提高年轻教师的教育水平来不断提高整体教育水准，使所有学生都可以接触到新知识、新理念和新方法。

二、社会对教育重视不足

乌克兰教育改革要求对教师培养体系进行优化，加强教师的教学实践和培训，使其做好充分的职前准备。然而事实上，高等教育机构的大多数毕业生对教育工作并未做好充分的准备。原因有很多，比如，教育不被重视，教师职业社会声望下降，工资水平不高，导致毕业生选择从事教师行业的动力不足。

教育不受重视反映在教师专业培训中表现为：社会客观需求与传统教育方法之间的矛盾，落后的师范教学模式和僵化的学习方式与新的教育模式、教学技术需求之间的矛盾，教师培训标准与教育活动个体创造能力之间的矛盾。未来教师培训应从多个方向进行，加强师范类学生的认知活动和综合课程设置，促进教师教育方法、创作能力、交际文化的发展。

在过去几年中，乌克兰 30 岁及以下的教育工作者数量在持续减少。有些学生虽然毕业后投身于教育事业，但几年之后选择了转换行业。2017—

---

[1] 资料来源于乌克兰《记者报》。

2020 年乌克兰 30 岁及以下教育工作者的数量见表 9.2。

表 9.2 2017—2020 年乌克兰 30 岁及以下教育工作者数量（单位：人）[1]

地区	30 岁及以下教育工作者数量		
	2017—2018 学年	2018—2019 学年	2019—2020 学年
总计	43 047	39 045	34 757
城市	21 136	20 102	18 616
农村	21 911	18 943	16 141

从表 9.2 不难看出，从 2017 年开始，乌克兰 30 岁及以下教育工作者的数量逐年下降，社会对教育重视不足、待遇差等原因导致年轻人投身教育行业的动力严重不足。

三、人才资源供求不平衡

教师失业问题也是教师教育领域的一个突出问题。2016—2019 年，乌克兰的教师失业率约为 2.3%，而第聂伯罗彼得罗夫斯克地区教师失业人数占乌克兰失业教育者总数的 7.4%，扎波罗热州占 6.8%，伊万诺-弗兰科夫斯克州占 6.7%，哈尔科夫州占 5.4%，利沃夫州占 5.3%。总体来说，乌克兰大多数地区教师岗位在逐年减少，教师存在失业问题。

乌克兰失业教师中，具有硕士学位（54.2%）和学士学位（26.4%）的教师占主要比例，而初级专家的失业率是 19.4%。究其原因，一方面与高等师范教育的学位资格顺序相关，另一方面，大规模的高等教育毕业生并不等于大量的合格教育工作者。以师范专业为例，目前教育工作者失业率最高的专业

---

[1] 资料来源于乌克兰学前教育工作者协会编《乌克兰教育的挑战与展望：2020》。

是基础教育以及学前教育，在部分地区占失业教师总数的 75%—85%。目前，乌克兰的劳动力市场中存在着教师供求不平衡的问题。根据教育分析研究院 2020 年的调查，2016—2019 年，失业教师的平均人数与相应职位平均空缺人数的比例在整体上达到了 0.68，表明各地普遍缺乏教学人员。

2017—2019 年乌克兰高等教育机构教育学毕业生规模及市场需求情况见表 9.3。[1]

表 9.3 2017—2019 年乌克兰高等教育机构教育学毕业生规模及市场需求（单位：人）

教育学位	高校毕业生				预测的劳动力市场需求
	2017 年	2018 年	2019 年	平均值	
初级学士	9 015	7 982	7 280	8 092	9 855
学士	14 016	12 894	9 753	12 221	14 594
硕士	20 680	21 618	20 295	20 864	22 515
总计	43 711	42 494	37 328	41 177	46 964

从表 9.3 不难看出，乌克兰大约需要 4.7 万名教育工作者，但从高校毕业的教育专业学生数量在减少，加剧了教育市场供需不平衡的问题。

面对如此严峻的问题，合适的人才政策是教育质量的主要保障。为教育工作者提供物质和社会生活保障，提高其社会地位，或将有助于提高毕业生选择教育行业的动力，从而满足社会对教育工作者的需求。

---

[1] 资料来源于乌克兰学前教育工作者协会编《乌克兰教育的挑战与展望：2020》。

四、人口老龄化导致师资后劲不足

在所有类型的教育机构中，已达到退休年龄的教师占很大比例，社会亟须对教育工作者进行更新换代。在过去数年中，教育系统总体上呈现出教师人数不断减少和教师队伍老龄化的趋势。

乌克兰国家数据局 2020 年资料显示，乌克兰教育机构中某些学校的教学人员数量同 2014 年相比下降了 6.4%。同时，普通中等教育机构 60 岁以上年龄段的教师数量却在持续增加。总体而言，在中学里教授单独学科的 55 岁以上教师有 7.64 万人，占总体数量的 28%。同时，50 岁以下的教师数量逐渐减少。这一趋势反映在中等教育机构返聘校长的数量上，返聘校长约占普通中等教育机构负责人总数的 25.3%。根据乌克兰教育科学部对高等院校的师范专业毕业生就业率进行的评估，2016—2019 年 30 岁及以下的中学教师数量在逐渐减少。在师范高校毕业生中，只有 18.2% 的毕业生选择到中学工作。这意味着，如果 2016—2019 年毕业了 83 784（平均每年约 28 000 名）人，那么每年只有大概 5 000 人去中学工作。如果要填充 7 万余名待退休者留下的岗位，完全满足教育市场的需求可能需要十多年的时间，这对于乌克兰教育系统来说是一个巨大的挑战。

可见，今天的乌克兰教师教育领域存在着很多问题，而要解决这些问题，就需要进行教育改革。乌克兰教育科学部提出了推动教师教育改革的三个方向和完善教师培训系统的四个任务。

三个教育改革方向为：在社会需求增加、国民经济发展和全球技术变革的背景下，制定现代化的师范职业模式；转变高等教育与高职教育中的师范专业培养模式；明确教师职业的可持续发展与资格提高途径。四个任务是：为教育专业的高校毕业生提供物质奖励，提高其社会福利待遇和声望，提高学生投身于教师行业的积极性；及时追踪师范类专业毕业生的就业水平，并对教育人员的需求进行预估统计，政府进行年度调查，记录教师教育人才的培养成果；将师范类文凭后教育机构转变为地区成人教育中心，并给予其体制上和财务上的自治权；加大对培训机构和高等教育培训机构的资助，配备完善的现代教育所必需的基础设施和先进设备。

开展整体性的教师教育系统改革，旨在解决教师教育领域存在的问题，以促进教师职业发展，从而满足社会对教师的需求。

第十章 教育政策

教育政策是国家在教育和培养年轻一代，以及在成人教育领域进行的一系列立法行为和实践活动。教育政策反映政府的教育立场，确定政府实施教育工作的优先事项、原则和基本价值观。乌克兰自独立至今，制定了多部教育法律，详细规划了学前教育、基础教育、高等教育、职业教育等方面的政策。但是，由于近年来受经济不景气和政治长期动荡的影响，教育政策和改革的推行效果并不理想。

第一节 政策与规划

一、教育政策与规划的发展历程

1991 年 8 月 24 日，乌克兰宣布独立。早在当年的 5 月，乌克兰就独立通过了《教育法》[1]，这部法律后来也成为乌克兰教育改革的基础。同年，乌克兰出版了第一批基础教育阶段的教科书，时任乌克兰教育部部长的彼得·塔

---

[1] 资料来源于乌克兰最高拉达（国家议会）官网。

兰丘克亲自监督了所有教科书的印制，修订了旧教科书中的沙文主义内容。同年，乌克兰出现了几所私立学校。1988年，乌克兰出现了最早的私立学校——格兰特（贵族）专业中学。截至2019年，乌克兰基础教育阶段共有200多所私立学校。

1997年，乌克兰开始深化高等教育改革，引入了新的专业，开始为培养高等教育新型人才实施新的教学大纲。2000年，乌克兰基础教育阶段引入了十二分评分制度，此前评估采用的是五分制。2002年，在时任教育部部长瓦西里·克列敏的倡议下，乌克兰首次引入了十二年制教育体系。教育科学部向学生承诺减少学习时间并增加掌握复杂科目的时间。十二分制系统仅从4年级开始。2005年，乌克兰加入了"博洛尼亚进程"，引入了高等教育的学士和硕士学位。2006年，学生开始正式参加外部独立评估考试。2012年，乌克兰开始允许使用电子教科书进行教学。2014年，乌克兰通过了《高等教育法》，进入高等教育改革的新阶段，大学有权实施自己的教育和科学方案，开设自己的账户，获得贷款和处置资产的权利，最重要的是，教育机构开始有权支配自己的收入。另外，教育部门对高等教育学位制度进行了改革。目前，乌克兰有五个高等教育学位等级：初级学士、学士、硕士、哲学/艺术博士、科学博士。2017年，乌克兰通过了新的《教育法》。2019年，乌克兰通过了《高等职业教育法》。2020年，乌克兰通过了《全面普通中等教育法》。

二、近期教育政策与规划

关于乌克兰近期教育政策与规划，比较有代表性的是三部法律和一个项目。

（一）《高等教育法》

乌克兰最高拉达于 2014 年 7 月 1 日通过了《高等教育法》，同年 9 月 6 日生效。[1] 该法案最近一次修订时间是 2020 年 9 月 2 日，在三个方面做了重大调整：高等教育学位制度改革、限制校长任期、高校师生减负。

《高等教育法》的主要创新点包括：倡议成立一个单独的集体管理机关——国家高等教育质量保障局；加强打击学术剽窃的力度及追责；建立高等教育机构校长选拔新机制，允许所有教职员工参加，并增加学生的投票比例（不超过 15%）；限制校长、系主任、教研室主任的任期，连任不得超过两个任期；所有高等教育机构享有最终颁发教育文凭的权力；国立高等教育机构可以将其通过教育、科学和生产活动所得的资金存入其国有银行的账户中；为教师、学生减负，将高校教师的课时量从 900 减至 600，将学生学分的数量从 36 减至 30；从 2016 年开始，引入新的电子手续入学机制，自动公布国家定向名额变化；为教师与学生的学术交流创造条件；将外部独立知识评估作为招生系统的组成部分；所有高校的授课语言必须是官方语言乌克兰语，但是高校有权决定以英语或其他外语教授一门或数门学科，相应学科知识也同时以官方语言进行教学；从 2016 年 1 月 1 日起，根据录取结果，对高校有管辖权的国家机关作为人才定向培养的需求方，与高校签署定向培养合同条例；废除苏联时期的"初级专家""副博士"学位，引入初级学士、学士、硕士和博士，将原来的哲学/艺术类副博士、科学类副博士统一为博士学位。《高等教育法》也重新对教育阶段和教育学位的性质、授予条件进行了明确规定，在高等教育阶段中根据相应的教育或科学方案培养人才。

高等教育初级阶段（短期）对应国家学位资格体系 [2] 的第六级，个体

---

[1] 资料来源于乌克兰最高拉达（国家议会）官网。

[2] 资料来源于乌克兰最高拉达（国家议会）官网。

可获得公共文化和专业指导培养，实际应用于执行相应执业活动初级职务所需的专业能力、知识和相关经验。高等教育一级（学士）阶段对应国家学位资格体系的第七级，个体可获得足够其在所选专业中顺利履行职业义务的理论知识和实践能力与技巧。高等教育二级（硕士）阶段对应国家学位资格体系第八级，个体可获得所从事专业（或行业）的深入的理论知识、能力、技巧，一般性科学或职业活动的方法论，以及其他的足以使其在职业活动中高效执行创新任务的能力。高等教育的三级（哲学/艺术教育）阶段对应国家学位资格体系的第九级，个体可获得创作方面的知识、能力和技巧，以及其他解决职业或创新活动领域中综合问题的新思维和新能力，掌握科学方法，进行教学实践操作，并开展具有科学新颖性和理论、实践价值的个人科研活动。其中，高等教育三级阶段的艺术教育阶段，个体可掌握艺术活动和艺术教育活动的方法，独立创作艺术项目，获得发展新思维的实践技巧，解决艺术领域的理论和实际问题。高等教育三级阶段的科学阶段对应国家学位资格体系的第十级，个体可获得制定和推行研究工作的方法，创建新的系统性教育知识和先进技术，解决具有社会乃至世界价值的重要科学和应用问题。

在高等教育的每一个阶段中获得高等教育学位，都要求个体顺利完成相应的教育和科学大纲，这也是获得下一阶段高等教育学位的基础。

乌克兰《高等教育法》的制定，在学术方面进行了学术诚信规范，在权力分配上加强了高校自主，在管理架构上解除了高校校长"终身制"的桎梏，而最大的影响是通过学位制度改革完成了乌克兰高等教育从"苏联化"向"欧洲化"全面改制的关键一步。

（二）《教育法》

2017年9月5日通过的乌克兰《教育法》被公众称为"教育界宪法"。

该法律最近一次修订是 2020 年 9 月 17 日，修订的内容主要涉及十二年学制、提高基础教育教师工资、成人教育、语言条款等方面。

该法第十二条明确规定，乌克兰基础教育改为十二年制，基础教育包括初级中等教育（4 年）、基础中等教育（5 年）和专业中等教育（3 年）。初级中等教育、基础中等教育和专业中等教育可以在单独的教育机构或教育机构法人的某个分支机构获得。初级中等教育从 6 岁开始，学前教育机构中，在学年初将满 7 岁的儿童，必须在该学年离开幼儿园，接受初级中等教育。

2017 年《教育法》的通过，为近年来乌克兰教师工资的增长提供了立法基础。《教育法》明确规定了教育工作者的劳动报酬。教育工作者的劳动报酬来自国家和地方预算资金、创办者资金、教育机构收入、资助，以及其他立法未禁止的资金来源。

《教育法》规定，最低类别职业资格的教育工作者的正式岗位工资为最低工资的 3 倍，之后每个职业资格类别的教育工作者岗位工资至少提高 10%，高校工作者的最低岗位工资比最低资格类别的教育工作者岗位工资高 25%，之后每级教育工作者的岗位工资至少提高 10%。国立和公立教育机构的教育工作者的岗位工资计划由乌克兰内阁综合本法标准确定。私立教育机构创办人有权设置除本法规定之外的、其他的支付教育工作者劳动报酬、奖励、补贴的数额和条件。私立教育机构获得的公共资金的分配程序，按照针对国立和公立教育机构的立法确定。教育机构的教育工作者，依照相应立法，根据其学位和教学职称获得额外津贴。教育工作者还可以按照工龄每月领取额外津贴：3—10（含 10）年工龄，津贴增加 10%；10—20（含 20）年工龄，津贴增加 20%；20 年以上工龄，津贴增加 30%。通过认证的教育工作者，在其证书有效期内，根据教学量每月获得其岗位工资 20% 的额外津贴。教育机构负责人依照立法规定、机构组成文件和集体协议，有权为在教育过程中教授外语或应用现代技术、实现创新项目的教育工作者设置额外的津贴、补助和奖金。教育机构可使用自身收入为教育工作者提供物质援助，为其解决日常问题。

乌克兰《教育法》明确规定，成人教育是乌克兰教育系统中不可分割的一部分。该法律首次明确将成人教育列为单独的教育模式，并明确了成人教育的开展方式。作为终身教育重要组成部分的成人教育，旨在根据成年人的个人需求、社会发展优先事项和经济需求，赋予所有人接受继续教育的权利。国家中央机关及地方自治机关为成年人的正式、非正式教育创造条件。

乌克兰《教育法》中引起国内外争议最大的是语言条款。《教育法》第七条规定：乌克兰教育的官方语言是乌克兰语，是教育机构必须使用的教学语言。国家保障每位乌克兰公民在国立、公立教育机构以官方语言获得各个阶段正式教育以及特殊教育和研究生教育的权利。法律保障乌克兰少数民族在公立教育机构以官方语言及其母语接受学前教育及初级中等教育。该权利适用于依法建立的单独的以少数民族语言及官方语言授课的班级（小组），不适用于以乌克兰语授课的班级（小组）。土著民族、少数民族有权在普通中等教育机构或通过国家文化协会学习其土著语言或对应的少数民族语言。针对有听力障碍的学习者，乌克兰教育部门保障其学习手语或乌克兰手语的权利。

乌克兰教育机构强制要求学习官方语言，特别是在职业教育机构和高等教育机构。乌克兰教育科学部要求学生对乌克兰语的掌握程度可使其能够在选择的职业领域内以乌克兰语从事职业活动。当局为乌克兰的土著民族、少数民族、外国公民或无国籍者创造学习官方语言的必要条件。国家在国立或公立教育机构推动以英语为主的国际交流语言的研究。教学大纲规定，教育机构可以使用两种或多种语言教授一门或多门学科，这类语言指的是乌克兰语、英语和欧盟的其他官方语言。此外，国家还积极在国外创建以乌克兰语授课或者学习乌克兰语的教育机构。

（三）《全面普通中等教育法》

2020 年 1 月 16 日乌克兰最高拉达通过了《全面普通中等教育法》。然而，2 月 6 日便有议员针对该法案提出修正案，欲将新法废除。最终，仅有 58 名议员支持废除该法案（未达到过半数的 226 票），废除新法未能成功。乌克兰总统泽连斯基于 3 月 13 日签署了该法案。该法最近一次修订是 2020 年 7 月 13 日，主要改革内容涉及实现教育的平等性和普及性、强制学习官方语言、提高教师待遇、扩大学校自主权、深化财务改革，以及基础教育三个阶段分离等方面。

修订法要求实现教育的平等性和普及性。该法律保证了所有儿童接受教育的平等性。儿童进入初级中等学校时不需要通过任何考试，教育机构必须接收其辖区内有意愿在该机构学习的学生。长期在医疗机构住院的儿童，也可以直接在医院接受教育。

修订法要求强制学习官方语言。修订法在教学语言方面也有所创新，主要涉及乌克兰土著少数民族的语言问题，提出了三种新型教学模式。第一种模式针对乌克兰土著中那些没有生活在自己的语言环境中，或者没有国家可以保护和发展其母语的族群，如克里米亚鞑靼人。修订法建议针对该类群体，从一年级起用其民族语言授课，同时教授乌克兰语。第二种模式针对母语为欧盟官方语言的乌克兰少数民族，主要涉及乌克兰的匈牙利、罗马尼亚裔等少数民族。修订法规定教学以少数民族的母语进行，同时学习乌克兰官方语言；初级中学可使用其母语授课；5 年级后，每学年至少 20% 的教学科目使用乌克兰语授课，并逐渐增量；9 年级时，要求使用乌克兰语学习 40% 的教学科目；10 年级后，要求使用乌克兰语学习 60% 的教学科目。第三种模式针对的是讲俄语的乌克兰人，即语言同乌克兰语属于同一个语系的少数民族，以及主要生活在母语（俄语）环境当中的少数民族。该条件下的中学将同时使用少数民族语言及乌克兰语授课，但是从 5 年级开始，至少 80% 的教学科目需要使用乌克兰语。

修订法要求提高教师待遇。教师可以根据个人意愿，以国家公费形式进行培训进修。法律规定，在某些情况下对教师支付额外补贴，尤其是负责管理体育馆、信息办公室、资源室的教师，法律承诺将增加其工资的 10%—20%。该法还规定，任何受过高等教育的人都可以成为教师，不再必须要求具有师范类的学习经历。资深教师帮助年轻的教育工作者可以最高获得工资收入 20% 的补贴。

修订法要求扩大学校的自主权。2017 年通过的《教育法》中也强调了学校的自主权，但是没有明确规定学校，尤其是校长的权力。新法提供了一个实现自主权的机制，在组织、学术、财务和人事层面上实现学校的自治。也就是说，基础教育机构的负责人依据新法来掌握学校的财务权，制定人事政策，任用或者解雇教师。除此之外，还包括组织教育过程，监督教育质量，组织有关部委提供的模块化课程选择工作，或鼓励教师制定个人教学方案。

修订法要求深化财务改革。新法为教育机构提供了更广泛地分配和使用财务资源的权力，尤其是员工的津贴、补助、奖金、福利、物质援助，以及其他对员工的奖励类型。

修订法要求基础教育三个阶段分离。虽然乌克兰的基础教育学制在十一年制与十二年制之间反复，但基础教育机构的形式比较固定。基础教育机构主要分为三个部分，即初级中学、古典中学、专业中学。除了教学内容、入学形式、考试形式不同之外，三者还在教学阶段上有比较明显的差别。初级中学可以接收 1—11 年级的学生，古典中学主要接收 5—9 年级的学生，但同时也可以接收 1 年级的学生，而专业中学主要接收的是 10—12 年级的高年级学生。

新法还建议将初级中学分拆。保留 1—4 年级学生，将 5—9 年级转为古典中学，而 10—12 年级的学生则转移至专业中学学习。在此基础之上，又将专业中学分流为两部分：一部分是以进一步接受高等教育为方向的学术专业中学，另一部分是以就业为主要目标的职业中学。

除了以上变化外，新法还涉及减少家长委员会的职权、限制班级学生数量、学生可以自由选择科目、规定校长任期等内容。

（四）"新乌克兰学校"项目

乌克兰教育科学部的关键性改革项目之一是 2017 年被批准的"新乌克兰学校"项目。从 2018 年 9 月起，该改革覆盖所有乌克兰基础教育阶段的学校，且第一批班级已经开始按照新系统进行教学。

改革的基本内容包括：新的教育内容建立在培养学生掌握在社会中自我实现所必需的技能的基础之上；教育建立在学生、教师和家长合作关系基础之上；鼓励教师的创作自由和专业发展；在教育过程中以学生需求为导向；倡导教育是构建价值观的过程；教授学生对未来职业发展有益的新知识；推行中央权力下放及教育机构高效管理，使学校获得实际自治权；公平分配公共资金，以保障所有儿童平等地获得优质教育。

改革项目旨在培养儿童的关键能力。如以官方语言和母语沟通和表达思想的能力；熟练掌握关键的信息交流技术，建立、搜索、整理、交换信息的信息处理能力；终身学习的能力，学习新知识、获得新技能、组织教学过程的能力；提高公共文化素养，提高学生的个人艺术品位，以及通过艺术来独立表达思想、经验和感觉的能力；培养具有环保意识、形成健康的生活方式、理性使用自然资源的能力；激发进取心，培养创新和实践能力；提升规避健康风险的能力；培养以科学视角理解自然，并通过观察和分析形成个人观点，收集资料，进行实验并得出结论的能力；培养社会能力和公民能力，以及高效和建设性地参与社会生活和工作的行为能力；培养与他人合作解决问题的能力等。

该项目重视伙伴关系教育，在教师、学生与家长的沟通与互动基础之上形成统一目标。改革项目改变了对学生的评估方式，新评估方式将用来分析个体进步，以推进个人计划进度，而非对学生成绩进行排名。"新乌克兰学校"将积极利用网络平台建立和推广使用电子教科书，以及针对学生和教师的网上教学课程。

改革项目将使教师获得更大的学术自由。教师自己可以制定个性化的教学方案，自由选择教学方式。那些通过了独立认证的教师，还可以获得额外津贴。同时，他们可以研究教育管理过程，研究群体动态心理。由此，教师的角色发生了转换，不仅仅是信息的提供者和权威的教导员，更是儿童教育的引导者、启蒙者。

改革项目的内容之一是扩大学校自治权。学校可以自己制定教学大纲，编写和选择教科书。学校的创办人将监督机构的教育和财务经济活动，并在合同基础之上任命中学的负责人。学校负责人通过选拔任命，每个任期为五年，在同一个机构担任负责人不得超过两个任期。

改革项目以学生为中心，关注每个儿童的能力、需求和兴趣。教育过程重视培养 21 世纪所需的新技能，并根据儿童的个人风格和特点进行调整。根据儿童身体、精神和智力发展特性，开设适合不同年龄儿童的学科和跨学科班级，并调整教学方式。为有特殊教育需求的学生创造与同龄人共同学习的条件，为其引入个体发展方案，其中包括校正康复活动和教育心理支持。

改革项目的学制设置为：初级中等教育 4 年，基础中等教育 5 年，专业中等教育 3 年，共 12 年。儿童的基础教育从 6 岁开始，有特殊教育需求的儿童入学年龄可以适当调整。

需要指出的是，改革项目支持家长们建立自己的公共自治组织，影响教育和教学过程，监督学校的财务状况。所有获得过公共资金的教育机构，必须公布自己的预算资金支出的详细信息。家长可以通过汇款向学校慈善捐款，而不必像以往一样以现金形式。所有教学过程参与者的合作是取得一切成果的基础。如今，改革项目已经开始在初级中等教育中开展，此项改革将在乌克兰基础教育阶段全面推广。

第二节 改革和挑战

从教育政策和规划中不难看出，乌克兰的教育改革之路从来没有停止过。从学前教育到高等教育，从地方到中央，从部委计划到形成国家立法，从内容到范围都呈现了相对积极的趋势，并取得了一定的成果。然而，教育中存在的很多问题并未得到真正解决。政策的制定和通过，既需要掌权者具有政治意愿和做出大胆决策的能力，也需要乌克兰最高拉达内各政党的妥协。当法律真正进入实施阶段后，却往往缺乏可靠执行力，从而出现种种问题和矛盾。目前，乌克兰的教育政策存在以下问题和挑战。

一、高等教育满意度不高

《高等教育法》和《教育法》为乌克兰的高等教育发展奠定了立法基础，成为乌克兰高等教育机构运行的基本准则，并对高等教育活动起到了指导作用。然而，法律已经实施了多年，仍然未能解决困扰乌克兰高等教育的主要问题。乌克兰高校在毕业生人数上一直处于欧洲的领先地位，但大学的教学质量不能令人满意。尽管乌克兰高校的文凭在世界范围内被承认，但其含金量往往受到质疑。

乌克兰高等教育的专业设置与市场需求不一致。乌克兰中学生偏爱高等教育，歧视职业技术教育。这种情况造成大量高校毕业生无法找到与所学专业相关的工作，同时市场上又缺乏能够从事职业活动的专业人员。此外，乌克兰大学受资金限制，无论是硬件还是软件都跟不上时代的变化，学生获得的知识相对陈旧。

由于相关部门对法律的执行力度不足，法律对教育机构的腐败行为并没有真正起到约束作用。在个别大学中，有的学生甚至可以不需要到学校上课就能够买到高等教育文凭。个别高等教育机构弄虚作假，聘请教授或博士来通过机构认证，但真正授课的却是没有高级职称的教师。

乌克兰高等教育的国际声望也在下降。作为曾经的教育大国，在 QS 世界高校排名 Top 500 中，乌克兰近年来仅有哈尔科夫国立大学入选。即便如此，该大学的排名也在 2016 年的第 382 名后开始逐年下降。乌克兰教育机构现代化程度不足，少数高校仍旧依靠基础学科在苦苦支撑，部分高校则成了走不出国门的"文凭制造机器"。

乌克兰教师整体专业水平和社会地位较低，高职称教育者薪酬与其所付出的时间、经济成本不符，乌克兰教育工作者提高资格水平的动机大大降低。以上种种因素导致乌克兰高等教育的满意度不高。

二、"新乌克兰学校"项目落实较难

"新乌克兰学校"是乌克兰教育改革中少数获得好评的成果之一，但仍然有不少学生家长反对此项目，一些教师也对其表示不满。目前，在数千所乌克兰基础教育阶段学校中，每个班级只有 5—7 名学生，同时大约有

4 万名儿童通过"家庭访视"制度 [1] 接受教育，也就是教师的一对一教学，每节课仅有 15 分钟，比规定课时少了很多。乌克兰有些基础教育阶段学校既无法提供移动网络，也没有足够的教学设备，教学场所年久失修，甚至教师数量也不足，物理课可能需要劳动课教师来教授。

该项目还针对年轻教师的职业成长做了规定，如"以老带新"制度（年轻教师工作之初有资深教师陪同指导）。这诚然是一个好主意，特别是在如今乌克兰高等师范教育质量不尽如人意的情况下。只是这种新规并没有充分考虑到乌克兰教学机构的实际情况，比如一个年轻的数学教师被分配到了一所没有其他数学教师的农村学校，那就没有人能够指导这位新教师并与之分享教学经验。

改革项目的很多方面都超出了教育领域，涉及人口统计、人口迁移、区域政治、数字化等问题。因此，应该全面统筹和协调，才能更好地解决教育领域出现的问题。例如，通过创建经常更新的在线教育网络地图，并定期维护人口统计登记册。建立数据基础框架和整合工作可能需要花费数年时间，并且需要较大的预算资金或个人捐款。

改革项目中采用职业分流来鼓励中学生接受职业教育的措施同样不容乐观。实际上，约 80% 的乌克兰中学生毕业后会选择进入大学，只有 20% 左右的中学毕业生选择在专业技术学校接受职业教育。结果是高等教育的文凭在乌克兰开始贬值，很多雇主甚至不重视文凭，而更看重一个人的工作经验。

---

[1] 家庭访视制度，指的是教育机构为因疾病等客观原因无法到学校接受教育的儿童提供的家庭教学方式。

三、教学语言问题

乌克兰《教育法》规定，教育机构的教学语言必须是乌克兰语。公立学前教育机构和初级中等教育机构可以使用少数民族语言和乌克兰语同时授课。《全面普通中等教育法》第五条规定则彻底断绝了未来俄语等少数民族语言在乌克兰教育机构作为教学语言使用的可能性。乌克兰教育改革的目标之一是减少使用并逐渐取消俄语授课。目前，语言问题是许多乌克兰人面临的最严重问题之一。乌克兰有大量居民以俄语为母语，并希望接受俄语教育。2017 年 9 月 5 日《教育法》的通过引起了俄罗斯族聚集的乌克兰东部、南部，匈牙利裔聚集的外喀尔巴阡州居民的强烈反对。2017 年 9 月 8 日，时任外喀尔巴阡州州长的根纳季·默斯卡尔向时任乌克兰总统波罗申科发出呼吁，要求其以该法案不符合乌克兰在 2006 年 1 月 1 日签署加入的《欧洲区域语言或少数民族语言宪章》等法律为由，将之退回最高拉达，但并未得到波罗申科的积极回应。

该法律还引起乌克兰邻国的强烈不满。罗马尼亚批评该法律侵犯了乌克兰境内的少数民族的权利。俄罗斯外交部宣称该法律的目的在于最大程度限制乌克兰的俄语使用者的切身利益，呼吁联合国、欧洲安全与合作组织和欧洲委员会维权机构就乌克兰通过歧视俄语的教育法的行为进行评估。保加利亚、希腊等国呼吁乌克兰不要在教育活动中实施该法律。匈牙利也对此表示强烈不满，因为在乌克兰西部的喀尔巴阡山脉地区生活着许多匈牙利侨民。2017 年 9 月 26 日，匈牙利外长宣布，由于乌克兰时任总统波罗申科签署了涉及"歧视"少数民族语言的《教育法》，匈牙利将反对实施乌克兰与欧盟的"东方伙伴计划"。

乌克兰教育科学部回应称："制定该法律是因为以少数民族语言教学的学校的教育水平和教育质量呈现持续下降的趋势。外部独立评估证实，2016 年乌克兰的罗马尼亚和匈牙利少数民族的 60.1% 的学童无法通过乌克兰语言考试，这种情况会侵犯儿童进入高校接受教育的宪法权利，因此，在少数民族中学加强官方语言授课极为重要。"[1] 而乌克兰外交部则表示，为了鉴定该法律是否符合欧盟相关规定，已经将该法提交至威尼斯委员会审查。2017 年 12 月 8 日，威尼斯委员会表示，乌克兰《教育法》的语言条款符合欧洲语言宪章及少数民族权利保护规定。委员会认为，考虑到俄语在乌克兰的特殊地位，以及乌克兰语在过去所遭遇的打压，威尼斯委员会完全理解并鼓励乌克兰语作为乌克兰官方语言在教育机构扩大使用的政策，但同时建议乌克兰加强对少数民族权利的立法保护，以避免侵害少数民族的语言权利。

然而，事情到此并未风平浪静。匈牙利此前发出的报复威胁并非虚言。本应于 2018 年 2 月 14—15 日举行的乌克兰-北约国防部部长会议被匈牙利使用否定权否决。2018 年 4 月，匈牙利又否决了乌克兰-北约外长级别会议。然而，乌克兰当局并未因此打算做任何让步。尽管个别国家一再施压，该法律还是在全乌克兰得到了全面推广。乌克兰外交部认为，由于乌克兰《教育法》已经通过了威尼斯委员会的审查鉴定，且目前已经处于威尼斯委员会建议的执行阶段，不可能再做修改。2020 年，乌克兰、匈牙利两国副外长在布达佩斯会晤时表示，相信基辅和布达佩斯能够在互惠互利的条件下，就教育语言的争端达成妥协。但会谈结果却并不尽如人意。时任教育科学部部长安娜·诺瓦萨德在外喀尔巴阡州地区视察期间，同该地区的匈牙利社区居民代表进行了会谈。她向匈牙利裔社区代表表示，政府要保障居住在任何地区的每个公民都拥有接受优质教育和掌握乌克兰语的权利，

---

[1] 资料来源于俄新社。

宪法法院已明确地判定《教育法》合宪，因此，不可能再去讨论该法律有哪些地方伤害到乌克兰少数民族利益。诺瓦萨德还表示，政府将这项法律的执行期限延长到2023年（只针对使用欧盟国家语言授课的学校，而俄语已从2020年开始执行），从2023年开始，以匈牙利语为教学语言的公立学校中的儿童将更多地使用乌克兰语进行学习。同时，少数民族儿童以母语接受教育的权利也被保留下来。2020年7月，乌克兰最高拉达多数党人民公仆党议员马克西姆·布让斯基提出将语言法案列入最高拉达议程当中。布让斯基建议让俄语学校的授课语言改变时间，同教授欧盟成员国语言授课的学校一起延迟至2023年9月1日开始，还建议将作为乌克兰少数民族语言的俄语与欧盟成员国语言平等对待。[1]该提案定于2020年7月16日进行审议，在表决前夕，官方语言保护专员塔拉斯·克里门呼吁最高拉达的议员们不要通过布让斯基的提案。于是，原定于7月16日进行审议的提案一推再推，到最后未能进行提案表决。事后，乌克兰教育科学部给出了俄语与欧盟官方语言在不同时间正式实施的理由。乌克兰教育科学部并不同意威尼斯委员会关于《教育法》第七条的语言条款可能会侵犯少数民族利益的说法[2]。目前，乌克兰《教育法》和《全面普通中等教育法》关于语言部分的条款均已进入实施阶段，而保护少数民族权利的法案还尚未制定。

乌克兰总统泽连斯基在2019年大选期间，曾经同选民用俄语正常交流，并承诺如若当选将重审波罗申科的语言法律。事实上，这对在最高拉达中占绝对优势席位的新总统来说并不困难。但是，在其执政一年多时间里，并没有放松对语言相关法律的执行。相反，泽连斯基在2020年1月16日签署了最高拉达通过的《全面普通中等教育法》。该法律规定进一步缩小包括俄语在内的少数民族语言的使用范围。目前，俄语仍旧在东部、南部的哈

[1] 资料来源于俄罗斯《论据与实事报》。
[2] 资料来源于乌克兰 GORDOUNA 新闻网。

尔科夫、顿涅茨克、敖德萨等大城市的民间继续使用，但随着基础教育的教学语言已经全面乌克兰化，乌克兰语已经从西部向中部、东部、南部迅速扩散。可预见的是，若乌克兰政治上没有明显的转向，俄语在乌克兰的生存范围将越来越小。而语言政策，尤其是教育领域的语言政策，将继续成为困扰乌克兰社会的重要议题之一。

第十一章 教育行政

　　乌克兰的教育行政系统继承了苏联时期统一的教育行政体系，实行国家统一的教育行政管理。自 2014 年以来，乌克兰推行了扩大地方政府自治权的"去中央化"政策，在教育行政领域表现为扩大地方教育行政机构的自主权，扩大地方政府的教育预算分配比例，以及地方的教育改革主导权。乌克兰教育行政实行中央与地方两个层级，中央政府包括教育科学部、国家教育行政专门部委和国家教育认证机构，中央教育行政机构主要负责制定国家教育政策、确定国家的教育标准和控制国家教育质量。地方教育行政机构包括克里米亚自治共和国教育科学部、州一级的政府教育行政部门和地方教育自治管理机构。

第一节　中央教育行政

　　乌克兰《教育法》第六十二条第一款规定，乌克兰教育领域的管理机关包括乌克兰内阁、教育科学领域的中央行政机关、中央教育质量保障行政机关、高等教育质量保障领域的常设管理机关。属于中央教育行政机构的部门主要有乌克兰内阁、乌克兰教育科学部、乌克兰国家教育质量局和乌克兰国家高等教育质量保障局。

一、乌克兰内阁

乌克兰内阁是乌克兰最高行政机关，直接管辖包括乌克兰教育科学部在内的 19 个部，65 个次一级国家行政机关（45 个局、署，5 个监察机关，8 个特殊地位中央机关，3 个集体机关，4 个其他中央机构）和 27 个州级（自治共和国、直辖市）地方行政机关。内阁首脑为内阁总理，乌克兰现任内阁总理为丹尼斯·什梅加尔。

《教育法》规定了内阁在教育与科学领域具有以下职权：采取措施保障每位公民受教育的宪法权利；保障国家教育领域政策的执行；批准乌克兰教育发展战略；制定、批准和执行国家教育领域的目标计划；行使国立教育机构创办人职权，或委托给授权机构行使；为全部所有制形式的教育机构设立平等条件；根据《教育法》以及《预算法》第九十四条规定，确定在各级预算中制定分配教育补助金的程序；确定国家对职业（职业技术）教育和高等职业教育的资金分配程序；批准国家对专家、科教工作者以及不同领域的人员进行资格培训和再培训的相关事项；批准高等教育、高等职业教育和职业（技术）教育专家培训的知识领域和专业清单；批准教育机构的科教工作者和教育工作者职务列表；批准开展教育活动的许可条件；确定乌克兰和地区教育状况评估指标；确定学前教育机构和基础教育机构许可颁发机关；行使法律规定的其他职权。

乌克兰内阁是科教领域的最高管辖机构，乌克兰教育科学部是乌克兰教育科学事业的直接管理部门，在乌克兰的教育科学事业发展中起着最主要的作用。

二、乌克兰教育科学部

乌克兰是一个 1991 年才获得独立的年轻国家。随着苏联解体，乌克兰的所有政府部门都进行了重大改革，教育行政机构的名称和职能进行了数次变更。乌克兰教育科学部的变化历程也反映了乌克兰教育科学事业的发展史。

第一阶段：乌克兰人民教育部和乌克兰高等教育部（1991.06.06—1991.12.12）。乌克兰人民教育部和乌克兰高等教育部在历史上只存在了5个月。其职责是完成由苏联时期乌克兰苏维埃社会主义共和国教育制度向独立的乌克兰国家教育制度的过渡。

第二阶段：乌克兰教育部（1991.12.12—2006.12.19）。1991年12月12日，时任乌克兰总统克拉夫丘克颁发总统令，宣布成立乌克兰教育部。首任教育部部长为彼得·米哈伊洛维奇·塔兰丘克。

1993年11月3日，乌克兰内阁决议批准了《国家教育方案》，明确将教育实施和监督权交给教育部。该法令特别指出，随着乌克兰向独立国家的转变，教育成为乌克兰人民独立自主的事务。教育系统发展的根本任务是使教育成为民族知识和精神潜力再生产的基础；使教育成为国家科学、技术和文化与世界融合以及民族复兴的动力；使教育成为乌克兰国家地位和社会民主化的基础。人们意识到，乌克兰现存的教育系统，仍处于无法满足乌克兰国家发展和乌克兰民族精神复兴需求的状态，主要体现在教育与个人需求、社会需求和人类世界发展的不匹配，教育活动和智力活动的社会声望被贬低，教育目标和功能被扭曲，教育系统内部环境官僚化。因此，相关部门认为有必要在乌克兰制定一项整体方案，以确保该领域的正常、稳健、高效发展。《国家教育方案》明确了乌克兰教育发展战略，为发展高水平教育事业制定了一条合适的、可持续发展路线，提高了教育事业在社会发展中的作用。

此外，乌克兰在教育领域也积极落实欧洲一体化政策，参考欧洲的发展战略及教育体系的构建方式进行教育改革。乌克兰于2005年5月19日签署了《博洛尼亚宣言》，通过与欧洲合作来保障高等教育质量，提高专家培养质量，巩固教育主体之间的信任、认证系统的兼容性，加强自身在欧洲教育系统中的竞争力。

第三阶段：乌克兰教育科学部（2006.12.12—2010.12.09）。2006 年 12 月 19 日，乌克兰内阁通过决议，乌克兰教育部改组为乌克兰教育科学部。部门职能包括：参与制定和保障实施教育、科学、科技、创新互动及知识产权领域的国家政策；为普及全民中等教育创造条件；保障乌克兰教育、科学、科技潜力的发展；确定教育、科学、科技、创新活动和知识产权领域的发展方向及优先事务；实现国家科技信息系统的发展；在世界范围内，在保护本国利益前提下，保障国家教育与科学的一体化。

第四阶段：乌克兰教育与科学、青年与体育部（2010.12.09—2013.02.28）。2010 年 12 月 9 日，通过乌克兰教育与科学部与乌克兰家庭、青年、体育部的改组，成立了乌克兰教育与科学、青年与体育部。

随着名称的改变和功能的增加，乌克兰教育与科学、青年与体育部的结构也发生了变化，主要划分为以下部门：行政管理司、普通中等教育与学前教育司、职业技术教育司、高等教育司、普通人员与干部工作司、人事考核司、科学事务与许可颁发司、经济与财务司、法律司、中央行政机关及大众媒体和公共组织交流司、国际合作司、会计与统计司、内部审计司等。新的部委积极推动教育一体化的方针，遵循"博洛尼亚进程"的原则和标准。

第五阶段：乌克兰教育科学部（2013.02.28 至今）。2013 年 2 月 28 日，乌克兰教育与科学部、青年与体育部再度改回原名——乌克兰教育科学部，该名称一直持续至今。今天的教育科学部是乌克兰中央行政机关之一，该中央教育行政机关在活动中受乌克兰宪法、总统令、内阁条文及其他法律部门条文的约束。该部委的部分提案在提交给政府审议之前，还会同乌克兰经济部等其他中央行政机关协商。

乌克兰内阁轮替比较频繁，教育部部长轮换同样如此。据统计，乌克兰独立以来先后更换了 14 位教育部部长（包含 3 位代理部长）。

乌克兰教育科学部部长是教育部门的最高领导，直接负责教育科学部的工作。受教育科学部部长管辖的国务秘书行使管理国家公务的权力。教育科学部机关结构及配置由部长决定，人员配置由国务秘书同财务部商定后决定。目前，教育科学部共有十八个司、署、处等分支部门。

根据乌克兰教育科学部 2014 年 10 月 16 日的政令，教育科学部的职能与权力得到了极大扩展，高达 90 多项。教育科学部的主要功能是制定和实施教育科学领域的国家政策，负责全方位监管科学、科技创新和技术转让相关活动，保障国家对任何所有制形式的教学机构，以及提供教育服务或充当活动中介的企业、机构和组织的监督。

自乌克兰独立以来，教育科学部的职能范围得到了较大的扩展。凡是乌克兰教育科学部职权范围内下达的合法命令，中央行政机关及其地区机关，地方行政机关、地方自治机关，以及不受所有制形式和国别限制的企业、机构和组织必须执行。

三、乌克兰国家教育质量局

乌克兰国家教育质量局是隶属于教育科学部的乌克兰中央行政机关。2017 年乌克兰最高拉达通过了成立该部门的决议法案。2018 年，国家教育质量局正式建立。该机关自 2018 年 9 月开始在部分城市开设了试点机构，最早在基辅、哈尔科夫、第聂伯、利沃夫、敖德萨、文尼察及赫梅利尼茨基六地开设了分支机构。至今，乌克兰教育质量局已经设立了 25 个地方分支机构。

乌克兰教育质量保障系统主要由内部保障系统和外部保障系统两部分构成。该系统发展与运作的主要目的是对教育质量进行合理监督，使公众对教育系统和教育行政机关产生信任；提高教育质量，协助教育机构及其他教育活动主体开展各种教学活动等。

教育质量内部保障系统的主要工作包括：制定教育质量保障政策和操作程序；制定学术诚信保障机制；公布评估教学机构的标准、规则和程序；公布教育工作者专业活动的标准、规则和程序；公布评估教育机构负责人管理活动的标准、规则和程序；保障组织教育过程所需的资源，包括学习者自学所使用资源；在教育机构建立全纳教育环境等。

教育质量外部保障系统则主要负责监督提高教育质量的方法、程序和措施的实施情况，包括质量评估的标准化、教育活动许可、教育大纲认证、教育机构认证、教育机构公共认证、教学成果外部独立评估、机构审计、教育质量监督、教育工作者认证、公共监督等。乌克兰《教育法》、乌克兰专门法律规定的机关和负责教育质量监督的机构，以及国家授权的机构负责开展外部独立评估。在教育不同时期和不同阶段，质量保障系统的运作方式由相关法律规定。

四、国家高等教育质量保障局

2014 年 7 月 1 日，乌克兰最高拉达通过《高等教育法》，同年 9 月 6 日生效。根据该法律的规定，2015 年 4 月 15 日，乌克兰成立了国家高等教育质量保障局，这也是乌克兰高等教育的管理机构之一。如今，该局已成为在高等教育领域实施国家政策、应对现代化挑战的重要管理机构，成为乌克兰高等教育改革的主导机关和管理部门，并以形成高质量的教育和文化系统为发展目标。

国家高等教育质量保障局的主要战略目标有三个。一是保证教育服务质量。通过采用有效的认证程序和严格的监管来保证教育质量；通过开展信息咨询活动以及对当地质量体系进行基准测试，以促进高等教育机构内部质量保障体系的运作；制定国内外统一的高等教育质量保证标准。二是认证科学成果的质量。通过引入透明有效的程序，打击伪科学，保障科学研究的完整性；引入符合欧洲标准的科学人员认证程序；在相关法规和活动监督的基础上，对专业科学委员会进行认证。三是确保国家教育系统影响力。监测和分析高等教育机构的成果，以通过科技成果认证程序和科学人员的认证办法，确保教育质量；通过与外国质量保障机构建立伙伴关系，鼓励高等教育机构开展国际合作，并在互认区内承认学生获得的教育和科学学位，促进乌克兰的高等教育系统融入世界教育和科学领域；通过相互尊重建立信任，确保沟通的开放性，确保所有利益方在高等教育质量保障领域进行有效合作；在引入新的质量标准的基础上，促进乌克兰高等教育机构参与国际教育、科学排名；在尊重国家教育传统的同时，借鉴世界先进经验；通过教育过程参与者和机构利益相关者的信赖提高教育机构的声望。

第二节　地方教育行政

　　乌克兰的地方教育行政体系主要有克里米亚自治共和国教育科学部、行政州政府、州议会和州教育管理部。地方教育行政部门的职责有：执行乌克兰国家教育机构制定的教育政策，向国家和州共同管理的公立教育机构拨付经费，组织和管理地方的社会教育机构（学前教育和继续教育），监督地方教育质量。

　　按照《乌克兰宪法》和《教育法》的规定，地方政府部门和自治共和国的政府机构有权建立相应的教育管理机构，其主要职能包括：管理本地区内的公共教育机构；对组织教育机构的教育工作者进行专业资格认证，按照教育行业标准的规定对教育工作者进行定期的再培训和再认证；协调教育工作者、家庭和公众的教育和抚养子女的行动；为国家制定政策建议，确定地区教育资源需求，并以此制定本地区教职员工的招聘和培训计划；监控本地区教学内容、水平和质量，以及对公有教育机构定期考核认证。

一、地方教育行政及其职责

乌克兰独立以来，在教育行政体系上基本上继承了苏联时期的行政管理体系，坚持国家在教育行政上的主导权，地方政府主要负责实施国家的教育政策。与此同时，从 2014 年开始，乌克兰政府实施了国家权力的"去中心化"政策，核心内容是将过去属于国家中央政府的部分行政权力和财政权下放给地方政府。中央政府的教育行政部门也实行了分权改革，在遵守国家教育法规和政策的基础上，扩大地方政府教育机构的自主决策权，地方政府拥有教育管理的人事权和财政权，以及部分地方教学内容的选择权。

乌克兰是中央集权制国家，中央政府在教育行政管理方面发挥着主导作用，地方教育行政部门则主要负责执行中央政府教育政策，代表国家在地方向公众提供基本的公共教育服务。乌克兰的地方教育行政分为三个行政层级：州、直辖市和自治共和国的政府和议会；区一级的政府和议会；村庄和定居点委员会。乌克兰分为三个级别的行政和地区划分，州一级的行政区有 24 个，加上克里米亚自治共和国和两个具有特殊地位的城市——基辅市和塞瓦斯托波尔市。1991—2020 年，乌克兰有区一级行政单位 490 个，村和居民点委员会大约有 10 900 个。2020 年 7 月，乌克兰议会批准了国家三级行政区划改革方案，将 490 个区级行政单位整合为 136 个。

（一）州、直辖市和自治共和国的政府和议会的教育行政职能

乌克兰有克里米亚自治共和国、24 个州和两个直辖市（基辅市和塞瓦斯托波尔市）。作为二级行政单位的州议会、克里米亚自治共和国议会和直辖市议会是地方教育行政的主体，承担地方教育管理和监督的主要职能，一方面贯彻执行国家教育的政策，另一方面在地方教育事务上还具有一定的自主权。

（二）区一级议会的教育行政职能

区级议会及其附属教育行政部门负责本地具体的教育管理和监管，内容相对更为详细。其主要工作方向在学前教育、基础教育和校外教育领域，主要职能是贯彻执行国家和州一级教育政策，管理和监督本地区的教育体系，确保本地区教育质量，提供必要的学前教育、基础教育、校外教育，促使教育机构网络的健康发展；在特殊情况下，可以依据法律成立新的教育机构，重组、配置（更改类型）和清算本地区的教育资源。

地区（市）国家行政教育局是市议会的独立机关。其职权包括：监督国家政策实施情况、教育法律条文的遵守情况；对所有类型和所有制模式的学前教育机构、基础教育机构、校外教育机构进行监督。其主要任务是保障基础教育，并使用所有资源来满足校外教育需求；在考虑到客观合理和实用原则的基础上，在教育机构中创造全纳教育环境；在其职能内提供社会保护，保障生命安全与健康，保护学生的权利；促进推行现代信息数字技术。各地区（市）国家行政机关教育部门直接管辖的机构包括教学办公室、基础教育机构、学前教育机构、校外机构。[1]

---

[1] 资料来源于乌克兰最高拉达（国家议会）官网。

（三）村和定居点委员会的教育行政职能

村和定居点委员会是乌克兰最基层的教育行政管理机关，主要负责执行教育领域的国家政策，确保本地区的教育质量；在法律规定的特殊情况下，有权成立、重组、重新配置（更改类型）和清算本地的教育机构；公布本地区教育预算的使用情况，以及教育机构需要的商品、服务和消费清单。乌克兰独立以后，本国人口规模不断下降，大量的农村人口流向中心城市和发达地区，农村地区和偏远地区人口规模下降明显。村和定居点委员会总体数量有所下降，在大城市和经济发达地区的村和定居点委员会基本上保持正常运行，农村地区的教育监管质量存在着较多的问题。

二、地方教育行政改革

乌克兰独立以来，教育行政管理体系逐渐向欧盟靠拢，放弃了苏联式的统一教育行政管理体系，赋予了地方政府一定的教育行政管理自主权。20世纪90年代，乌克兰处在苏联解体后国家转型的经济阵痛期，国家无力在教育行政管理方面进行大幅的改革。1993年11月3日乌克兰内阁批准了"21世纪的乌克兰"国家教育计划，提出教育管理的目的是为教育部门运作提供最佳的条件。国家、地方与教育机构共同建立起一种自我调节的行政管理机制。

进入21世纪以后，乌克兰政府借鉴欧盟教育经验，实行中央与地方分权的教育行政体系。2002年4月17日，乌克兰颁布了《国家教育发展学说》，倡导教育管理体系的新模式，提出教育管理制度必须是开放和民主的，确立了公共教育行政管理必须充分考虑公众意见的准则。新学说重新分配了中央和地方行政机构、地方自治政府机构和教育机构之间的职能和权力，引入新的教育行政管理机制，从计划管理过渡到目标管理，国家与公共组织相结合，在相互尊重的原则基础上，提高制定、审查和批准教育法律文件的透明度，建立有效的管理监测系统，及其对各级教育服务质量评估的系统。

乌克兰实施的中央权力下放政策提高了地方教育行政效率。2014 年，乌克兰与欧盟签署了《联系国地位协定》，开启了国家行政管理体系的改革进程。2015 年乌克兰通过宪法修正案，其中最主要的内容就是中央政府权力下放给地方政府。具体到教育领域就是给予地方政府更大的教育自主权和更多的预算分配权。乌克兰高等教育机构主要隶属于教育科学部管理，因此地方教育行政改革主要集中在基础教育领域。地方教育行政改革的主要内容是在基层设立区域性的基础教育中心——中心学校。在行政权力下放改革的背景下，乌克兰地方政府（州议会和区级议会）和学校行政部门在组织、资助和管理中心学校工作方面拥有广泛的权力。地方政府对基础教育的优先改革缩小了城乡教育资源的差距。

2017 年 9 月 5 日，乌克兰议会经过长时间的讨论，通过了乌克兰《教育法》。一个重要的创新是赋予了地方政府在教育行政管理上较大的自主权，鼓励地方区一级政府整合教育资源，在教育机构设立和教育财政资源使用上行使主导权。由于教育行政体系改革刚刚开始，乌克兰全国推进的进度各不相同。以基辅州为例，截至 2019 年 1 月，获得权力下放的地方政府获得了更多预算分配比例，有了更多的财政资源，在乡村和城镇设立了具有现代化设备和良好师资条件的中心学校，这些机构都配备了物理、数学、生物和化学实验室。目前，基辅州共开设了 40 所优质的中心学校，有 1.5 万名学生因此受益。基辅州的教育行政部门还资助了 16 个学前教育机构，确保学前教育和基础教育的连贯性。地方教育行政机构在 32 个中心学校设立了 138 个学习小组以培养学生科学专长，为 2 691 名学生提供了学习机会。此外，基辅州教育行政部门还扩大了传统公立学校的自主权，63 所基础教育学校和 55 所学前教育机构获得了财政自主权。

乌克兰的地方教育行政改革刚刚开始，改革的主要方向还是集中在基础教育和学前教育领域。国家通过财政税收改革，赋予地方政府更多的预算收入，鼓励地方政府因地制宜，根据地方经济发展水平差异，出台差异性的教育政策。基辅州是乌克兰经济较为发达地区，因此其地方教育行政改革还不具有普遍性，但是中央下放教育行政管理权力、实行多样化的教育行政管理方式在乌克兰已经成为主流趋势。

第十二章 中乌教育交流

　　乌克兰在苏联时期建立起了完整的教育体系，形成了材料、航空航天、造船、机械和农业等多门类的科技中心。中国与乌克兰之间大规模的教育合作和交流起源于苏联时期，在 20 世纪 50 年代，苏联为中国培养了一大批专业技术人才，其中一部分中国留学生也在当时的乌克兰加盟共和国接受教育，这批中国留学生为新中国的社会主义现代化建设做出了重要贡献。

　　苏联解体后，独立的乌克兰被视为苏联教育系统尤其是工程学校的主要继任者之一，成为比较活跃的科学和教育中心之一，中国与乌克兰的教育合作与交流主要集中在高等教育领域。20 世纪 90 年代至 21 世纪前十年，双方教育领域的主要合作方式为中国向乌克兰派出留学生，学习方向主要集中在语言、文学、经济学、航空航天工业、造船、工程和信息技术等领域。中国留学生主要以自费为主，就读的学校主要集中在基辅、哈尔科夫、顿涅茨克和敖德萨等中部和东部地区。2010 年以后，随着中国经济的腾飞，越来越多的乌克兰学生开始学习汉语，越来越多的乌克兰学生来到中国留学。除了双方的留学生以外，中国高校还与乌克兰高校合作，在乌克兰一些大学开设学习中国文化和语言的孔子学院。

　　随着"一带一路"倡议的提出，中国企业不断进入乌克兰，推动了两国教育合作规模和水平的不断提高。目前，中国的一些外国语院校已经开设乌克兰语专业，有的还设立了乌克兰研究中心。乌克兰大学汉语教育的规模迅速增长，在乌克兰部分经济发达地区的中学还出现了汉语教育。2009 年，在乌克兰的中国留学生达到高峰，大约有 6 600 人，乌克兰在华留学生规模在 1 000 人左右。[1] 由于乌克兰东部爆发武装冲突，2014 年以后中国留学生数量开始下降。根据乌克兰教育科学部 2020 年 1 月的数据，在乌克兰高等学校注册的中国留学生下降至 3 527 人。[2] 中国留学生主要就读于基辅大学、基辅理工学院、乌克兰国立师范大学、基辅国立工艺与设计大学、哈尔科夫国立大学、乌克兰国立柴可夫斯基音乐学院等。

第一节 交流历史

一、20 世纪 50—80 年代的教育交流

中国与乌克兰的教育交流源于苏联时期，作为苏联加盟共和国的乌克兰为新中国培养了一大批专业人才。1951—1964 年，中国大规模向苏联等社会主义国家派出留学生，其中留学苏联的规模最大，达到 8 357 人。[3]

---

[1] 资料来源于俄罗斯《记者报》。

[2] 资料来源于乌克兰 112 新闻网。

[3] 关于中国在 20 世纪 50—60 年代向苏联派遣的留学生数量统计各不相同。第一种说法是 8 000 余人。详见：柳彦. 新中国出国留学工作的先河——简述五六十年代向苏联派遣留学生工作 [J]. 高等教育学报，1990（3）；37-39；李滔. 中华留学教育史录（1949 年以后）[M]. 北京：高等教育出版社，2000；张建华. 20 世纪五六十年代的留苏学人及其视野中的"苏联形象" [J]. 华侨华人历史研究，2018（1）：52-60。第二种说法为 12 018 名。详见：李涛. 关于建国初期留苏教育的历史考察 [J]. 西安电子科技大学学报（社会科学版），2004（2）：76-81。第三种说法是约 1.5 万人。详见：建国以来重要文献选编（第十二册）[M]. 北京：中共中央文献出版社，1996。笔者认为，出现偏差的主要原因在于统计口径和时代不同。中国在 20 世纪 50—60 年代向苏联派遣的留学和进修人员保守地估计不少于 1.2 万人。

表 12.1 1951—1964 年中国政府派遣留苏人员统计表（单位：人）[1]

年份	大学生	研究生	进修教师	实习生	总计
1951	136	239	无	无	375
1952	209	11	无	无	220
1953	60	523	无	无	583
1954	1 226	149	无	无	1 375
1955	1 660	239	33	无	1 932
1956	1 343	619	123	无	2 085
1957	40	269	174	无	483
1958	8	235	135	无	378
1959	65	300	95	无	460
1960	158	6	93	无	317
1961	8	30	36	无	74
1962	无	30	16	9	55
1963	无	15	1	1	17
1964	无	无	3	无	3
总计	4 913	2 725	709	10	8 357

根据苏联的统计，1949—1961 年，苏联为新中国培养了 1.9 万名大学教师。[2] 根据欧美同学会留苏分会的不完全统计，派往乌克兰加盟共和国的中国留学生和培训生超过 1 000 人，[3] 分布在基辅大学、基辅建筑工程学院、乌克兰农学院、哈尔科夫工学院、哈尔科夫农学院、哈尔科夫畜牧学院、顿

---

[1] 李滔. 中华留学教育史录（1949 年以后）[M]. 北京：高等教育出版社，2000：220-224.

[2] 顾宁. 冷战年代中苏教育交流的启示 [J]. 世界历史，2004（4）：79-88.

[3] 欧美同学会留前苏联与独联体分会. 学子之路：新中国留苏学生奋斗足迹 [M]. 北京：中国青年出版社，2000：279.

涅茨克技术大学、第聂伯罗彼得罗夫斯克矿业学院、第聂伯罗彼得罗夫斯克冶金学院和敖德萨大学、敖德萨海运工程学院等 47 所高等院校。这些留学生回国后在各条战线上努力工作，为新中国的国防、科技、文化艺术等领域做出了卓越的贡献。他们中产生的两院院士有郝柏林、童庆禧、梁应辰、葛修润、于渌、陈毓川，担任国家有关部门和地区领导职务的有朱训、刘剑锋、何光远、朱丽兰、傅利民、梁淑芬等。[1]

二、20 世纪 80 年代末的教育交流

20 世纪 80 年代末，在中苏关系缓和后，中国与苏联恢复了定期派遣留学生和访问学者的制度，但是教育交流的规模十分有限。1988 年 4 月，在北京举行的中苏教育合作小组第一次例会上，双方商定了《中苏 1988—1990 年教育合作计划》。双方确定的教育交流内容有：互派大学本科生、研究生和进修人员；互派学者短期讲学；互派语言教师长期任教；代表团互访；举办教育学术讨论等。[2]1989 年，我国向苏联派出的高级访问学者和进修人员共 2 444 人，占派出总人数的 81.8%；研究生 411 人，占派出总人数的 13.8%；本科生 132 人，占派出总人数的 4.4%。[3] 其中派往乌克兰的公派留学生和访问学者不足百人，分布在基辅大学、哈尔科夫工业大学和基辅师范大学，学术交流和留学生学习方向有语言、经济、历史和材料学等。

---

[1] 欧美同学会留前苏联与独联体分会. 学子之路：新中国留苏学生奋斗足迹 [M]. 北京：中国青年出版社，2000.

[2] 顾宁. 冷战年代中苏教育交流的启示 [J]. 世界历史，2004（4）：79-88.

[3]《中国教育年鉴》编辑部. 中国教育年鉴（1990）[M]. 北京：人民教育出版社，1991：382.

第二节 现状和特点

自冷战结束以来，中国和乌克兰在教育、科学、技术和文化领域取得了较多的合作成果。通过两国科研机构之间的联合研究、教育交流和互访，乌克兰为中国培养了大量的科技人才，向中国转让了一些具有较高技术含量的项目，为中国的工业现代化和国防现代化做出了一定的贡献。

《中华人民共和国教育法》第六十七条规定：国家鼓励开展教育对外交流与合作。教育对外交流与合作坚持独立自主、平等互利、相互尊重的原则，不得违反中国法律，不得损害国家主权、安全和社会公共利益。[1] 中国与乌克兰的教育合作很好地坚持了平等互利、独立自主的原则，发展较为稳定。

一、中乌教育交流合作的现状

高等教育和科技合作是中国与乌克兰教育合作的重要内容，中国科研机构和企业与乌克兰科研机构进行广泛的技术合作和人员交流，主要合作模式为中国派遣技术人员和留学生去乌克兰接受培训和高等教育。

（一）科技交流与合作成为两国教育合作的重要内容

1991 年乌克兰重获独立以后，双方迅速建立起科技与教育合作机制，延续了苏联后期的科技教育联系。1992 年 4 月，中国与乌克兰签署《中华人民共和国政府和乌克兰政府科学技术合作协定》，其中规定了交换科学技

---

[1]《中华人民共和国教育法》[DB/OL].（1995-03-18）[2021-01-30]. http://www.npc.gov.cn/wxzl/gongbao/1995-03/18/content_1481296.htm.

术团组、学者和专家，组织科技人员的培训和进修。[1] 在这个合作机制下，乌克兰国家科学院的焊接研究所、物理研究所、热物理技术研究所、世界经济和国际关系研究所、低温物理与技术研究所与中国的科研机构签署协议，并建立了直接的科技合作关系。乌克兰国家科学院的 14 个机构与中国的科学中心和企业开展了技术合作。乌克兰与中国的科技合作的领头羊是乌克兰国家科学院巴顿焊接研究所，它与哈尔滨焊接研究院、中国精密工程进出口公司、黑龙江赛德公司、北京中科公司、中国机械工业部和铁道部等科研机构、企业和政府部门建立了科研合作与交流关系。乌克兰国家科学院电力研究所与中国机电研究所，乌克兰国家科学院工程热物理所与中国科学院工程热物理研究所，乌克兰国家科学院核科学研究所和四川大学核科学技术研究所之间达成了直接协议。1998 年 12 月，中国与乌克兰签署《中华人民共和国政府和乌克兰政府关于相互承认学历、学位证书的协议》。根据该协议，中国和乌克兰互相承认学历和文凭，中国学生在国内如果已经取得大学本科或大专毕业文凭，在乌克兰预科系毕业后可直接进入其大学的相关专业高年级学习，或直接攻读研究生，有高中学历者，则可免试入预科系。我国教育部和劳动人事部认定，乌克兰毕业的副博士相当于我国的博士，回国后可以直接进入我国的博士后流动站。[2]

（二）高等教育交流与合作

高等教育领域的合作一直是两国教育交流的重要内容，从交流规模和合作质量上看，仅次于两国教育部门的科技合作，30 年来为中国培养了大量的俄语、工程和艺术人才。独立以后的乌克兰继承了苏联优质的高等教

---

[1] 资料来源于乌克兰最高拉达（国家议会）官网。

[2] 中华人民共和国政府和乌克兰政府关于相互承认学历、学位证书的协议，教育部学位与研究生教育发展中心 [DB/OL]. (1992-04-27) [2020-11-20]. http://www.cdgdc.edu.cn/xwyyjsjyxx/dwjl/xwhr/xwhrxy/264190.shtml.

育资源，拥有完整的教育体系和师资队伍。高等院校也在招生方面逐渐市场化，收费的海外留学生教育成为乌克兰高校重要的收入来源。与此同时，中国自费留学潮在20世纪90年代开始出现，部分刚刚实现小康的中国家庭将出国留学作为接受高等教育的选择，特别是经济门槛较低的原苏联国家。当时的中国经济发展水平还不发达，负担不起欧美发达国家的本科留学生年均1万—2万美元的学费。加之，当时的美欧等国对中国学生实行了较为严格的签证制度。当时，原苏联国家本科教育费用不高，年均学费在1 000—4 000美元，月均生活费用为100—200美元。因此，包括乌克兰在内的原苏联国家成为中国20世纪90年代自费留学的主要目的地。2002年6月，两国签署了《中华人民共和国教育部与乌克兰教育科学部教育科学合作协议》（以下简称《教育科学合作协议》），乌克兰的14家教育机构与36家中国高等教育机构建立了直接联系。除了政府层面确定的合作框架外，民营留学中介公司成为中国学生留学乌克兰的主要桥梁。根据中国驻基辅大使馆教育处的统计，2008年约有1万名中国学生在乌克兰大学学习。按照乌克兰教育科学部的统计，在乌克兰大学就读的中国留学生人数从20世纪90年代开始一直在增长，其中2001年约有5 000人。2014年以后，由于乌克兰东部的顿巴斯发生冲突，在乌克兰的中国留学生人数开始下降，至2020年下降到约3 500人，学习地区主要集中在基辅、哈尔科夫和敖德萨等地。

目前，在乌克兰的中国留学生主要以自费生为主，学生素质良莠不齐。由于中国留学生普遍缺乏必要的语言基础，不懂乌克兰语，他们去乌克兰后，多数要从预科读起，留学期限一般需要5—6年，甚至更长时间才能获得本科学历。中国留学生的专业选择也由20世纪50—60年代的理工类转向以语言、经济和艺术专业为主。由于语言上的障碍，中国留学生很少选择乌克兰高等教育中较为领先的航空航天、焊接、硅酸盐、能源和医学等专业。20世纪90年代留学乌克兰的中国自费生还存在着普遍低龄化的问题。不同于留学美国和欧盟等发达国家和地区以研究生为主，留学乌克兰的中国留学生普遍是刚刚高中毕业，年龄不足 20 岁，缺乏自我管理能力和独立生活能力，却又远离父母监管的青少年。加之近年来乌克兰高校教学质量下降，这些中国留学生质量并不理想。

与中国留学生以自费留学为主不同，大多数在华的乌克兰留学生是通过中国提供的奖学金来华读书的，自费生较少。根据两国签署的一系列教育合作协议，中方向乌克兰学生提供包括中国政府奖学金、孔子学院奖学金、地方政府奖学金、高校奖学金、企业奖学金等 45 项奖学金，申请留学层级涵盖学士、硕士研究生和实习生。仅在 2017 年，就有 30 多名乌克兰学生获得中国奖学金来华学习。中方积极为乌克兰留学生提供更多学习中文或研究中国的机会，支持乌克兰教育现代化和国际化发展。据乌克兰驻华大使馆统计，2019 年在华的乌克兰留学生数量约为 3 000 人。[1]

随着"一带一路"倡议在乌克兰的落地生根，乌克兰对中文人才的需求不断上升，越来越多的乌克兰学生选择学习中文，部分学生获得了来中国留学或者工作的机会。这些友好的举措将进一步巩固两国关系、传承两国传统友谊。通过教育合作，加深了两国文化的交流，越来越多的乌克兰人认识了中国文化，越来越多的中国人也了解了乌克兰文化。

二、中乌教育交流合作的特点

（一）政府主导下的教育科技交流与合作

根据《中华人民共和国教育部与乌克兰教育科学部教育科学合作协议》，两国每年互相派遣 25 名留学生，每年互换 3—5 人的领导和专家代表

---

[1] 资料来源于乌克兰驻华大使馆官网。

团，聘请对方国家的语言教师到本国高校工作。[1] 2010 年 9 月，两国领导人商定成立副总理级双边合作委员会，下设经贸、科技、文化、航天、农业、教育、卫生 7 个分委会。目前，中乌政府间合作委员会已成为统筹、协调两国各领域合作的主渠道，在两国政府间合作委员会的协调推动下，两国各领域务实合作成果丰硕。2012 年 2 月，教育分委会第一次会议在中国海南省三亚市举行，会议批准了"2012—2014 年发展中乌教育合作优先措施计划"，并签署了新的跨部门教育合作协定。2017 年 6 月，中国和乌克兰政府间合作委员会教育合作分委会第二次会议在基辅举行。中国教育部部长陈宝生与乌克兰教育科学部部长格里涅维奇共同主持了本次会议，双方就中乌教育合作现状与前景、《教育科学合作协议》延期、留学生交流、高校合作、语言教学合作、职业教育合作、中乌教育合作分委会工作条例修改，以及分委会第三次会议等议题深入交换了意见。双方审议通过了《中乌教育合作分委会 2017—2019 年活动计划》，并共同签署了《会议纪要》，确定了共同促进两国教育合作发展的优先方向和重大活动，商定在加强学术往来、校级交流、发展职业教育、促进汉语和乌克兰语教学、完善中乌教育分委会机制等领域进一步深化合作。[2] 在此次会议期间，还举行了中乌校长论坛，在两国教育部部长共同见证下，20 多所中乌高校签署了校际合作框架协议。[3]

除了双边层面的高校合作外，中国还向乌克兰提供了力所能及的教育发展援助。2014 年乌克兰爆发冲突之后，中国政府向乌克兰提供了紧急人道主义援助，帮助东部顿巴斯地区的战争难民。2015 年 1 月，中国与乌克兰签署协议，提供 5 000 万元人民币的无偿援助来落实乌克兰的优先项目。

[1] 中华人民共和国教育部与乌克兰教育科学部教育科学合作协议 [EB/OL].（2002-06-20）[2020-11-21]. http://old.moe.gov.cn//publicfiles/business/htmlfiles/moe/moe_858/201005/87627.html.

[2] 中乌政府间合作委员会教育合作分委会第二次会议在基辅举行 [EB/OL].（2017-06-24）[2020-11-21]. http://www.moe.gov.cn/jyb_xwfb/gzdt_gzdt/moe_1485/201706/t20170629_308244.html.

[3] 乌克兰与中国的经贸合作 [EB/OL]. [2020-11-21]. http://history.mofcom.gov.cn/?bandr=wklyzgdjmhz.

按照该协议，这些经费将用于卫生、教育以及应对突发事件带来的影响。2016 年 11 月，中方向基辅第一东方语言学校提供视听教学设备，这是中国政府向乌克兰教育和科技领域提供的援助项目之一。时任中国驻乌大使杜伟说，中国愿意在乌克兰遇到困难的时候，向乌提供力所能及的援助。基辅第一东方语言学校是培养中小学中文人才的摇篮，希望学校师生在中文教学中取得更大进步。[1]

（二）两国教育交流合作发展呈现机制化

中国与乌克兰的教育合作从科技合作开始，以高等教育合作为主，逐渐向中等教育、成人教育和职业教育扩散。尽管乌克兰独立以来经济发展水平欠佳，但两国政府始终支持双边的人文教育合作，积极搭建合作机制和平台。在两国政府的支持下，越来越多的中国科研机构、高校与乌克兰同行一起建立了学术交流机制，搭建科技合作平台，互派学术代表团，定期互换留学生。

近 30 年来双方的交流日趋频繁，合作呈现机制化。自乌克兰独立以来，中国与乌克兰政府签署的国家层面的教育合作协议超过 30 个，14 所乌克兰教育机构与 36 所中国高等教育机构建立了直接学术联系。[2] 为进一步加强两国之间的联系，双方同意发展乌克兰语和汉语水平考试（HSK），共同推动发展中国的乌克兰语言和文化研究中心，以及乌克兰的中国语言和文化研究中心。

2019 年 6 月 12 日，乌克兰教育科学部副部长罗曼·赫雷巴和中国教育部副部长孙尧参加了在中国江西省南昌市举行的中乌教育合作委员会会议，

---

[1] 中国向基辅第一东方语言学校提供视听教学设备 [EB/OL]．（2011-11-23）[2020-11-21]. http://www.xinhuanet.com/world/2016-11/23/c_129374871.htm.

[2] IВАНЧЕНКО О. Україна в системі міжнародних відносин: Історична ретроспектива та сучасний стан[M]. Київ:Уаннп, 1997.

双方签署了《2019—2021 年教育合作委员会行动计划》，确定了两国双边教育合作的优先领域。在会议期间，双方还举行了中乌大学校长论坛，12 所乌克兰大学和 20 所中国大学校长参加此次论坛，并签署了乌克兰和中国大学之间的一些合作协议。

（三）中乌教育交流合作的不平衡性

尽管乌克兰与中国签署了很多教育合作协议，但是执行效果并不理想。从留学生规模上看，一直是以中国学生去乌克兰学习为主，乌克兰学生很少留学中国。造成两国教育合作不平衡的主要原因还是经济发展水平问题。20 世纪 90 年代末至 21 世纪初，在乌克兰的中国留学生曾超过一万人。由于经济发展水平和文化上的差异性明显，乌克兰学生出国留学主要选择发达的美国和欧盟国家，学习中文和留学中国的规模很小。乌克兰的中文教育也仅限于大城市，在以基辅大学和基辅语言大学为代表的高等院校开设有中文专业。尽管两国签署了多项教育交流协议，但由于乌克兰高校的预算有限，向中国派遣留学生的项目执行的效果并不好。

进入 21 世纪后，双方教育交流发展缓慢，主要原因有两个方面，一是安全问题。近几年乌克兰东部的顿巴斯地区处于武装冲突之中，中国学生出于安全方面的担心，去乌克兰留学意愿下降。尽管留学乌克兰高等教育的性价比较高，但战争因素严重阻碍了两国教育交流，很多拟定的教育交流项目很难执行。二是语言障碍。自 2014 年以来，乌克兰高校开始限制使用俄语教学，这导致中国留学生在乌克兰学习变得更加困难，被迫转向俄罗斯和白俄罗斯。中国对乌克兰语人才需求不多、就业前景不广等因素，也影响了中国学生对乌克兰的选择。

进入 21 世纪以后，随着中国经济的腾飞，"一带一路"倡议的落地催生了乌克兰的汉语学习热潮。但是，从汉语学习热潮转化为成规模的汉语教育还有很长的路要走。这里存在着两方面的困难：语言困难和经济困难。由于文化上的差异较大，乌克兰学生熟练掌握汉语至少需要 4—5 年的时间。汉语学习在乌克兰不属于义务教育内容，中学教育阶段只有几个外国语学校设有少量的汉语教学班，对于其他普通学校的中学生来说，只能选择费用高昂的社会办学机构。乌克兰的高等教育机构里，汉语教育仍然以自费教育为主，政府很少为大学生提供政府奖学金。乌克兰经济发展水平仍然较为落后，2019 年乌克兰人均国民生产总值为 3 700 美元，人均月工资为 9 223 格里夫纳，约折合 400 美元。[1] 2019 年，乌克兰大学汉语专业每年的学费从 24 560 格里夫纳到 48 000 格里夫纳不等，这对多数乌克兰家庭来说都是一个不小的数字。[2] 而去中国大学接受本科教育的成本更高，中国教育部规定的外国留学生学费为每年 17 000 人民币，加上外国留学生在华的住宿费、医疗保险、生活费等，每个外国留学生在华学习至少需要 6—8 万元人民币，这对乌克兰家庭来说是一个巨大的负担。[3]

第三节 案例与思考

教育交流能增进各国人民之间的相互了解。冷战结束后，经济全球化速度越来越快，导致不同文明之间的交流节奏明显加快，不同文明之间不仅碰撞，也在不断融合。尽管文明不同，各国人民对于和平与发展的主题认同却在不断增强，教育就是不同文明之间交流最有效的途径之一，教育不仅传播知识、培养人才，也在塑造更加开放、更加包容的世界。教育交

---

[1] 资料来源于乌克兰国家统计局官网。

[2] 资料来源于乌克兰《共青团真理报》。

[3] 自费来华留学收费标准（1997修订）[EB/OL]. [2020-10-21]. http://www.moe.gov.cn/s78/A20/gjs_left/moe_850/tnull_1196.html；收费标准，四川外语大学留学生部 [EB/OL]. [2020-10-21]. http://interstar.sisu.edu.cn/index/rxsq/sfbz.htm.

流是文化交流的主要形式之一，是不同国家、不同文化之间相互理解的重要基础。国际教育交流发掘并介绍了各民族文化的历史和发展现状，把一种文化多角度、深层次、重复地向另外一种文化的民族介绍和展示出来，促成了异质文化跨地域的世界范围内的流动。国际教育使不同国家的交流增多，彼此的理解也会越来越深，而理解是正视并尊重的前提。国际教育交流在传播知识、教授技能的过程中，也会将本国的文化、世界观和价值观传播给他国受众。美国圣克劳德州立大学校长波特指出，国际教育是树立国家形象最积极有效的方式，因为留学生可以通过这一过程切身了解另一个国家的理念、核心价值观和信仰，这必然有助于塑造该国经济、政治、社会的正面形象。[1]

一、教育交流合作的成功案例

首先，中国研究在乌克兰渐成规模。中国与乌克兰的文化交流始于沙皇俄国时期，大量的乌克兰人随着中东铁路[2]建设进入中国东北地区。国家层面的教育合作与交流则发生在苏联解体之后，1991年获得独立的乌克兰继承了苏联优势的科技与教育资源，两国建交后不仅展开了广泛的人文教育交流，乌克兰的中国研究也从无到有，研究规模和研究水平日渐提升。

20世纪80年代末，当时隶属于苏联的乌克兰国家科学院在东方学研究所设立了中国研究室，其主要研究方向为中国政治、中国哲学和中国文化。乌克兰独立以后，又在隶属于乌克兰总统办公厅的乌克兰国家战略研究所

---

[1] 吴迪，张勇先. 国际教育与公共外交的兴起 [J]. 理论与改革，2017（1）：77-81.

[2] 中东铁路是"中国东方铁路"的简称，也称作"东清铁路""东省铁路"。中东铁路是19世纪末20世纪初沙皇俄国在中国东北地区修建的一条"丁"字形铁路。日俄战争结束后称中东铁路，即中国东省部铁路之意。

设立中国研究室，主要研究中国外交和中国政治。该研究所与中国社会科学院、中国现代国际关系研究所建立了学术交流机制，不定期地举行会议和学术互访。特别是 2001 年两国建立全面友好合作关系后，双方在政治、经贸、农业、航天等方面交流不断深化，两国领导人互访不断。在"一带一路"倡议提出后，两国开展了多领域合作。乌克兰国家科学院与中国社会科学院建立了定期交流机制。2011 年，基辅理工学院成立了乌克兰中国中心，第聂伯理工学院设立了中国语言文化中心。2018 年 10 月，基辅国立经济大学成立了鲍里斯·库尔兹当代中国研究所，该研究所侧重中国经济转型和发展的研究，关注全球化背景下的中国经济。2019 年，哈尔科夫工业学院成立了乌克兰中国技术中心。2018 年，在乌克兰教育科学部和中国社会科学院的共同支持下，乌克兰基辅格里琴科大学和乌克兰敖德萨海事大学分别成立了中国研究中心。2019 年 6 月，中央音乐学院在中国教育部中外语言交流合作中心的大力支持下，与乌克兰国立柴可夫斯基音乐学院合作的"音乐孔子课堂"揭牌并举办庆典音乐会及学术交流活动。这所音乐孔子课堂将整合两校优质资源，建设以"歌剧创演"为龙头，通过教学、演出、展览、研究等多种形式，辐射中东欧的"中国音乐研究中心"和"'一带一路'中国音乐体验与交流中心"。

　　除了开展交换留学生的合作外，两国政府还积极支持在对方国家建立中国和乌克兰语言文化研究中心。中国积极支持乌克兰汉学研究，向乌克兰高校和学生提供力所能及的帮助。自 2007 年以来，中国高校陆续与乌克兰高校合作，共同创办孔子学院，推动乌克兰的汉语教学与中国研究。目前，中国高校共在乌克兰建立了 6 所孔子学院，分别是基辅大学孔子学院（2007 年）、哈尔科夫大学孔子学院（2008 年）、基辅语言大学孔子学院（2013 年）、卢甘斯克大学孔子学院（2007 年）、乌克兰国立南方师范大学孔子学院（2012 年）、乌克兰文尼察国立技术大学孔子学院（2020 年）。另外还建立了 3 家孔子课堂。[1]

目前，在乌克兰举办的"汉语桥"中学生中文比赛已经成为最受乌克兰学生欢迎的外语比赛项目。孔子学院和孔子课堂的教师开发了新的教学方案和教材，为学生们提供内容充实的"汉语大礼包"。随着近年来乌克兰"汉语热"的兴起，参赛选手的覆盖面越来越广，参赛者的汉语水平越来越高。2016 年，基辅国立语言大学孔子学院学员曾子儒荣获第 15 届"汉语桥"世界大学生中文比赛全球总决赛欧洲冠军、全球亚军并获最佳风采奖，学院中方院长史亚军被中国教育部中外语言交流合作中心授予"孔子学院先进个人"称号和"孔子学院奖章"。[2]

乌克兰研究在中国也发展迅速。中国的乌克兰研究始于苏联时期，当时的中国学者侧重乌克兰语言和文学的研究。[3] 苏联解体之初，中国社会科学院苏联研究所成立了专门的乌克兰研究室，出版了一系列关于乌克兰的国情、政治、经济和外交方面的著作，并培养乌克兰研究方向的硕士研究生。1992 年，中国高校最早的乌克兰研究中心（成立于 20 世纪 60 年代）在武汉大学恢复。进入 21 世纪后，北京外国语大学（2003 年）[4] 和上海外国语大学（2007 年）[5] 相继设立了专门的乌克兰语专业，培养四年制乌克兰语本科生，为外事部门输送乌克兰语人才。北京第二外国语大学、大连外国语大学、西安外国语大学也陆续开设了乌克兰语课程。"一带一路"倡议提出之后，中国教育部开始支持高校设立国别研究中心，其中北京外国语

---

[1] 全球首所"音乐孔子课堂"落户乌克兰 [EB/OL].（2019-06-11）[2020-10-21]. http://cn.chinadaily.com.cn/a/201906/11/WS5cff752ca31011d294daafd7.html?from=singlemessage.

[2] 乌克兰基辅国立语言大学孔子学院的中国合作伙伴 [EB/OL].（2017-03-06）[2020-10-29]. http://exchange.tjfsu.edu.cn/info/1034/1058.htm.

[3] 戈宝权. 乌克兰文学在中国 [J]. 中国翻译，1988（3）：36-40.

[4] 2003 年全国各大高校新增专业大放送 [EB/OL].（2003-06-02）[2020-10-21]. http://edu.sina.com.cn/l/2003-06-02/44368.html.

[5] 上海外国语大学 2007 年新增专业名单 [EB/OL].（2017-03-16）[2020-12-01]. http://www.china.com.cn/education/txt/2007-03/16/content_7971353.htm.

大学（2017 年）、上海外国语大学（2015 年）、大连外国语大学（2017 年）、哈尔滨工程大学（2017 年）和陕西职业技术学院（2018 年）成立了在教育部备案的区域国别研究中心——乌克兰研究中心。一些地方高等院校如浙江师范大学（2010 年）、哈尔滨商业大学（2018 年）和黑龙江大学（2020 年）也相继成立了乌克兰研究中心。

除了科研机构和高等院校成立的乌克兰研究中心以外，一些中国企业也参与了乌克兰文化中心的建设。2014 年，中国上市公司——信威集团与乌克兰驻华大使馆在北京共同成立了传播乌克兰文化、促进两国经贸合作的机构——乌克兰之家。这是一家非官方文化和商务服务公司，依托信威集团及乌克兰驻华使馆的资源，打造两国政府、企业、科研机构的合作平台，促进两国在经贸、科技、文化等领域的交流与互动。[1]

二、思考

"国之交在于民相亲，民相亲在于心相通"。国家间的互动往来离不开文化教育交流的"软"助力。国际教育交流影响国家关系最直观的表现就是塑造国家认知，增进国家间的交流和理解。在两国政府和企业的支持下，教育文化交流取得了丰硕的成果。首先，越来越多的乌克兰高校和科研机构成立中国研究中心，越来越多的乌克兰学者将中国作为其主要研究方向，在中国文学、中国政治、中国外交和中国经济方面进行了较为深入的研究，取得了丰硕成果。其次，两国教育交流在维护两国友谊方面发挥了积极的作用，留学生正在成为两国民间外交的主力，为两国关系发展积累了人才和社会基础，目前在两国经贸活动中发挥了主要作用。

---

[1] 乌克兰之家在京开幕 有望深化中乌多领域合作 [EB/OL].（2014-09-18）[2020-12-01]. https://www.chinanews.com/cj/2014/09-18/6604344.shtml.

乌克兰是最早支持"一带一路"倡议的国家之一。2014 年，中国和乌克兰签署有关乌克兰参与"一带一路"建设的双边议定书，明确了合作的主要方向。2012—2018 年，中国连续 6 年成为乌克兰第二大贸易伙伴，两国间的商品贸易规模增速明显。2019 年乌克兰与中国的双边货物贸易额为 127.5 亿美元，增长了 30.0%。其中，乌克兰对中国出口 35.9 亿美元，增长 63.0%，占其出口总额的 7.2%，提高 2.5 个百分点；乌克兰自中国进口 91.6 亿美元，增长 20.5%，占其进口总额的 15.2%，提高 1.8 个百分点。截至 2019 年 12 月，中国已成为乌克兰第一大出口市场和第一大进口来源地。[1] 2020 年上半年，中乌货物贸易额 66.5 亿美元，同比增长 21.3%。其中，乌对华出口 30.1 亿美元，同比增长 92.7%；自华进口 36.4 亿美元，同比下降 7.2%。[2] 中国还是乌克兰农产品最大出口国，总出口规模达 19.55 亿美元，占乌农产品出口总额的 8.7%。[3]

近年来，中国不断加大市场开放力度，放开了对乌克兰农牧业产品的市场准入，乌克兰的大豆、大麦、玉米、葵粕、甜菜粕、乳制品、冻牛肉、樱桃等产品开始出现在中国人的餐桌上。同时，越来越多的中国企业去乌克兰投资，华为、中兴、联想等品牌的电子通信产品在乌克兰占有很大市场份额。目前登记在册的在乌中资企业超过 40 家，这些企业为乌克兰创造了 2 000 多个就业岗位，每年贡献 1 000 多万美元的税收。2018 年，时任中国驻乌克兰大使杜伟说，中国企业创造的就业机会，使越来越多的乌克兰优秀青年和技术人员选择进入中资企业工作，为乌克兰留住了人才。[4] 2020

---

[1] 中国商务部国别贸易简讯《2019 年 12 月乌克兰贸易简讯》[EB/OL].（2020-04-22）[2020-12-01]. https://countryreport.mofcom.gov.cn/new/view110209.asp?news_id=68378.

[2] 中乌经贸关系保持强劲发展势头 [EB/OL].（2019-09-21）[2020-12-01]. http://world.people.com.cn/n1/2020/0921/c1002-31868807.html.

[3] 2019 年中国成为乌克兰最大农产品进口国 [EB/OL].（2020-02-02）[2020-12-01]. http://www.mofcom.gov.cn/article/i/jyjl/e/202002/20200202937439.shtml.

[4]【"一带一路"五周年】专访中国驻乌克兰大使杜伟："一带一路"让更多国家共享改革开放进程 [EB/OL]. (2018-09-12)[2020-12-01]. http://news.cnr.cn/dj/20180912/t20180912_524358588.shtml.

年 12 月 23 日，国务院副总理、中国和乌克兰政府间合作委员会中方主席刘鹤与乌克兰副总理、委员会乌方主席斯特凡妮希娜以视频方式共同主持委员会第四次会议。双方围绕进一步深化战略伙伴关系、拓展各领域务实合作，进行了广泛、深入、高效的讨论，并在经贸、农业、航天、科技、教育、文化、卫生等领域达成一系列重要成果和共识。双方认为，在当前新冠肺炎疫情全球流行的特殊背景下，中乌两国举行政府间合作委员会第四次会议意义重大。双方要充分发挥委员会统筹规划和指导协调作用，携手抗击新冠肺炎疫情，全面深化共建"一带一路"合作，发挥各自优势，挖掘合作潜力，促进共同发展。在刘鹤和斯特凡妮希娜的共同见证下，中国国家发展和改革委员会副主任林念修与乌克兰经济发展、贸易和农业部副部长卡奇卡·塔拉斯分别代表中乌两国政府签署了《中华人民共和国政府和乌克兰政府关于共建丝绸之路经济带和 21 世纪海上丝绸之路的合作规划》。该合作规划包括合作背景、合作原则、合作重点、保障机制，以及其他五部分内容，涉及中乌双方在贸易、交通基础设施、产业投资、农业、能源、金融、科技、人文、卫生等重点领域的合作，为推动中乌两国务实合作明确了行动指南。[1]

---

[1] 中国乌克兰签署关于共建"一带一路"合作规划，中华人民共和国国家发展和改革委员会 [EB/OL].
(2020-12-25)[2020-12-30]. https://www.ndrc.gov.cn/fzggw/wld/lnx/lddt/202012/t20201223_1260052.html.

结　语

乌克兰作为独立国家的历史是短暂的，但文化与教育的历史是悠久的，文化底蕴较深厚，对东欧地区文化和俄罗斯文化都产生了一定的影响。在苏联时期的全民教育体系支持下，乌克兰的教育、文化、科学进入全球发达国家的水平，成为苏联乃至世界的科技和文化中心之一。

一、独特的乌克兰文化

乌克兰文化是乌克兰人民在精神和物质生产领域创造的财富，这是一整套科学、宗教和艺术的成就，它反映了乌克兰人民固有的思维方式和感知世界的方式。不同国家对乌克兰的统治时期长达数个世纪，几个世纪以来，东西方文化在其领土上交汇。基督教对乌克兰文化的形成和发展具有决定性的影响，是构成乌克兰文化的重要内容之一。尽管乌克兰的大多数文化人士都认同西方文化，但他们并没有忽视东方文化，因为他们对每种文化的确切含义更感兴趣。黑海以北的乌克兰大草原，自古以来就是东欧、高加索、北欧和中亚各民族迁徙的重要通道，他们在这片土地上都留下了自己的足迹。不同文明相互融合，最终形成了今天的乌克兰文明。从乌克兰哲学家斯科沃罗达的著作中可知浪漫主义文学作品都反映了一种自我反思、谦卑和道德上自我完善的世界观。

优越的地理环境造就了独特的乌克兰文化，多样且有利的气候条件为发展各种类型的经济活动创造了极好的条件，滋养和促进了乌克兰文化的发展和成熟。乌克兰文化是一个独特的东斯拉夫文化，一方面它较多地继承了9—13世纪的基辅罗斯时期的古罗斯文化，另一方面，乌克兰在15—16世纪形成了自己独特的哥萨克文化。从15世纪开始，现代乌克兰的领土曾长期被波兰立陶宛王国和罗曼诺夫家族的俄罗斯帝国统治，波兰的天主教文化和俄罗斯文化[1]都给乌克兰留下了深深的历史烙印，但乌克兰文化仍保持了强大的生命力，成为现代乌克兰民族的文化基础。

从9世纪开始，东斯拉夫民族开始定都于基辅，建立起封建王朝。基辅罗斯成为乌克兰人最基本的国家记忆，古斯拉夫语言和东正教成为乌克兰文化的基本内容。从16世纪开始，哥萨克的兴起和壮大促进了现代乌克兰民族意识的形成。现代的乌克兰文化与哥萨克生活的各个领域有着千丝万缕的联系，并与之一起发展。

二、乌克兰文化对俄罗斯文化的影响

乌克兰文化与俄罗斯文化有着千丝万缕的联系，二者都起源于基辅罗斯，受东正教的影响较大。但是，从基辅罗斯灭亡到莫斯科大公国重新崛起这一段时间，乌克兰处在金帐汗国控制的边缘地区，与欧洲大国比邻，

---

[1] 俄罗斯文化虽然起源于基辅罗斯，但经历了18世纪彼得一世变革和叶卡捷琳娜二世的"开明君主制改革"后，俄罗斯文化被纳入西欧文化的轨道。彼得一世对近代俄罗斯的政治、经济、文化、教育、科技等方面进行强制的西欧化改革。在18世纪前，俄罗斯文化一直被拜占庭文化主导，但在彼得一世改革后，西欧文化成为俄罗斯上层社会的主流，西方主义从一种社会和政治趋势被彼得一世提升到国家政策的地位。从18世纪初开始，俄罗斯大量设立世俗学校，办报纸，革除陈规陋习，注重培养和选拔人才。俄语也发生了巨大的变化，大量从法语和德语引进外来词。18世纪上半叶，俄罗斯文化发展的最大变化是社会政治思想和科学思想的民主化。叶卡捷琳娜二世统治时期，西方哲学思想和政治思想深入俄罗斯文化，自由主义和人本主义价值观在俄罗斯落地生根。正是叶卡捷琳娜二世的西化统治，俄国涌现出大量的科学家、文学家、教育家，对俄国社会发展做出巨大贡献。

不仅大量保留基辅罗斯文化的传统，而且吸收了来自欧洲的先进文化。13—16世纪，处于奥匈帝国统治下的加利西亚和沃伦地区最先受到欧洲文艺复兴运动的影响，成为东斯拉夫地区教育、宗教和文化的中心。这里诞生了很多思想家、教育家，出版了很多东正教图书和文学著作。

沙皇俄国的领导者意识到在摆脱蒙古人统治之后，在语言、文学、思想和科学等领域的竞争力存在不足，于是开始将同样信奉东正教的乌克兰和白俄罗斯作为获取文化和智力资源的最便捷来源。1700年，彼得一世颁布法令，宣布从小罗斯引进东正教神职人员。沙皇俄国开始积极引进小罗斯的东正教智力资源，俄国的主教会议和各级教育机构中出现了许多小罗斯人（乌克兰人和白俄罗斯人），很多东正教主教都毕业于基辅莫吉拉学院。与此同时，这也为乌克兰和白俄罗斯地区的东正教知识分子打开了通向俄罗斯的大门，他们得以进入俄国的上层社会，并在文化上发挥出十分重要的影响。

如果说基辅罗斯创造了东斯拉夫民族，那么17至18世纪的乌克兰文化也影响了俄罗斯帝国的文化。正是来自小罗斯的文化和教育思想强化了俄罗斯文化的独特性，乌克兰对俄罗斯文化的形成和发展，以及对俄罗斯教育、艺术和科学的影响是不可否认的。

三、乌克兰教育的成就与现实

自由的思想、深厚的文化底蕴和优秀的教育传统使得乌克兰在教育文化领域人才辈出，从沙皇俄国时期的著名教育家康斯坦丁·乌申斯基到苏联时期的著名教育家苏霍姆林斯基，乌克兰裔的教育家为俄罗斯教育在世界舞台上赢得了声誉。

虽然苏联解体以后的30年是乌克兰社会发展的困难时期，乌克兰的教育规模和教育质量都有所下降，但乌克兰仍然保持了教育体系平稳转型，实现了从苏联计划经济下的国家办教育到市场经济环境的全民办教育的转变。苏联时期积累下来的教育和科学基础为乌克兰未来发展奠定了坚实的人力资源和科技基础。目前，乌克兰教育体制虽然完成了国际化和市场化改造，但仍然面临着教育投入不足、教育管理理念陈旧、教育质量下降的问题。

（一）苏联时期积累下发达的教育体系

乌克兰在苏联时期积累下的高水平的高等教育资源和科研技术储备，为今天乌克兰教育的发展提供了有力支撑。

第二次世界大战后，乌克兰迅速从战争中恢复过来，并很快就成为苏联的工业和科技中心之一，形成了完整的国民经济体系。乌克兰有数百家企业和数十个科研单位涉及航天技术，其中心是位于东部城市第聂伯罗彼得罗夫斯克的南方设计局和南方机械制造厂。这里先后设计并制造了四代战略导弹、多种型号运载火箭、多功能遥感卫星。乌克兰科学院在低温固体、超导电性、半导体物理学、放射物理学、理论和实验核物理学、离子体物理学、熔融热核聚变、天文学和射电天文学等领域技术力量雄厚。新材料的研制和生产是乌克兰的强项，在乌克兰集中了苏联时期号称为"五大材料研究所"的乌克兰科学院材料学研究所、超硬材料研究所、晶体学研究所、强度问题研究所和金属物理研究所。

（二）独立后的乌克兰教育改革

苏联解体后，乌克兰重获独立已近30年，国家转型和发展并不顺利，期间经历了最初十年的解体阵痛期。进入21世纪以后又相继遭遇"橙色革

命"（2004）、府院之争（2004—2010 年）和顿巴斯冲突（2014 年）。尤其是
2014 年爆发的顿巴斯冲突又将这个国家拖入大国地缘安全博弈的漩涡。长
达 30 年的内外困境，让乌克兰的教育承受了难以想象的负担。乌克兰独
立以后的教育转型，我们总结为三点：教育国际化、教育市场化和教育现
代化。

首先，推动教育体系国际化改革。尽管苏联时期的教育体系管理僵化，
但由于强大的国家支持，乌克兰在短时间内建立起完善的基础教育和高等
教育体系，快速实现了经济和科技现代化。苏联解体后，乌克兰在政治、
经济和文化上都选择了向西方靠拢，在教育领域也转向欧美体系。2005 年 5
月 19 日，乌克兰在挪威卑尔根市参加了欧洲国家部长级会议的"博洛尼亚
进程"，承诺彻底改变国家教育体系，并将创建单一欧洲教育标准确定为优
先发展事项。2009 年，乌克兰教育科学部推出了"欧洲学分转移和累积系
统"（ECTS）及其主要文件，包括乌克兰大学的欧洲标准文凭证书。自顿巴
斯冲突爆发以来，教育改革被认为是乌克兰较为成功的改革之一。在过去
的六年中，一系列的系统改革使乌克兰的教育体系更接近欧洲标准，并为
年轻人创造了更好的机会。

其次，促进教育管理市场化改革。乌克兰教育法规定，教育机构不得
以营利为目的，但这并不妨碍乌克兰在教育管理上尝试使用市场手段配置
资源。在高等教育领域，乌克兰国家办教育与私立高等教育共存机制，通
过市场手段提升高等教育的质量。自 2014 年颁布新的《高等教育法》以来，
乌克兰政府为了提高教育预算的使用效率，改变了教育资金的分配机制，
引入竞争性的教育评估机制。根据新法规，将根据申请高校的分数来决定
给予大学预算支持的规模，受考生欢迎的大学将获得更多财政支持。国家
对大学生的奖学金分配制度同样进行了改革，2017 年，乌克兰大幅削减国
家预算对高等教育和中等教育的支持，学生获得国家奖学金的比例大幅下
降。以 2018 年为例，130 万大学生中，只有 26 万名学生获得了奖学金，而

来自中等技术学校的 6.5 万名学生获得了奖学金。在乌克兰大学中，自费学生比例要比国家预算支持的公费生多很多，在 130 万名学生中，有 73.9 万人（占 56%）自费，只有 56.1 万人（44%）靠国家预算支持进行学习。[1]

最后，深化教育现代化改革。在基础教育领域坚持教学法创新，整合教育资源，提升学校和教师在教育活动中的自主权。2016 年，乌克兰启动了"新乌克兰学校"改革计划，以期从根本上改变学校的教育方式，并满足 21 世纪经济发展的要求。这涉及修订后的课程，重点是实践和软技能，以及广泛的教师培训和大量的学校设施改造。乌克兰教育具有民主化和多元化特征，采取灵活的教育管理模式，赋予高等学校和教师更大自主权。

---

[1] 资料来源于乌克兰 INFORMATOR 新闻网。

后　记

　　研究乌克兰文化和教育不仅是全球化的要求，也是"一带一路"合作的现实要求。"国之交在于民相亲，民相亲在于心相通"，国家间的互动往来离不开文化教育交流的"软"助力。随着中国与乌克兰经贸合作不断扩大，两国人民的交流越来越频繁。目前，乌克兰处在较为复杂的地缘安全环境，尚未完全走出俄罗斯与西方地缘政治博弈的漩涡。研究乌克兰文化有助于我们理解乌克兰社会的欧洲一体化情结，有助于我们了解乌克兰与俄罗斯千丝万缕的复杂关系。研究乌克兰教育是为明天的中国与乌克兰关系种下理解和交流的种子。

　　本书以乌克兰文化与教育作为研究的主要内容，重点放在教育体系的梳理。特殊的地理位置和复杂的历史背景决定了今天乌克兰文化的多元性和特殊性。历史悠久的乌克兰文化不仅塑造了统一的民族国家意识，而且影响着今天的乌克兰教育改革史。本书详细介绍了乌克兰教育现状，以及独立30年来的教育改革历程，梳理了自基辅罗斯以来的乌克兰教育发展史，以及1991年独立以来的教育改革史。应该说，本书是作者在乌克兰文化和教育研究上的一次学术探索，希望此书的出版能起到抛砖引玉的作用，也希望能得到各位同仁的批评和指正。

参考文献

一、中文文献

鲍里奇. 有效教学方法 [M]. 9 版. 杨鲁新，译. 上海：华东师范大学出版社，2021.

保罗·库比塞克. 乌克兰史 [M]. 北京：中国大百科全书出版社，2009.

本书编写组. 习近平总书记教育重要论述讲义 [M]. 北京：高等教育出版社，2020.

辞海编辑委员会. 辞海 [M]. 上海：上海辞书出版社，1980.

方汉文. 比较文化学新编 [M]. 北京：北京师范大学出版社，2011.

冯增俊，陈时见，项贤明. 当代比较教育学 [M]. 2 版. 北京：人民教育出版社，2015.

格利克曼. 教育督导学：一种发展性视角 [M]. 10 版. 任文，译. 上海：华东师范大学出版社，2021.

顾明远. 顾明远教育演讲录 [M]. 北京：人民教育出版社，2014.

顾明远. 教育大辞典 [M]. 上海：上海教育出版社，1998.

国家信息中心"一带一路"大数据中心. "一带一路"大数据报告（2017）[M]. 北京：商务印书馆，2017.

254

贺国庆，朱文富，等. 外国职业教育通史 [M]. 北京：人民教育出版社，2014.

姜振军. 俄罗斯 [M]. 大连：大连海事大学出版社，2018.

教育部课题组. 深入学习习近平关于教育的重要论述 [M]. 北京：人民出版社，2019.

库奇马. 乌克兰：政治、经济与外交 [M]. 北京：东方出版社，2001.

李春生. 比较教育管理 [M]. 南京：江苏教育出版社，2008.

李滔. 中华留学教育史录（1949 年以后）[M]. 北京：高等教育出版社，2000.

李元发，李莉. 乌克兰语言政策与语言问题研究 [M]. 北京：中国社会出版社，2019.

梁赞诺夫斯基，斯坦伯格. 俄罗斯史 [M]. 8 版. 上海：上海人民出版社，2013.

刘捷，谢维和. 栅栏内外：中国高等师范教育百年省思 [M]. 北京：北京师范大学出版社，2002.

刘捷. 教育的追问与求索 [M]. 北京：人民出版社，2021.

刘捷. 专业化：挑战 21 世纪的教师 [M]. 北京：教育科学出版社，2002.

刘进，张志强，孔繁盛. "一带一路"高等教育研究（2019）：国际化展望 [M]. 北京：北京理工大学出版社，2020.

刘进. "一带一路"学生流动与教育国际化 [M]. 北京：北京理工大学出版社，2020.

刘生全. 教育成层研究 [M]. 北京：教育科学出版社，2011.

刘垚玥，卢致俊. 中外教育简史 [M]. 北京：中国人民大学出版社，2013.

卢晓中. 比较教育学 [M]. 北京：人民教育出版社，2020.

陆杨. 文化研究导论 [M]. 北京：高等教育出版社，2012.

陆有铨. 教育的哲思与审视 [M]. 北京：人民教育出版社，2016.

马健生. 比较教育 [M]. 北京：高等教育出版社，2010.

欧美同学会留前苏联与独联体分会. 学子之路：新中国留苏学生奋斗足迹

[M]. 北京：中国青年出版社，2000.

浦洛基. 欧洲之门：乌克兰 2000 年史 [M]. 北京：中信出版社，2019.

戚万学. 现代西方道德教育理论研究：上，下卷 [M]. 北京：人民教育出版社，2020.

秦惠民，王名扬. 高等教育与家庭流动 [M]. 北京：科学出版社，2019.

任飞. 乌克兰历史与当代政治经济 [M]. 北京：经济科学出版社，2017.

任钟印. 东西方教育的覃思 [M]. 北京：人民教育出版社，2017.

桑戴克. 世界文化史 [M]. 陈廷璠，译. 上海：上海三联书店，2005.

单中惠. 在世界范围内寻觅现代教育智慧 [M]. 北京：人民教育出版社，2014.

沈莉华. 苏联解体后的俄罗斯与乌克兰关系研究 [M]. 哈尔滨：黑龙江大学出版社，2017.

石筠弢. 学前教育课程论 [M]. 2 版. 北京：北京师范大学出版社，2014.

孙有中. 跨文化研究论丛 [M]. 北京：外语教学与研究出版社，2019.

泰勒. 原始文化 [M]. 连树声，译. 桂林：广西师范大学出版社，2005.

滕大春. 教育史研究与教育规律探索 [M]. 北京：人民教育出版社，2019.

滕大春. 美国教育史 [M]. 2 版. 北京：人民教育出版社，2001.

万作芳. 谁是好学生：关于学校评优标准的社会学研究 [M]. 长春：吉林人民出版社，2006.

王承绪，顾明远. 比较教育 [M]. 5 版. 北京：人民教育出版社，2015.

王承宗. 乌克兰史：西方的梁山泊 [M]. 台北：三民书局出版社，2006.

王定华，秦惠民. 北外教育评论：第 1 辑 [M]. 北京：外语教学与研究出版社，2019.

王定华，杨丹. 人类命运的回响——中国共产党外语教育 100 年 [M]. 北京：外语教学与研究出版社，2021.

王定华，曾天山. 民族复兴的强音——新中国外语教育 70 年 [M]. 北京：

外语教学与研究出版社，2019.

王定华．教育路上行与思 [M]．北京：人民出版社，2020.

王定华．美国高等教育：观察与研究 [M]．2 版．北京：人民教育出版社，2021.

王定华．美国基础教育：观察与研究 [M]．2 版．北京：人民教育出版社，2021.

王定华．中国基础教育：观察与研究 [M]．北京：人民教育出版社，2021.

王定华．中国教师教育：观察与研究 [M]．北京：人民教育出版社，2020.

王晓辉．比较教育政策 [M]．南京：江苏教育出版社，2009.

王义高．苏俄教育 [M]．长春：吉林教育出版社，2000.

乌本．校长创新领导力：引领学校走向卓越 [M]．8 版．王定华，译．上海：华东师范大学出版社，2021.

吴式颖，李明德．外国教育史教程 [M]．3 版．北京：人民教育出版社，2015.

习近平．论坚持推动构建人类命运共同体 [M]．北京：中央文献出版社，2018.

习近平．习近平谈"一带一路" [M]．北京：中央文献出版社，2018.

谢维和．教育活动的社会学分析：一种教育社会学研究 [M]．修订版．北京：教育科学出版社，2007.

谢维和．我的教育觉悟 [M]．北京：人民教育出版社，2016.

徐辉．国际教育初探——比较教育的新进展 [M]．2 版．成都：四川教育出版社，2005.

杨汉清．比较教育学 [M]．3 版．北京：人民教育出版社，2015.

叶朗，朱良志．中国文化读本：普及本 [M]．2 版．北京：外语教学与研究出版社，2016.

裔昭印，徐善伟，赵鸣歧．世界文化史 [M]．增订版．北京：北京大学出版社，2010.

苑大勇. 终身学习视角下英国高等教育扩大参与政策研究 [M]. 北京：高等教育出版社，2013.

曾天山，王定华. 改革开放的先声——中国外语教育实践探索 [M]. 2 版. 北京：外语教学与研究出版社，2019.

翟广星. 建筑设计构思与表达 [M]. 北京：中国建材工业出版社，2017.

张弘. 冲突与合作：解读乌克兰与俄罗斯的经济关系（1991—2008）[M]. 北京：知识产权出版社，2010.

张弘. 转型国家的政治稳定研究：对乌克兰危机的理论思考 [M]. 北京：社会科学文献出版社，2016.

赵云中. 乌克兰：沉重的历史脚步 [M]. 上海：华东师范大学出版社，2005.

郑通涛，方环海，陈荣岚. "一带一路"视角下的教育发展研究 [M]. 广州：世界图书出版广东有限公司，2017.

二、外文文献

ВЕСЕЛОВ А Н. Профессионально-техническое образование в СССР[M]. Москва: Профтехиздат, 1961.

ВЫСОЦКИЙ С А. Средневековые надписи Софии Киевской: (По материалам граффити xi—xvii вв)[M]. Киев: Наукова Думка, 1976.

ГРУШЕВСЬКИЙ М С. Сторія української літератури[M]. Київ: Либідь, 1993.

ПЕСТУШКО В, ГОЛАНТ Е, ШИРЯЄВ Е. Школьная работа со взрослыми. Рабочая книга для педтехникумов[M]. Москва: Ленинград Государственное Издательство,1929.

Державна служба статистики України, Статистичний щорічник України (за

2018 рік) [M]. Київ: ДП Держаналітінформ, 2019.

ЗАМЛИНСЬКИЙ В, ВОЙЦЕХІВСЬКА І. Історія україни в особах іх—xviii ст [M]. Київ: Україна, 1993.

KRAPAUSKAS V. Nationalism and historiography: The case of nineteenth-century lithuanian historicism[M]. New York: Columbia University Press, 2000.

НІМЧУК В. Мовознавство на україні в xiv—xvii ст[M]. Київ: Наукова Думка,1985.

ЛУЦЬКИЙ Ю. Між гоголем і шевченком[M]. Київ: Час, 1998.

ЛЕВКІВСЬКИЙ М В. Підручник Історія педагогіки[M]. Київ: Центр Навчальної Літератури, 2003.

ОГІЄНКО І. Історія української літературної мови[M]. Київ: Наша Культура І Наука, 2001.

ЧОРНИЙ С. Національний склад населення України в XX сторіччі[M]. Київ: ДНВП «Картографія», 2001.

УВАРОВА Г, ДОВГАНЬ А. Географія[M]. Київ: Генеза, 2019.

ШЕВЕЛЬОВ Ю. Історична фонологія української мови[M]. Харків: АКТА, 2002.